中央高校教育教学改革基金(本科教学工程)资助

旅游地理学

LÜ YOU DILIXUE

温彦平　彭红霞　刘　超　编

图书在版编目(CIP)数据

旅游地理学/温彦平,彭红霞,刘超编.—武汉:中国地质大学出版社,2022.4
ISBN 978-7-5625-5187-4

Ⅰ.①旅…
Ⅱ.①温… ②彭… ③刘…
Ⅲ.①旅游地理学
Ⅳ.①K901.7

中国版本图书馆 CIP 数据核字(2022)第 060490 号

旅游地理学	温彦平 彭红霞 刘 超 编
责任编辑:王 敏	责任校对:徐蕾蕾
出版发行:中国地质大学出版社(武汉市洪山区鲁磨路388号)	邮政编码:430074
电 话:(027)67883511 传 真:(027)67883580	E-mail:cbb@cug.edu.cn
经 销:全国新华书店	http://cugp.cug.edu.cn
开本:787毫米×1092毫米 1/16	字数:384千字 印张:15
版次:2022年4月第1版	印次:2022年4月第1次印刷
印刷:武汉中远印务有限公司	
ISBN 978-7-5625-5187-4	定价:68.00元

如有印装质量问题请与印刷厂联系调换

目 录

第一章　绪　论 ……………………………………………………………… (1)

　　第一节　旅游地理学的定义 …………………………………………… (1)

　　第二节　旅游地理学的发展 …………………………………………… (2)

　　第三节　旅游地理学的研究对象和特点 ……………………………… (6)

　　第四节　旅游地理学的研究内容 ……………………………………… (6)

　　第五节　旅游地理学的地位、学科属性 ……………………………… (7)

第二章　旅游者及旅游者行为 ……………………………………………… (9)

　　第一节　旅游者的概念 ………………………………………………… (9)

　　第二节　旅游者的需求 ………………………………………………… (11)

　　第三节　旅游者的动机 ………………………………………………… (13)

　　第四节　旅游者的行为 ………………………………………………… (17)

第三章　旅游客源市场特征及其预测 ……………………………………… (23)

　　第一节　旅游客源市场的基本概念 …………………………………… (23)

　　第二节　旅游客源市场的时空结构 …………………………………… (25)

　　第三节　旅游客源市场预测 …………………………………………… (27)

　　第四节　中国旅游客源市场的特点 …………………………………… (34)

第四章　旅游资源 …………………………………………………………… (44)

　　第一节　旅游资源的概念 ……………………………………………… (44)

　　第二节　旅游资源分类及类型 ………………………………………… (47)

　　第三节　旅游资源评价的理论基础 …………………………………… (55)

　　第四节　旅游资源评价的方法 ………………………………………… (57)

第五章　旅游景观及其旅游观赏 …………………………………………… (66)

　　第一节　旅游景观及其形成原因 ……………………………………… (66)

　　第二节　自然旅游景观组合 …………………………………………… (68)

　　第三节　人文旅游景观组合 …………………………………………… (84)

· I ·

第四节　旅游观赏 ……………………………………………………………… (97)

第六章　旅游目的地 …………………………………………………………… (108)

第一节　旅游目的地的概念和特征 ……………………………………………… (108)

第二节　旅游目的地的空间结构演化理论 ……………………………………… (111)

第三节　旅游目的地的生命周期理论及空间竞争 ……………………………… (115)

第七章　旅游流及旅游交通 …………………………………………………… (120)

第一节　旅游流 …………………………………………………………………… (120)

第二节　旅游交通 ………………………………………………………………… (125)

第三节　旅游线路 ………………………………………………………………… (131)

第八章　城市旅游 ………………………………………………………………… (137)

第一节　城市旅游与发展 ………………………………………………………… (137)

第二节　城市旅游研究的主要内容 ……………………………………………… (138)

第三节　城市旅游发展的影响因素 ……………………………………………… (142)

第九章　乡村旅游 ………………………………………………………………… (152)

第一节　乡村旅游发展现状 ……………………………………………………… (152)

第二节　乡村旅游体验 …………………………………………………………… (156)

第十章　主题公园 ………………………………………………………………… (162)

第一节　主题公园概念及类型 …………………………………………………… (162)

第二节　影响主题公园布局的因素 ……………………………………………… (167)

第十一章　全域旅游 ……………………………………………………………… (175)

第一节　全域旅游的概述 ………………………………………………………… (175)

第二节　全域旅游主要空间结构类型 …………………………………………… (177)

第三节　全域旅游的创建任务 …………………………………………………… (180)

第十二章　旅游影响与旅游环境 ……………………………………………… (184)

第一节　旅游活动对环境产生的影响 …………………………………………… (184)

第二节　旅游环境容量 …………………………………………………………… (189)

第十三章　旅游规划 ……………………………………………………………… (196)

第一节　旅游规划概述 …………………………………………………………… (196)

        第二节　旅游规划的主要内容 …………………………………………………（200）

        第三节　旅游规划的编制程序与要求 …………………………………………（203）

第十四章　保护地体系自然公园规划 ……………………………………………（211）

    第一节　自然公园规划思路 ………………………………………………………（211）

    第二节　地质公园规划案例 ………………………………………………………（216）

主要参考文献 ………………………………………………………………………（230）

第一章　绪　论

学习目标：通过本章的学习掌握旅游地理学的定义、研究对象和特点，了解旅游地理学的研究内容，认识旅游地理学的学科属性及其地位；掌握旅游地理学的构架体系，为进一步的学习奠定基础。

第一节　旅游地理学的定义

旅游两个字拆开来讲，旅本意指在外做客、旅行；游有行走、游玩、游历、郊游之意；合起来就是在外行走、游玩之意。

英语中的"tourism"最早出现在《牛津英语词典》中，用于指因消遣目的而离家外出的旅行和逗留。

很多学者和组织从不同的视角对旅游进行了界定。1927 年，德国以蒙根·罗德为代表的学者强调旅游是一种社会交往活动，并将其狭义地理解为"那些暂时离开自己的住地，为了满足生活和文化的需要或各种各样的愿望，而作为经济和文化商品的消费者逗留在异地的人的交往"。旅游科学概念最早出现在 1942 年的《普通旅游学纲要》中，瑞士学者汉泽克尔(Hunziker)和克拉普夫(Krapf)指出："旅游是非定居者的旅行和暂时居留而引起的现象和关系的总和，这些人不会导致永久居留(后改为不作主要居留)，并且不从事任何赚钱的活动(后改为主要不从事赚钱的活动)。"

世界旅游组织(World Tourism Organization, UNWTO)对旅游的定义是：人们出于休闲、商务，以及其他目的，短期(历时不超过一年)离开自己的惯常环境，前往他乡的旅行活动，以及在该地停留的访问活动。这一定义后被广泛采纳。

关于"地理"的来源，在国外，埃拉托斯特尼(Eratosthenes，约公元前 276—约公元前 194)最早使用"geography"一词，用其来表示研究地球的学问。在中国，"地理"一词最早出现在东汉史学家班固编撰的《汉书·地理志》中，这是第一部以地理命名的著作，地理学是关于地球及其土地、特征、居民和现象的学问。

旅游地理学是伴随着旅游及旅游业的发展而逐步兴起的一门学科。因为旅游活动是旅游者离开自己的居住地，到目的地从事的休闲、娱乐、健身、会议、访问等的活动，对旅游目的地集聚规律和成因的分析、对旅游者在空间流动的分析，以及对旅游活动与目的地环境的分析，旅游业的可持续发展都是旅游地理学研究的内容。

不同的学者对旅游地理学的定义也略有不同。季羡夫(1985)认为旅游地理学就是研究旅游经济的地域特点，与旅游业有关的生产和服务活动的地域分布，决定旅游业在不同国家和地区发展的条件、因素和资源。郭来喜(1985)指出旅游地理学是研究人类旅行游览、休憩疗养、康乐消遣同地理环境,以及社会经济发展相互关系的一门学科。张文奎(1989)的定义:旅游地理学是研究世界各国、各地区旅游活动及旅游业发展、形成条件及其分布规律的学科;研究旅游主体、旅游客体和旅游手段的空间分布系统。

旅游地理学在不同的国家有不同的称谓,如英国一部分学者称之为旅游地理学(Geography of Tourism),一部分学者称之为旅游与游憩地理学(Geography of Tourism and Recreation);加拿大有的学者称之为游憩地理学(Recreation Geography),有的学者称之为闲暇地理学(Leisure Geography);日本和韩国的学者称之为观光地理学(Sightseeing Geography);中国的学者一般习惯使用旅游地理学。

第二节 旅游地理学的发展

一、国内旅游地理学的发展

(一)古代旅游地理学发展阶段

旅游活动在中国有着悠久的历史。古代旅游根据参与者不同分为帝王的巡游、帝王派出去的使者使游、官吏们的宦游、文人学士的漫游、商人的"商旅"、佛僧道为传道的云游等,这些都留下了很多历史和文化的见证,包括文字作品、建筑和各种遗迹,也为现代旅游业的发展奠定了深厚的文化基础。

早在西周时期,民间就有关于出游的生动记载。《诗经》中很多篇目都记录了民间的旅游活动;《山海经》是我国最古老的书籍之一,分为《山经》五卷、《海经》十三卷,记载了我国一些山川、河流、动物、植物、矿产等;《史记》中的《货殖列传》可以说是我国最早的旅游地理记述专著,记述了我国各地的物产、农、牧、渔、矿山经营等。东晋法显的《佛国记》、唐代玄奘的《大唐西域记》对研究中亚和南亚的古代历史、山川风物、宗教艺术等有着重要的价值。北魏郦道元的《水经注》不仅是一部文学价值很高的描写河川的专著,而且也是内容广博的综合性地理名著。

中国游记文学产生于南北朝时期,游记文学记录了作者游览风景的体会,并抒发了自己的感情。现存的游记文学作品有元结的《右溪记》、柳宗元的《永州八记》、王安石的《游褒禅山记》、苏轼的《石钟山记》、陆游的《入蜀记》、李志常的《长春真人西游记》、马欢的《瀛涯胜览》和费信的《星槎胜览》等。

宋代著名博物学家沈括著的《梦溪笔谈》,寓科学研究于旅游之中,具有很高的科学价值。

明末徐弘祖22岁开始游历考察,前后共34年,游踪遍及16个省和自治区,他沿途认真观察,详细记载了考察所见的地质、地貌、水文、生物、名胜、风物等,对石灰岩地貌的形成、分类和分布的论述比欧洲学者早20年。后人依据他的游历日记整理的《徐霞客游记》被誉为奇书。他开创了以旅游考察地理并进行科学研究的先河。

除了对国内地理考察记载外，有一些作品也记录了国外的情况，例如南宋赵汝适的《诸蕃志》记载了东至日本，西至索马里、摩洛哥及地中海东岸诸国的风土物产及中国沿海至海外各国的航线；元代汪大渊的《岛夷志略》记录了海外诸国见闻；明代跟随郑和下西洋的马欢著有《瀛涯胜览》，记录了郑和下西洋时历经的二十国的航路、海潮、地理、政治、风土、人文、语言、文字、商贸、货币等；清代魏源的《海国图志》是一部介绍西方国家的科学技术和世界地理历史知识的综合型图书。

除此之外，中国独有的方志详细记述了当地的山川风物、名胜古迹、民风民俗、节日庆典，为研究古代旅游活动和旅游地理学都提供了有利的条件。

(二)现代旅游地理学的发展阶段

保继刚(2009)指出，根据不同时期研究价值取向的差别，可将中国现代旅游地理学的发展划分为以下3个阶段。

1. 理想主义阶段(1979—1989年)

(1)主要代表人物及其著作。1982年出版的中国最早的两部有关旅游地理的文集——中国科学院地理研究所编写的《旅游地理文集》和北京旅游学院编写的《旅游资源的开发与观赏》，里面共收录了88篇论文，其中由吴传钧和郭来喜先生合著的《开发我国旅游资源、发展旅游地理》概述了中国丰富的旅游资源，系统地提出了当时我国旅游地理学需要开展的主要工作内容，显示了地理学者对旅游地理学的远见卓识。1985年李旭旦编写的《人文地理学》首次列入旅游地理学条目，标志着旅游地理学正式成为地理学的一门分支学科。

(2)旅游地理教育的发展。以陈传康、郭来喜、杨冠雄为代表的老一辈学者对旅游地理学教学工作也倾注了巨大的心血。1982年，他们开始招收旅游地理学硕士研究生，至1989年，共培养了17名旅游地理学硕士和1名旅游地理学博士，对推动旅游地理理论与方法的发展起到积极作用。

(3)建立组织、加强联系。1979年，中国科学院地理研究所组建旅游地理学科组，中国开始了系统的旅游地理学研究；1985年创办的《青年地理学家》杂志，对地理学的各种理论进行了讨论；同年中国旅游地学研究会筹备委员会成立，高校旅游地理教学研究会成立。1986年，在吴传钧的推动下，中国地理学会召开了第一届中国青年地理工作者会议。1987年，中国地理学会在人文地理专业委员会下设立旅游地理学组。

2. 现实主义阶段(1990—1998年)

(1)重视实践。此时，旅游地理学家成为了旅游规划的主力军，在重视实践思想的驱动下，中国旅游地理研究转向强调对旅游区域的评价与规划研究中。旅游地理学的应用价值被不当夸大，反过来制约了其他方面的研究。

(2)对国际前沿关注度下降。旅游资源与区域开发一直是研究关注度最高的领域，呈现选题高度集中的态势。国际学术交流增多，1990年在北京召开了国际地理联合会亚太区域会议,1992年在美国华盛顿召开了国际地理大会,但交流增多并没有反映在研究中,这一时期的论文对国际理论前沿的关注度降低。

(3)理论方面有诸多成果。如保继刚对大型主题公园布局的研究、吴必虎对城市游憩行为规律的研究、李蕾蕾对区域旅游形象理论的研究、崔凤军对旅游承载力的研究等。

3. 理想主义的理性回归和现实主义相结合的阶段(1999年至今)

(1)重视构建理论。经过20世纪90年代对旅游实践的广泛参与,这阶段更加重视理论概况和理论抽象,代表作有保继刚的《旅游地理学》(1999),吴必虎(2001)的《区域旅游规划原理》等。

(2)国际交流增多,研究规范得到重视。这阶段的国际交流大大增多,交流范围得到了拓展,包括国际会议、互联网络、国际培训和人员互访、讲学等。国内学者在《地理学报》上发表的论文成倍增加,他们也开始在国际旅游学术刊物如 *Tourism Management* 和 *Annals of Tourism Research* 上发表论文。

(3)学科获得的重视程度和支持力度增强。随着旅游经济的发展和社会影响的增加,国家也加大了对旅游相关的国家基金的支持力度。

(4)旅游教育得到长足发展。招收旅游管理专业的高等院校截至2007年已经达到770所,旅游地理学是这些高等院校中的重要专业课程,尤其是在硕士和博士的培养层面上,旅游地理学高等人才培养体系已经比较完善。

(5)研究领域得到拓展。在旅游地理学的研究中引入社会学、人类学、管理学、经济学、系统科学等学科的研究视角和理论工具,大大拓展了研究领域,加强了对国际前沿的研究,出现了一系列新的研究内容,如社区旅游、城市旅游、遗产旅游、时间旅游、旅游流等。

二、国外旅游地理学的发展

1. 第二次世界大战之前

随着包价旅游的出现,参与旅游的人数越来越多,旅游和游憩在20世纪初成为了英美地理学的研究对象。地理学者除了撰写导游材料和旅行指南外,少数学者开始关注旅游和游憩人口特征与经济特征。

1930年,美国地理家协会会刊《地理学评论》刊登了麦克·默里的《游憩活动与土地利用关系》一文,被视为旅游地理学的开端。1933年,加拿大第一篇发表在主要地理刊物上的旅游论文出现。这一时期,旅游地理学研究侧重于对某些旅游胜地、地区旅游开发及国内外旅游流等的描述。

2. 第二次世界大战之后至20世纪60年代初

第二次世界大战后至20世纪60年代中期为资源评价与旅游地规划开发起步阶段。20世纪50年代中期以来,随着战后世界经济的发展,以及喷气式民航客机在国际交通中的广泛使用,社会化的旅游活动迅速普及至全世界。此时,地理学者的研究内容主要是旅游业和对旅游活动的实际报告和分析,具备一定的旅游用地专业化和初步的旅游区划思想,其研究实质上可以看作现代旅游地理学有关旅游经济地域结构最佳化的问题研究。

第二次世界大战后旅游地理学研究首先在美国开展,研究主要集中在旅游活动对区域级目的地和旅游线路的经济影响,在英国,吉尔伯特(Gilbert,1939,1949,1954)主要关注英国海滨度假地的开发;在加拿大,学者罗伊·伍尔夫(Roy Wolfe)研究了安大略夏季度假村舍;另外,这一时期也有对资源和土地"承载力"(carrying capacity)概念的提出和发展。

3. 20世纪60年代中至20世纪80年代初

20世纪70年代,地理学者多采用实证主义路线,用空间分析来研究旅游流、目的地或设施的空间结构,以及用模型来描述旅游发展模式和游客旅行线路。另外一个范式是行为主义,认为人类行为是对外部刺激的反应,因而关注旅游动机、游客感知对实际旅行决策的影响,旅游决策、空间偏好和满意度成为研究中的关键概念。

此时,有大量著作出现,例如拉夫瑞(Lavery)主编的《游憩地理学》(Recreation Geography,1971),一些重要的概念也在这个阶段产生,如旅游地生命周期、旅游系统观等。

4. 20世纪80年代中至20世纪90年代

20世纪80年代中期以来,世界旅游产业的高速发展为旅游研究提供了充足的现实问题和材料来源,旅游地理学逐渐从单一、狭窄走向发散、多样,呈现树状的发展态势。

研究内容不断拓宽,主要包括国家或地区旅游产业,旅游者行为,旅游产业区域社会影响,旅游地演化、管理和规划等。

5. 进入21世纪后

旅游地理学者在理解旅游的空间性和游客流动行为上进行了大量研究,包括对生命周期的讨论、对散居(diaspora)和迁移(migration)的研究、对国际旅游流的研究、对跨国合作和边境合作中的旅游研究等。

旅游规划是地理学者在旅游研究中最具应用性的工作。有许多相关著作出版,另外在规划中更加注重"利益相关者",城市旅游业从最初重视经济重构和转变、特殊产品如大型节事等扩展到重视少数民族和遗产区域、门户功能、旅游在内城或滨水区的城市更新的作用等方面。旅游和郊区的关系、郊野的第二居所等逐渐成为旅游地理学者的兴趣点。

开发(发展)研究也是旅游地理学者多年的兴趣所在,尤其是旅游与贫困关系探索,属于可持续旅游,气候和环境变化也是此时关注的焦点。

旅游地理学研究在不同国家表现出不同的特点。发达国家地理学者对旅游的研究以多样化和多角度的研究视野为特点,在从事理论研究时常常针对特定的案例,表现出明显的实证特点。发展中国家的地理学者则把主要精力放在旅游开发和规划的实际调查与研究工作中,理论研究较为薄弱。

第三节　旅游地理学的研究对象和特点

任何一门学科之所以能够独立存在和发展，在于其特定的研究对象，旅游地理学也不例外。地理学主要研究地表环境、地域系统及其变化规律，而对人地关系的认识，素来是地理学研究的核心。

编者认为，旅游地理学是研究人类旅游活动与地理环境相互关系的学科。旅游地理学主要研究人类旅游活动与地理环境的关系及各种旅游要素的空间分布、相互作用及其发展变化的规律。

旅游地理学是建立在地理科学和旅游科学之上的一门边缘科学。因此，它既是地理学尤其是人文地理学的重要分支之一，也是旅游学的基础性学科之一。

旅游地理学具有如下特点：综合性、区域性和应用性。

综合性首先指旅游地理学涉及的要素是多种多样的，如吃、住、行、游、购、娱这六大要素包含了很多方面；其次旅游供给、旅游需求、旅游交通也会涉及多种因素的影响。在研究旅游地理学时就要综合考虑各种因素。

区域性是地理学区别于其他学科的最根本的性质。旅游地理学中旅游资源、旅游产品、旅游者等在不同的地域，有不同的特点。

应用性指旅游地理学是一门应用性非常强的学科，它在指导地区旅游开发、制定地区旅游发展政策和旅游规划等方面具有很强的应用性。

第四节　旅游地理学的研究内容

旅游地理学主要研究旅游主体中包含的旅游者的旅游决策、旅游动机、旅游者空间行为规律、旅游客源市场分布规律；旅游客体中旅游资源调查、分类、评价，旅游景观形成原因，旅游目的地系统；旅游流的概念、特点，旅游交通的类型、特点；旅游活动对区域的影响，旅游容量、旅游规划等（图1-1）。它具体包含以下内容。

（1）旅游主体：包括旅游者及其旅游行为、旅游市场特征等。这部分从旅游主体的角度进行研究，解决的主要问题是什么叫旅游者？旅游者从哪里来？他们想要去哪里？旅游动机是什么，有什么规律？旅游决策和地理环境之间的关系，旅游客源市场具有什么特点，有没有什么规律？

（2）旅游客体：主要包括旅游资源、旅游景观及它们的载体、旅游目的地。主要回答旅游者去哪里的问题，旅游资源的概念、类型是什么？如何评价旅游资源？旅游景观分布在哪里？它们的分布规律有哪些？旅游景观形成原因及其组合；旅游目的地的概念、特征，旅游目的地的空间结构、旅游目的地的时空演化特征等。

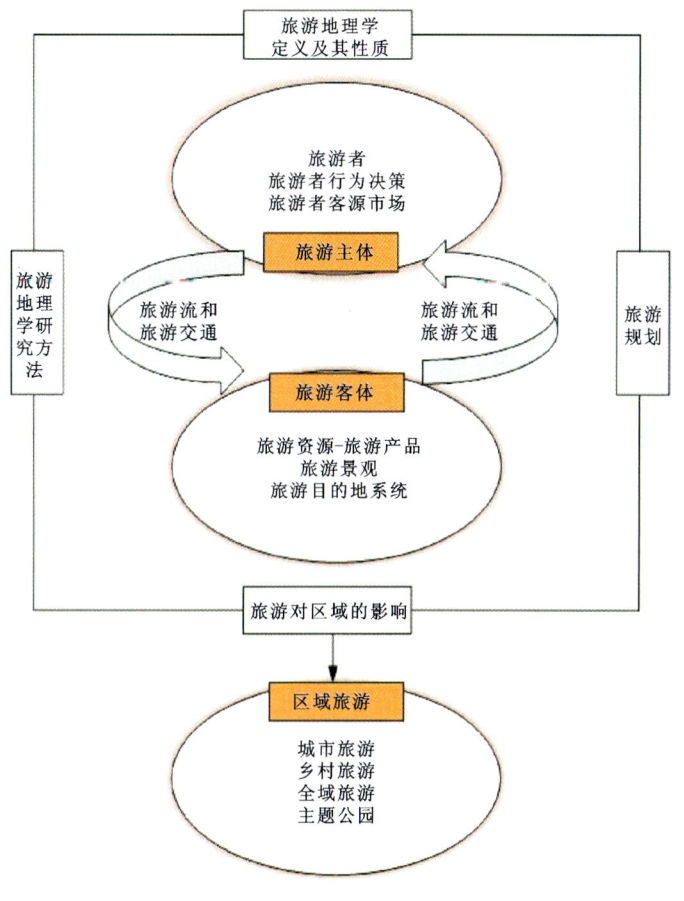

图 1-1 本书的结构设计

(3)旅游流和旅游交通:主要回答旅游者将要通过何种方式去到旅游目的地,如何安排,旅游流的主要概念、特点、空间分布及其影响等,旅游交通的选择及其旅游线路设计。

(4)旅游影响和旅游规划:主要回答旅游业的发展对地区经济、社会、生态产生什么样的影响。旅游业该如何规划才能够实现可持续发展?

(5)旅游实践:主要研究城市旅游、乡村旅游、主题公园及其全域旅游发展的背景、意义、基本规律、存在的问题及其解决对策等。

第五节　旅游地理学的地位、学科属性

旅游地理学是地理学的一部分,属于人文地理学的一个分支学科,与自然地理学和经济地理学密切联系,自然地理学和经济地理学是旅游地理学形成和发展的前提。

旅游地理学是介于地理学和旅游科学之间的边缘学科。旅游经济学、旅游心理学和旅

游社会学等都是旅游地理学的平行学科,它们分别从不同侧面来研究旅游活动这一复杂的社会经济现象。

旅游地理学的研究涉及众多相关学科的知识、理论和方法,如建筑学、环境学、心理学、社会学、人类学、历史学、文学、美学、地图学等。各学科之间相互渗透与交叉,大大推动了旅游地理学的发展。

思考题

(1)旅游地理学的研究对象是什么?研究内容包含哪些?

(2)旅游地理学的学科属性及其与相邻关系学科的关系是什么?

第二章　旅游者及旅游者行为

学习目标:通过对本章的学习,了解旅游者的基本概念,深入掌握旅游需要和旅游动机、旅游者的行为。能够判别旅游者,能够通过观察和资料分析总结旅游者空间行为规律。

第一节　旅游者的概念

旅游者是旅游活动的主体,构成了旅游客源市场,了解旅游者的动机、行为及其决策依据对旅游业的发展意义重大。同时,旅游者分别属于不同的地区,他们旅游空间行为也各具差异。

一、国际上的定义

目前世界上大多数国家使用的旅游者定义是1976年由联合国统计委员会所确定的,具体内容如下。

国际游客是指到另一个国家并且目的符合下列条件的人:①旅行目的是娱乐、医疗、宗教、探亲、会议、学习或过境的人;②中途停留的轮船或飞机乘客;③逗留时间不到1年的外国商业或企业人员,包括安装机器设备的技术人员;④国际团体雇佣不超过1年的雇员或回国短暂停留的侨民。

下列几类不是游客:①为移民或获得一个职业而进入其他国家的人;②外交人员或军队人员;③隶属于上述分类的任何人;④避难者、流浪者或边境往来人员;⑤逗留时间超过一年的人。

国际游客又分为国际旅游者和国际短途旅游者。国际旅游者指在目的地国家的接待设施中度过至少1夜的游客。国际短途旅游者指利用目的地国家的接待设施度过少于1夜的游客,包括那些居住在巡游船上上岸游览的乘客,但不包括过境旅客。

国内游客又分为国内旅游者和国内短途旅游者。国内旅游者指在本国某目的地旅行超过24h而少于1年的人,其目的是娱乐、度假、运动、商务、会议、学习、探亲访友、健康或宗教。国内短途旅游者是指基于上述任一目的在旅游目的地逗留时间不超过24h的人(表2-1)。

表2-1　游客分类表

国际游客	国际旅游者 (利用目的地国家接待设施至少度过1夜,但不超过1年)	国际短途旅游者 (利用目的地国家接待设施度过少于1夜)
国内游客	国内旅游者 (在目的地旅行超过24h而少于1年)	国内短途旅游者 (在目的地旅行不超过24h)

二、国内的定义

在国家旅游局的旅游统计中,相关的旅游统计指标定义如下。

游客:指任何为休闲、娱乐、观光、度假、探亲访友、就医疗养、购物、参加会议或从事经济、文化、体育、宗教活动离开常住国(或常住地)到其他国家(其他地方),连续停留时间不超过12个月,并且在其他国家(或其他地方)的主要目的不是通过所从事的活动获得报酬的人。游客不包括因工作或学习在两地有规律往返的人。

游客按出游地分为国际游客和国内游客,按出游时间分为旅游者(过夜游客)和一日游游客(不过夜游客)(表2-2)。

表2-2 游客分类表

入境游客		出境游客	
入境(过夜)旅游者	入境一日游游客	出境(过夜)旅游者	出境一日游游客
在我国旅游住宿设施内至少停留1夜的外国人、华侨、港澳台同胞	未在我国旅游住宿设施内过夜的外国人、华侨、港澳台同胞	我国(大陆)公民出境旅游,并在境外其他国家或地区的旅游住宿设施至少停留1夜的游客	我国(大陆)公民出境旅游,在境外停留时间不超过24h,并未在境外其他国家或地区的旅游住宿设施内过夜的游客

入境(过夜)旅游者:指在入境游客中,在我国旅游住宿设施内至少停留1夜的外国人、华侨、港澳台同胞。

入境一日游游客:指入境游客中,未在我国旅游住宿设施内过夜的外国人、华侨、港澳台同胞。入境一日游游客包括乘坐游船、游艇、火车、汽车来华旅游,在车(船)上过夜的游客和机、车、船上的乘务人员,但不包括在境外(内)居住而在境内(外)工作,当天往返的港澳台同胞和周边国家的边民。

入境(过夜)旅游者不包括下列人员:①应邀来华访问的政府部长以上官员及其随行人员;②外国驻华使领馆官员、外交人员,以及随行的家庭服务人员和受赡养者;③常住我国1年以上的外国专家、留学生、记者、商务机构人员等;④乘坐国际航班过境不需要通过护照检查进入我国口岸的中转旅客;⑤边境地区往来的边民;⑥回大陆定居的港澳台同胞;⑦已在我国定居的外国人和原已出境又返回我国定居的外国侨民;⑧归国的我国出国人员。

国内游客:指报告期内在国内观光游览、度假、探亲访友、就医疗养、购物、参加会议或从事经济、文化、体育、宗教活动的本国居民,其出游目的不是通过所从事的活动谋取报酬,包含国内(过夜)旅游者和国内一日游游客。

国内(过夜)旅游者:指国内居民离开惯常居住地在境内其他地方的旅游住宿设施内至少停留1夜、最长不超过12个月的国内游客和在我国境内常住1年以上的外国人、港澳台同胞。它不包括到各地巡视工作的部级以上领导、驻外地办事机构的临时工作人员、调遣的武装人员、到外地学习的学生、到基层锻炼的干部、到境内其他地区定居的人员和无固定居住地的无业游民。

第二节 旅游者的需求

　　从以上对旅游者的定义也可以看到，旅游者出游的目的是观光、休闲、娱乐、度假、探亲访友、就医疗养、购物、参加会议等，这些目的从心理学层面来说还是为了满足旅游者的某种需求。为此，首先需要先了解人的基本需求。需求是指有机体在生存和发展的过程中感受到的生理和心理上对客观事物的某种要求。它往往以内部的缺乏或不平衡状态表现出其生存和发展对于客观条件的依赖性。需求是有机体生存和发展的重要条件，它反映了有机体对内部环境或外部生活条件的稳定要求。人的需求有自然需求、社会需求、物质需求和精神需求等。旅游需求是人类社会发展到一定阶段的产物，是人类各种需求中的一种。

一、有关需求的理论

1. 需求层次理论

　　需求层次理论是美国人本主义心理学家亚伯拉罕·马斯洛（Abraham Maslow）于1943年在所著的《人的动机理论》一书中提出来的，马斯洛认为，人的需求像阶梯一样从低到高分为5个层次（图2-1）。

　　图中的5种需求像阶梯一样从低到高排列，低级需求向高级需求发展。马斯洛认为，人人都有需求，只有低级需求获得满足后，高一级的需求才会出现，而当人有多种需求未满足时，首先会满足低级的需求，只有当低级需求相对满足后，追求高一级的需求才会成为驱使行动的动力。这5种需求中生理需求、安全需求、社交需求属于低级需求，它们可以通过外部条件获得满足。尊重需求和自我超越属于高级需求，它们要通过内部因素才能使人得到满足，而且这两种需求是无止境的，高级需求越是得到满足，就越有激励作用。

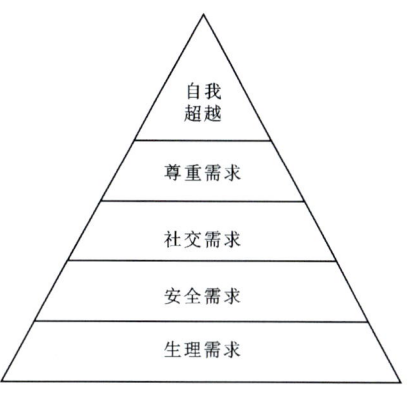

图2-1 马斯洛的需求层次

　　马斯洛提出的人类需求层次论符合人类需求发展的一般规律，它是现代西方需求理论研究的突出成果之一，有一定的实用价值。但人类需求层次论也有缺点，它只局限在人本主义的范围内，对需求的客观性没有重视。尽管如此，马斯洛的人类需求层次理论仍能给旅游动机的研究提供许多有益的启示。

2. ERG 理论

美国耶鲁大学的行为科学家克雷顿·奥尔德弗(Clayton Alderfer)在1969年出版的《人类需求新理论的经验测试》、1972年出版的《生存、关系,以及发展:人在组织环境中的需要》、1973年出版的《关于组织中需要满足的三项研究》等著作中提到ERG理论,他在马斯洛的需求层次的理论基础上进行了更贴近实际的研究。他认为,人们存在3种基本需求,即生存(existence)的需求、关系(relatedness)的需求和成长(growth)的需求。

奥尔德弗认为,人不仅有与生俱来的需求,还有后天产生的需求,各种需求可以同时存在,如果高层需求未得到满足,则有可能会将需求欲望降低,使满足低层次需求的愿望更为强烈,即人的需求层次不仅表现为"满足—上升",还会表现为"挫折—倒退"。

按奥尔德弗的ERG理论,旅游需求的产生主要是成长的需求和相互关系和谐的需求。

二、旅游者需求的特点

1. 多样性

旅游者中存在各式各样的人,外出旅游能给旅游者带来身心的愉悦和满足,在旅游时,旅游者的需求是多方面的、复杂的,可以把旅游者的需求分为自然性需求、社会性需求和精神性需求3个方面。

(1)自然性需求主要包括生理需求和安全需求两个部分。生理需求是维持机体正常活动的各种需求,在旅游的六大要素中,吃、住、行的需求都是自然性需求。安全需求主要表现在对生命、财产和心理安全感的需求上。外出旅游时,旅游者会希望不出意外、不生病、不丢失财物,所到之地政局稳定,治安良好。

(2)社会性需求主要表现为交往和尊重两个方面的需求。在外出旅游时,陪伴的一般是家庭成员、同事、朋友等,体现出了一定的社会性,另外在沿途或者旅游目的地,旅游者希望得到周围人的认同、欢迎和尊重。旅游的目的也有了解当地人的风俗习惯、跟当地人愉快地交流等。旅游满意度很大程度上取决于景区服务人员的态度等人文环境。

(3)精神性需求主要表现为对新鲜事物的好奇、对异地文化的探求、对美和艺术的追求、对科学的探索和对宗教的寄托等方面。大部分旅游者都是为了追新猎奇或者考察异地文化而外出旅游,他们对所到之处的美和艺术价值都很重视。

2. 层次性

正如马斯洛的需求层次理论,旅游者的需求也存在层次性。旅游者为了缓解压力、结交朋友、获得尊重、追求新奇事物、施展才华等而选择旅游,这正是不同层次需求的表现。旅游者的经济文化水平不同,主导需求也有层次差别,有的旅游者出游主要是为了社交方面的需求,有的主要是为了生理上的享受,有的看重游览地的景色是否优美,有的想通过旅游实现自己的人生价值。

3. 发展性

人的需求不会因满足而终止。有的需求是周期性的,如饮食、睡眠等;有的需求是无限的,如对知识、道德和美的追求。正因为有无止境的需求,社会才得以发展。旅游者的需求也是不断发展的,一种需求被满足后,新的需求就会产生;低层次的需求被满足后,高层次的需求就会出现。

4. 旅游需求的高层次性

旅游需求本质是一种较高层次的需求,只有当人们的基本需求如生理需求和安全性需求得到满足后才会追求旅游需求。因此,近年来随着人们收入的提高,满足了基本的需求之后,旅游人数也大量增加。

第三节 旅游者的动机

一、旅游动机的含义

动机是引发和维持人的活动,并将活动指向某一目标的内部驱动力。动机与需求之间既有联系又有区别,动机是在需求的基础之上产生的,但有了需求未必会产生动机,当需求有了明确的目标后,需求才会转化为动机。

旅游动机是引发和维持人的旅游行为的内部驱动力,包括旅游者身体、文化、社会交往、地位和声望等方面的动机。促使旅游动机产生的心理需求主要有两种:探新求异的积极心理和逃避紧张现实的消极心理。有了外出旅游的动机后,旅游者同时需要具备客观上的条件,才会产生旅游活动。

二、旅游动机的分类

旅游需求存在多样性,使得旅游动机也有着多样性,不同学者对旅游动机的研究角度和划分标准不同,对旅游动机的分类也不同。下面介绍几种不同的分类方式。

(1)日本学者田中喜一在1950年日本旅游事业研究会出版的《旅游事业论》中将旅游动机归为4类:①心情的动机,包括思乡之心、社交之心、信仰之心等;②身体的动机,包括治疗需求、保养需求、运动需求等;③精神的动机,包括知识需求、见闻需求、欢乐需求等;④经济的动机,包括购物目的、商业目的等。

(2)美国学者罗伯特·麦金托什(Robert Mcintosh)和沙西肯特·格普特在他们合著的《旅游的原理、体制和哲学》一书中将旅游动机分为4类:①身体健康的动机,包括休息、运动、游戏、治疗等,这类动机的特点是通过身体的活动来消除紧张和不安的情绪;②文化动机,包括了解和欣赏异地文化、艺术、风格、语言、宗教等,这类动机表达了一种求知的欲望;③交际动机,包括在异地结识新的朋友、探亲访友、摆脱日常工作、家庭事务等,这类动机表现为对熟悉的事物的一种反感和厌倦,出于逃避现实和免除压力的目的;④地位与声望的动机,包括考察、交流、会议,以及从事个人有兴趣的研究等,这类动机是为了满足旅游者自尊,被承认,被注意,能施展才能、取得成就和为人类做贡献的需求。

(3)澳大利亚学者波乃克(Berneker)将旅游动机分为6类:①休养动机,包括异地疗养等;②文化动机,包括修学旅行、参观或参加宗教仪式等;③体育动机,包括观摩比赛、参加运动会等;④社会动机,包括蜜月旅行、亲友旅行等;⑤政治动机,包括政治性庆典活动的观瞻等;⑥经济动机,包括参加订货会、展销会等。

(4)国内学者孙文昌等在《现代旅游学》一书中将旅游动机分为4个方面:①身心方面的动机,包括观光、休憩娱乐、度假、疗养、体育等旅游活动,目的是调整生活规律,促进身心健康;②社会方面的动机,包括探亲访友,寻根怀旧,结识朋友或希望受到重视、尊重,获得好的地位、阅历和声望等,是出于社会交往,保持与社会经常接触而产生的一种动机;③文化方面的动机,包括探究异国他乡的政治、经济、工业、农业、文化、教育、地理、历史、建筑、艺术、宗教,以及风土人情、生活习俗等,是出于满足认识、了解自己生活环境和认识范围以外的事物的需要而产生的动机;④经济方面的动机,包括经商、购物,以及低廉的旅游消费等,是人们对各种生活、文化用品的需求。

三、旅游动机的影响因素

旅游动机的产生受多方面的因素影响,人的个性心理特征、性别、年龄、文化程度等因素都会对旅游动机产生影响。

1. 个性心理特征

在众多影响旅游动机的个人方面的因素中,人的个性心理特征起着首要作用。美国学者斯坦利·普洛格(Stanley Plog)通过对数千美国人的个性心理的研究,将人们的心理特征分为自我中心型、近自我中心型、中间型、近多中心型、多中心型5种,大部分人属于中间型,近自我中心型和近多中心型较多,自我中心型和多中心型极少,这5种心理类型的人数呈正态分布(图2-2)。

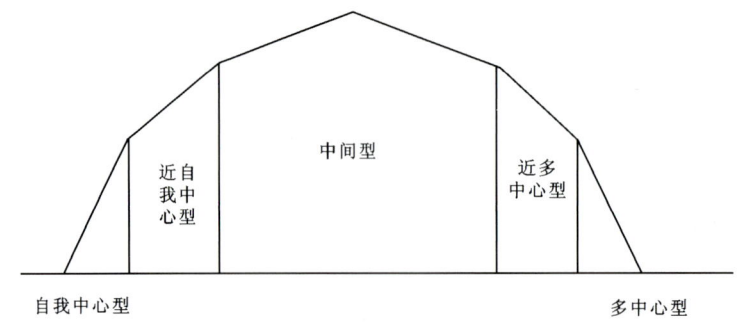

图2-2 人格类型分布图

(引自 Stanley Plog,1974)

自我中心型的人思想谨小慎微,多忧多虑,不爱冒险;行为上表现为喜安逸,好轻松,活动量小,喜欢熟悉的气氛和活动,他们大多选择较近的地方从事较为成熟的旅游活动,并且从众心理较强。多中心型的人思想开朗,兴趣广泛多变;行为上表现为喜新奇,好冒险,活动量大,不愿随大流,喜欢与不同文化背景的人相处,他们大多喜欢到较远的地方去冒险,为获得新鲜经历和刺激出行。除了这两种极端的类型外,中间型的表现为特点不明显的混合型,近自我中心型的人和近多中心型的人属于上述两个极端类型到中间型之间的略倾向各极端特点的过渡类型。越靠近多中心型的人,外出旅游的可能性越大;越靠近近自我中心型的人,旅游动机越难形成。

普洛格还进一步阐述了自我中心型和多中心型的人在旅游行为上的差异(表2-3)。

表2-3 自我中心型与多中心型的人旅游行为差别对比

自我中心型	多中心型
喜欢熟悉的旅游地	喜欢人迹罕至的旅游地
喜欢老一套的旅游活动	喜欢获得新鲜经历和享受新的喜悦
喜欢阳光明媚的娱乐场所	喜欢新奇的不寻常的旅游场所
活动量小	活动量大
喜欢乘车前往旅游地	喜欢坐飞机前往旅游地
喜欢设备齐全的家庭式饭店、旅游商店	只需一般的饭店,不一定要现代化大饭店和专门吸引游客的商店
全部日程都要事先安排好	要求有基本的安排,要留有较大的自主性、灵活性
喜欢熟悉的气氛、熟悉的娱乐活动项目,异国情调要少	喜欢与不同文化背景的人会晤、交谈

注:资料来源于斯坦利·普洛格,1972。

2. 性别

男性和女性由于体力、心理特点的不同和社会关系中的不同地位,旅游动机也有很大差别。一般男性外出旅游的欲望比女性强,并且多是出于探索求知和体验新奇事物的动机,而女子旅游多是以购物、娱乐为目的或是因为子女、家庭等原因。随着女性社会地位的提高和收入的增加,女性外出旅游的次数也在不断增加。

3. 年龄

不同年龄段的人爱好、收入、体力、心态等都不一样,因而喜欢的旅游目的地和旅游产品差别很大。年轻人体力好,喜欢冒险,但是收入有限,所以他们一般选择经济实惠的旅游目的地旅游。中年人对安定舒适生活的需求日益强烈,他们往往具有较高的社会地位、稳定的经济收入、丰富的人生阅历,但同时承受着较大的社会压力、家庭压力和个人心理压力。为了更好地扮演职业和家庭角色,减轻身心的疲劳,他们非常愿意选择和自己身份地位相称的旅游方式,彻底放松自己,增进身心健康。老年人由于身体健康状况的原因,出游动机相对减弱,他们一般不愿远游,喜欢在稳定熟悉的环境中工作和生活,喜爱清静而又交通方便的旅游胜地,怀古访友也能引起他们的旅游兴致。

4. 文化程度

文化程度对人们的旅游动机也有很大影响。文化程度较高者喜欢变换环境,乐于探险猎奇,具有较强的求知欲和挑战性,对富含文化知识的人文旅游资源比较感兴趣。文化程度较低者往往喜欢前往人们熟悉的旅游点,对远行常会有顾虑,易产生不安全感。

5. 收入状况

收入状况会影响旅游者的旅游动机。旅游是属于精神层面的需要,这一精神层面的满足必须建立在物质基础之上。如果收入仅仅能够满足基本的生活需要,对旅游的渴望也会无法实现。收入是产生旅游的必要条件之一,高收入群体的活动空间大些,因为他们能够支付得起旅游费用,而低收入群体活动空间较小,因为他们的支付能力有限。

6. 闲暇时间

闲暇时间的长短影响着旅游者的旅游动机。旅游需要一定的时间,随着我国居民假期增加,旅游人数和旅游天数都在增加。

除了以上影响旅游动机的因素外,某些客观因素如社会历史条件、微社会环境因素(个人周围人际环境)、经济状况、家庭结构等,对旅游动机的形成也有一定影响。

四、旅游动机的激发

1. 时间条件

时间是产生旅游的必要条件,人的任何活动都是需要在一定时间范围内完成的,旅游也是如此。

人一天的时间除了用于工作外,还要用于维持人类生存所必需的吃饭、睡觉等活动,除此之外的时间就叫闲暇时间。人们可以呆在家里放松休息,也可以出去,人们在闲暇时间从事的各种活动就叫游憩。游憩包含看书、听音乐、公园散步、健身运动、外出旅游、外出度假等,而旅游则属于游憩活动的一部分。

大规模旅游一般发生在长假期和周末,国庆节和春节是我国目前最长的法定假日,出现了大规模的旅游流动。

2. 收入条件

任何旅游活动都需要一定的经济开销,根据距离的远近,花费有所不同。花费主要用于交通、住宿、景点门票、景区购物、餐饮等,根据需求层次理论,当人在满足了基本的生理需求和安全需求之后,产生了更高层次的需求。近几年国内外游客数量快速增长,也是因为收入不断增加。

3. 空间相互作用

旅游本质上是旅游者从客源地(家里)到目的地(旅游地)的空间位移,这种位移产生的根本原因在于客源地和目的地之间的空间差异。这种空间差异产生了一种梯度力,促使旅游者外出旅游,这种外动力就是客源地和目的地的空间相互作用。产生空间相互作用的条件有3个。

(1)互补性:是指在客源地和目的地之间存在着供给和需求的互补,例如住在内地的居民想到沿海地区,住在平原地区的居民想到山区,是受地区差异带来的好奇心驱使而引起的。

(2)可达性:旅游者要从客源地到目的地旅游,需要可达性这一基本条件,如果目的地交通不便或者位于特别高的地区、特别冷的地区等,都会造成很大的困难,直接决定旅游是否能够成行。可达性主要取决于交通条件。随着交通条件的改善,旅游者能到达的距离大大加长。旅游的空间距离也在不断加大。

(3)替代性:当旅游者计划到一个目的地,但是由于时间、交通等原因,不能按照计划执行时,可能会考虑去一些类似的目的地来代替。

总之,当旅游者有了旅游需求后,还需要有旅游动机,旅游动机被激发后就会产生旅游行为。

第四节　旅游者的行为

一、旅游者的一般行为表现

1. 交往行为

人际交往是有来有往的行为,需要有共同遵守的原则,才能使交往正常进行下去,达到预期的目的。人际交往的原则主要有平等、互利、信用和相容原则。

(1)平等原则:是指人与人之间在政治、经济、法律、人权、人格与尊严诸方面是平等的,应互相尊重。如果交往一方损害了另一方的平等权利,这就是不平等的交往,因而也是不正常的、难以持久的交往。这种交往有时还会受到社会舆论的谴责,甚至受到法律的制裁。

(2)互利原则:是人际交往的基本原则。只要求对一方有利而使另一方无利可图甚至损人利己的交往是不能正常进行的,即使暂时进行也不能持久,甚至会引起纠纷。

(3)信用原则:"言必信,行必果"是人际交往中的一条重要原则。"信"是中国儒家关于人的信条(仁、义、礼、智、信)之一。守信用,是为人诚实、负责的表现。守信用,才能树立良好声誉,才能与他人保持交往。如果交往双方或几方约定的事不去履行,失信于人,就会使交往中断。

（4）相容原则：相容即宽以待人，是一种美德。"将心比心""己所不欲，勿施于人"都是相容原则的具体体现。交往中，应该做到遇事多设身处地为他人着想，不愿别人施于自己的事，自己也不施于别人。此外，还要分清大事小事，大事清楚，小事糊涂。"难得糊涂"的语意大概是指当糊涂处且糊涂，不必事事斤斤计较。

2. 从众行为

从众是行为科学中的名词，意思是群体成员中的个体放弃自己的主张而采取与多数人一致的行为。一般而言，个体对团体普遍存在着归属感或认同感。归属感和认同感往往使个体在群体中表现出从众行为。旅游团是一种临时性的团体，其成员在组团前一般互相不认识，彼此之间也没有成见，同时都有期待旅游顺利、愉快的心愿，因而他们一般都有自觉的从众意识并使行为趋于一致。

另一方面，由于旅游个体之间年龄、性格、学识、爱好等的差异，他们对一些问题的看法也不同。因此，旅游者的从众行为可区分为：表面和内心都一致认可的从众行为；表面认可，内心却坚持己见的顺从行为。

3. 放任行为

对大多数旅游者来说，旅游是与常规生活方式不同的一种活动。在陌生的环境中，旅游者既不会顾虑行为上的偶尔闪失而影响自己的声誉和前途，也不必刻意遵守常规生活中所扮演角色的行为准则，并且在宽松、优美的旅游环境中，旅游者的心情是相当放松的。所有这一切使得旅游者在旅游活动中表现得随意和放任，如不打招呼独自出走，不遵守约定的时间，个别人甚至有时还会无理取闹等。应该说，旅游者的放任行为对旅游团队的集体活动是有害的。

二、不同旅游者的行为表现

由于历史传统、文化背景、社会制度、民族特点等方面的差异，不同国家和民族的旅游者往往具有不同的旅游行为。在这方面，马波（2001）曾对中西传统文化背景下的旅游消费行为进行了比较研究，其要点如下。

1. 旅游动机的差异

中国人对单一性的需求——寻求平衡、和谐、相同、没有冲突和可预见性的倾向比较明显，而对多样性的需求程度低于西方人。如果说西方人通过旅游寻求刺激的感官享受，从探求征服中获得以自我为主体的人生价值，中国人则旨在通过休闲，从回归自然中寻找飘飘然的快意，在天人合一、物我交融中得到心灵的慰藉。

2. 目的地选择上的差异

中国人信奉天人合一，喜欢小桥流水、田园风光、波澜不惊的平和景观，多选择熟悉的甚至是人人皆知的、基础设施相当完善的目的地。因此,苏州、杭州、西安、桂林等旅游城市总是游人如织,泰山、黄山、长城、故宫等旅游区或景区常常人满为患。当然,随着观念的变化,人们也开始欣赏探险型或刺激性的旅游项目。

在选择旅游目的地的决策方式上,中国人具有较强的重视群体的传统观念,容易听从他人的意见和融入社会流行风尚的潮流中,从众现象普遍存在,相对而言,个性不够而中庸有余,但近年来决策方式越来越多样化。西方人在选择目的地时较少受他人的支配和影响。随着信息技术的普及和发展,他们甚至连旅游商的建议也不愿听取,而是通过个人电脑查询相关旅游资料,选择自己感兴趣的旅游目的地。

3. 旅游组织形式上的差异

因有强烈的群体意识和排斥冒险的性格,中国人在出境旅游和国内长距离旅游中多喜欢组团,认为这样可以相互照顾,有安全感;近距离旅游则往往与家人或亲友同行,个人单独外出旅游的现象比较少见。西方人则正好相反,在他们看来,似乎与人结伴或与家人同游会降低独自旅游的效益。

三、旅游对目的地的选择行为

行为是指人类对外界的刺激经过思维、判断、评价、决策后采取的有意识、有目的的行动。旅游行为是指旅游者在旅游动机支配和旅游环境影响下所表现出来的举止行动,包括旅游者对旅游目的地和旅游方式选择的行为、旅游者的消费行为等。旅游空间行为是指旅游活动在空间上的轨迹。

1. 旅游者对目的地的选择行为

在对目的地进行选择之前,旅游者一般会根据自己的需求和偏好选择合适的目的地,例如选择自然风景区还是人文旅游景点,选择国外旅游还是国内旅游等。除此之外,距离也会对选取的目的地产生影响。

2. 普雷德(Pred)度假者决策行为矩阵

1967年,普雷德提出一个度假者决策行为矩阵,如图2-3所示,矩阵中,H_{11}到H_{nn}为不同的旅游目的地,从第1列到第n列即X轴上,从左到右代表可达机会越来越小,而从第1行到第n行即Y轴上,从上到下代表感知机会越来越小,那么旅游者选择的地区就是图中方框代表的目的地,这些目的地的感知机会和可达机会都最大。

此处,可达机会可能受到交通、行政边界、距离、时间等因素的影响,而感知机会则受到个人和社会诸多方面的影响。个人可能受到生活环境和文化背景的影响,例如我们对有些地区的感知可能来自一首诗或者曾经读过的文章,我们很小就知道庐山,是因为李白的那首《望庐山瀑布》,可能会因为这首诗选择庐山这一目的地。社会的影响方面有各种媒体的宣传,包括电视、报纸、网络及亲戚朋友的推荐等。

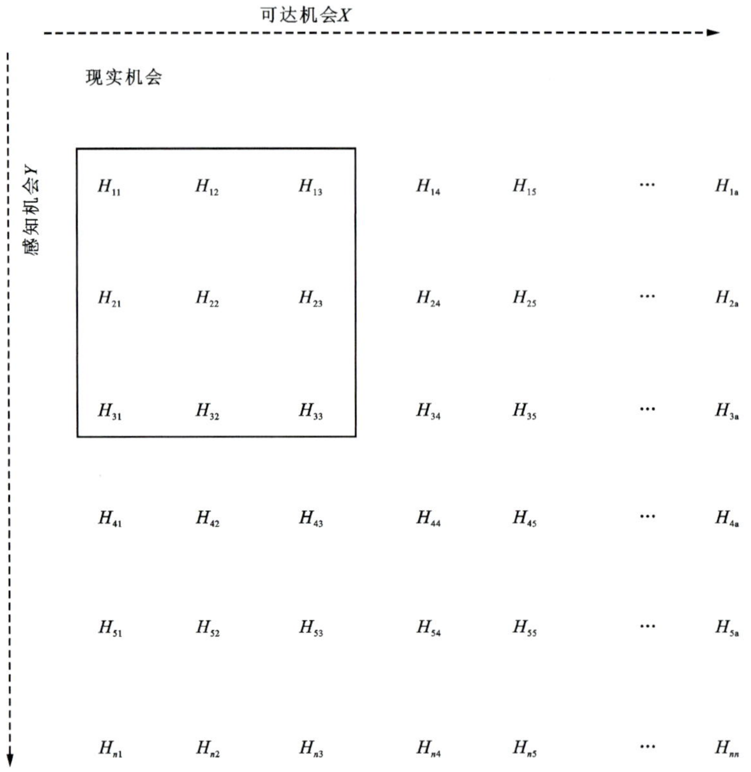

```
                            可达机会 X
                    ┌─────────────────────────→
                    现实机会
感
知    ┌─────────────────────────┐
机    │ H₁₁   H₁₂   H₁₃ │  H₁₄   H₁₅   …   H₁ₙ
会    │                         │
Y     │ H₂₁   H₂₂   H₂₃ │  H₂₄   H₂₅   …   H₂ₙ
      │                         │
      │ H₃₁   H₃₂   H₃₃ │  H₃₄   H₃₅   …   H₃ₙ
      └─────────────────────────┘
        H₄₁   H₄₂   H₄₃   H₄₄   H₄₅   …   H₄ₙ
        H₅₁   H₅₂   H₅₃   H₅₄   H₅₅   …   H₅ₙ
        Hₙ₁   Hₙ₂   Hₙ₃   Hₙ₄   Hₙ₅   …   Hₙₙ
```

图 2-3　度假者决策行为矩阵

(引自 Pred,1967)

3. 旅行距离决策模型

旅游者出游的距离一般是多少千米呢？大量学者的研究表明，旅游者的旅行距离受到时间、费用和旅行不适的影响，如果暂时不考虑时间的影响，则旅行距离受到费用和旅行不适的影响。马特里(Matley,1976)绘制了旅游者选择旅行方式的无差异曲线，如图 2-4 所示，横坐标代表旅游不适，从左到右越来越不适，纵坐标代表费用(即价格)，在每次旅行过程中，费用越高一般旅行越舒适，而费用越低旅行越不舒适。在曲线 AB 上的任意一点代表着不同的价格和舒适度的组合，在这条曲线上，旅游者的感受一样，无差异，因而将 AB 这条曲线叫作旅游无差异曲线，对于旅游者而言，根据他们的选择可以形成无数条这样的无差异曲线。

如图 2-5 所示，A_1B_1、A_2B_2、A_3B_3…A_nB_n 代表不同的旅游消费无差异曲线，旅游者到底会选择哪一条无差异曲线提供的组合呢？在此基础上，旅游距离由旅游的消费可能性决定，旅游的消费可能性是在一定的旅游费用和旅游方式价格的条件下费用和不适的组合，曲线 CD 代表上面的任何一点是旅游者可能提供的消费组合。这条线和 A_nB_n 线段相切时的点 M 就代表旅游者实际选择的旅行距离。

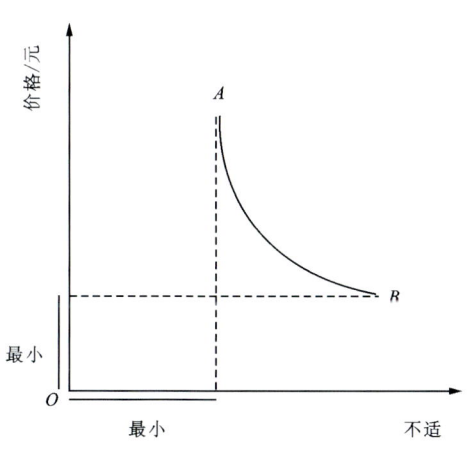

图 2-4 旅游无差异曲线
（引自 Matley,1976）

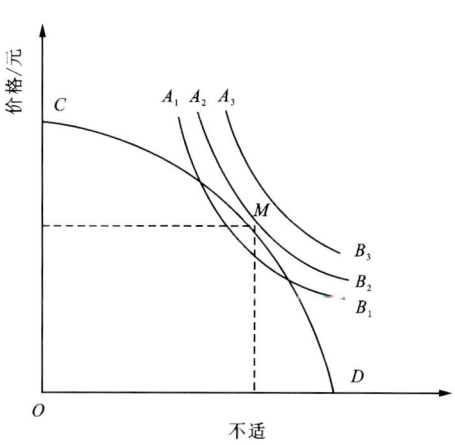

图 2-5 旅游距离最佳点
（引自 Matley,1976）

吴必虎(1994)研究了中国城市居民出游的空间特征。研究表明,一个城市的出游市场37%分布在距城市 15km 范围内,24%分布在 15~50km 范围内,21%分布在 50~500km 范围内,500km 以外的广大空间仅分割了城市出游市场的 18%(图 2-6)。

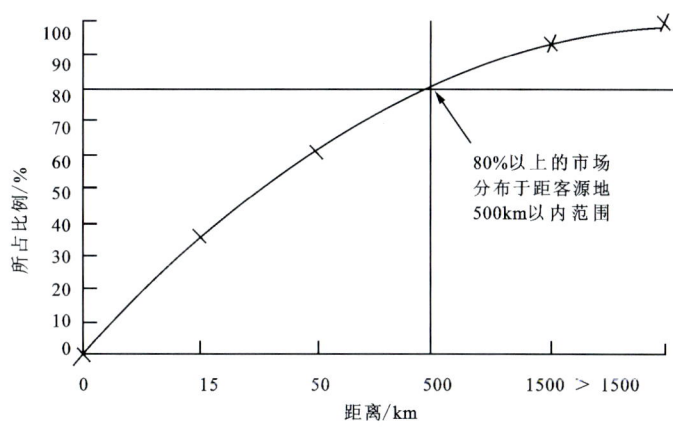

图 2-6 中国城市居民到访率在空间上的分割
（引自吴必虎,1994）

旅游行为上除了距离递减规律外,同时存在着距离递增规律。距目的地距离的增加,会使人们对目的地的认知阻碍增大,花费的时间和经济成本增加,从而影响旅游者的旅行距离,但是目的地距客源地的遥远距离也会增加人们对目的地的神秘感和新奇感,人们可能会高估未来的旅游机会,而不去游览那些本地的、附近的旅游景点,选择去较远的地方旅游。

链接材料：

2019 最值得到访旅游目的地,新疆登国内推荐榜首

近日,马蜂窝旅游网公布了"2019年度旅行地榜单",推荐了广受中国年轻旅行者喜爱的十大国内目的地与十大国外目的地,还以旅行主题为划分,推出了8份个性化榜单,从自驾旅行、海岛旅行、亲子旅行、一个人旅行,到购物目的地、美食目的地、旅拍目的地、免签落地签目的地,向不同需求的旅行者做了全方位的目的地推荐。

今年的榜单中,一批新崛起的网红目的地最为亮眼,例如接连推出综艺节目、咖啡馆、文创和彩妆的"国内第一网红景点"北京故宫,因传统文化与民俗体验走红的古都西安,还有网红拍照地西澳粉湖等。

登上国内推荐榜榜首的新疆,也是在社交网络爆红的国内旅游目的地之一。乌鲁木齐的新疆国际大巴扎是年轻游客最爱打卡的热门景点,位于北疆阿勒泰的喀纳斯湖,天山北麓的那拉提草原、赛里木湖、天山天池等景点也受到游客欢迎。自驾是新兴的新疆热门旅行方式,在今年推出的"自驾旅行地榜单"中,新疆同样排名第一。

国外旅游目的地方面,常年受中国游客喜爱的日本,今年继续保持第一的位置,无论从距离、性价比,还是从旅游资源来看,日本在中国游客心目中的地位短期内或难被取代。美国、奥地利、挪威、德国、突尼斯等远途目的地在2019年的旅游热度预计也将继续上升。

马蜂窝旅游研究中心负责人冯饶表示,中国游客的脚步如今越走越远,人们愿意花费更多精力和时间,走出熟悉的日、韩、东南亚,获得更别致的旅游体验,尤其随着航班与签证的便利性逐渐提升,抵达这些远途甚至小众目的地,将越来越容易。"马蜂窝每年都会向中国旅行者推荐值得关注的目的地、酒店、特色旅游体验等,这些推荐不仅凝聚了广大游客的真实体验与亲身感受,也是马蜂窝站在全球旅游潮流引领者的角度,基于大数据统计分析,为广大用户提供的旅行参考。"

(资料来源:刘佳.2019最值得到访旅游目的地 新疆登国内推荐榜首.2019-01-21 旅游 PLUS,人民网)

分析上述材料,思考当前旅游者的旅游动机和旅游目的地有何变化？产生这种变化的原因是什么？

思考题

(1)简述旅游者的概念。
(2)简述旅游需要的特点。
(3)简述旅游动机的含义和分类。
(4)旅游者对目的地的选择行为受哪些因素的影响？
(5)简述普雷德(Pred)度假者决策行为矩阵。
(6)简述旅行距离决策模型。

第三章　旅游客源市场特征及其预测

学习目标：了解和掌握旅游客源市场的概念和特点、影响旅游客源市场的因素，掌握旅游客源市场预测的主要理论和方法，并学会对旅游市场进行预测。

当大量的旅游者在各种不同的旅游动机驱动下，从居住地出发到目的地旅游时，他们构成了庞大的旅游市场，这个由大量旅游者构成的市场就被称为旅游客源市场，研究旅游客源市场的特征、现状，以及对旅游客源市场进行预测对旅游业的发展有重要意义。

本章主要回答旅游客源市场有什么特点？它的分布是均衡的还是不均衡的？如何预测未来的旅游客源市场？

第一节　旅游客源市场的基本概念

王恩涌(2000)认为旅游客源地是产生旅游者的地域，即游客的来源地。张春慧等(2005)指出旅游客源地是能够产生较大规模外出旅游人流的地区。旅游客源地就是游客的来源地，是能为目的地提供旅游者的地区。

旅游客源市场通常是指某一区内某一特定旅游产品的现实购买者和潜在购买者。

一、旅游客源市场的划分

市场划分这一概念，是由美国的市场学家温德尔·史密斯(Wendell R. Smith)在20世纪50年代中期提出来的，他认为市场划分就是根据消费者之间需求的差异性，把一个整体市场划分为两个或更多的消费群体，从而确定企业目标市场的活动过程。

(1)按地理位置，可把整个世界划分成六大旅游市场：欧洲旅游市场、北美洲旅游市场、南美洲旅游市场、亚洲旅游市场、大洋洲旅游市场、非洲旅游市场。

(2)按国境，可划分为国内旅游市场和国际旅游市场。国内旅游市场是指本国居住者不论出于何种目的在本国范围内进行旅游活动形成的市场。国际旅游市场指入境的旅游者进行旅游活动形成的市场。

(3)按发展水平，可划分为发达地区旅游市场、一般发达地区旅游市场和欠发达地区旅游市场。

(4)按语言，可划分为汉语客源地、英语客源地、法语客源地、俄语客源地等。

(5)按宗教，可划分为基督教客源地、伊斯兰教客源地、佛教客源地等。

(6)按旅游目的，可划分为观光旅游市场、会议商务旅游市场、度假旅游市场、特殊目的旅游市场。

(7)按距离,可划分为近程旅游市场和中远程旅游市场。近程旅游市场是指居住地距旅游产品供给地较近的旅游消费者群体。一些旅游学者把旅游者在距离居住地 1000km 范围内的旅行看作近程旅游。中远程旅游市场是指居住地距旅游产品供给地较远的旅游消费者群体。有的学者把旅游者距居住地 2400km 外的旅游看作中远程旅游。

(8)按旅游季节,可划分为旺季旅游市场和淡季旅游市场。

(9)按客源市场形成时间先后,可划分为传统旅游市场和新兴旅游市场。

二、旅游客源市场的影响因素

影响旅游市场的因素很多,包括客源地的人口、经济发展水平、政策、闲暇时间等,有的属于社会因素,有的属于个体因素。

1. 人口状况

人口状况包括客源地的人口规模、人口结构、受教育程度等。

(1)人口规模:即人口的总量,人口总量越大,旅游需求越大,人口的增加和减少也会带来需求的增加和减少。

(2)人口结构:包括年龄结构、职业结构、性别构成等。

年龄结构影响着旅游者的消费偏好、出游方式、出游天数和空间行为,从而影响到整个旅游市场的发展。通常而言,青年游客活跃好动,外出旅游探索新事物的愿望强烈,对游乐设施倍感兴趣,旅游目的以学习新东西为主,但经济上的依赖性会阻碍其旅游需求的实现。中年游客精力充沛,富有挑战力,具有稳定的收入及较多的可自由支配时间,限制因素少,旅游需求程度高,因而出游率也高;另外,由于该类型的人群在事业和家庭上处于成熟期,收入丰厚稳定,子女一般处于中小学阶段,在子女成长上的投入意愿强,携子女出游成为一种重要的培养方式。老年游客具有强烈的怀旧情绪,并且比较偏好文史、休闲类旅游景区。

性别构成。由于生理上的差别,男性游客与女性游客在旅游产品需求与偏好上有很大不同,一般来说,男性游客独立性较强,倾向于知识性、运动性、刺激性较强的旅游项目,通常还对与事业有关的诸如商贸、经济、政治等问题感兴趣;女性游客注重旅游地的选择,喜欢结伴旅游,对人身和财产安全小心谨慎,偏爱购物,对价格敏感,对服饰、发型、生活必需品等方面有极大的兴趣。这一标准与旅游者的个人性格关系极大,经常会出现相反的例外,但不影响按上述特点去细分市场。

职业与教育。消费者因职业不同、所受教育的程度不同,引起的旅游需求也会有很大不同。因为职业与教育直接影响着一个人的生活习惯、价值取向和兴趣爱好,由此形成不同的细分市场。比如,农民偏好到城市观光、购物,而学生、教师则喜欢到野外体验、感受自然。

2. 收入状况

可支配收入是旅游需求实现的物质基础。收入水平的高低,直接决定着消费水平的高低。居民收入达到一定水平是实现旅游的前提之一,也是实现旅游活动的重要物质基础。沿海地区和一些特大城市地区由于整体收入较高,居民外出旅游的次数和花费都较多。高收入消费者与低收入消费者在旅游产品选择、休闲时间安排、社会交际与交往等方面都会有所不同。比如,同是外出旅游,在交通工具、食宿地点和条件的选择上,高收入者与低收入者会有很大的不同。一般来说,收入水平越高的旅游者,感知距离值相对越大,平均旅游距离基本上也是越远,随着自身经济收入的增加,他们更乐意往感知距离远的地方游历体验,且对旅游距离的感知敏感程度也越来越弱。

3. 闲暇时间

闲暇时间是人们能够出游的必要条件。闲暇时间的长短对客源地居民的出游状况有很大的影响。缺少时间常常是阻碍人们外出度假的一个重要原因。一般来说,经济发展水平高的地区,劳动生产率高,社会必要劳动时间少,因而人们也有更多的时间可以用于旅游,容易形成客源地。统计显示,我国在国庆假期和春节假期的出游率是一年中最高的。

近年来,夜间旅游参与度很高,例如秦淮河夜游、黄浦江游览、重庆两江夜游、武汉夜游长江等都成了很热门的旅游形式。

4. 政府政策

政府政策对客源地的影响主要体现在客源地国家或者地区的对外关系和旅游政策上。国家与国家之间或者国家与地区之间如果拥有良好的合作关系,经济贸易往来频繁,双边关系良好,通常会采用更加有利的旅游政策,促进和加强国家之间及地区之间的旅游业发展。例如我国近年来推行的"一带一路"倡议也大大促进了这些国家之间的旅游业发展。

5. 外汇储备及汇率

客源国的经济发展水平直接影响国家的外汇储备。一般来说,经济发展水平高的地区,外汇的储备量大,出境旅游的人数也多。汇率因素直接影响着旅游者的花费水平,进而影响到旅游目的地的选择。一般而言,客源国的汇率越高,对居民的出国旅游越有利。

第二节 旅游客源市场的时空结构

研究旅游客源市场的空间结构和时间结构对于预测旅游客源市场、规划旅游业发展具有重要的意义。

一、旅游客源市场的空间结构特点

旅游客源地的空间结构特征可以通过距离衰减原理、地理集中指数等指标进行描述和衡量。

1. 距离衰减原理

研究表明,旅游目的地的游客量的多少跟旅游目的地与旅游客源地之间的距离有一定的关系。一般而言,遵循就近原则,即旅游者一般去往近处旅游的频次相对较高。

距离衰减原理认为:如果地理实体之间是相互作用的,那么作用量随距离的增加而降低,其表现形式之一便是引力原理。模型的表达式源于牛顿万有引力公式,于20世纪60年代后期引入旅游研究。克朗蓬(Crampon,1966)第一个清楚地证明引力模型在旅游研究中是有用的,他提出了适用于旅游业的引力模型:

$$T_{ij} = G \frac{P_i A_j}{D_{ij}^b}$$

式中:T_{ij} 为客源地 i 与目的地 j 之间旅游次数的某种量度;G、b 为经验参数;P_i 为客源地 i 的人口规模、财富或旅游爱好的量度;A_j 为目的地 j 的吸引力或容量的某种量度;D_{ij} 为客源地 i 与目的地 j 之间的距离。

一般而言,在大城市周边呈现环城游憩带,城市居民出游集中在周边一定的千米范围内,呈现出一定的距离衰减原理,近些年各大城市周边都大力发展的农家旅游也是利用这一规律。

2. 地理集中指数

地理集中指数是衡量客源市场集中度的指标。计算公式如下:

$$G = 100 \times \sqrt{\sum_{i=1}^{N} \left(\frac{x_i}{T}\right)^2}$$

式中:G 为客源地的地理集中指数;x_i 为第 i 个客源地的游客数量;T 为旅游地接待游客数量;N 为客源地总数。

其中 G 值越接近 100,表示游客来源越集中;G 值越小,则表明客源越分散。一般而言,如果 G 值过大,则客源地过于集中,客源地的变动会给地区旅游经营带来较大风险,如果客源地过于分散,旅游经营很稳定,但是会给旅游营销带来困难。

二、旅游客源地的时间结构特征

时间结构是指旅游客源地分布随着时间变化的态势。旅游客源地的时间结构特征由季节性强度指数和高峰指数测量。

季节性(时间)强度指数是由旅游的季节性引起的,公式为:

$$R = \sqrt{\frac{\sum_{i=1}^{12} (x_i - 8.33)^2}{12}}$$

式中:R 为旅游需求的时间分布强度指数;x_i 为各月游客数量占全年的比例。

用于不同年份(时段)和不同旅游地(设施)的比较;R 值越接近 0,分布越均匀,R 值越大,淡旺季差异越大。

公式中还可以将 12 个月换成其他任何长度的时段,同时相应的系数也要变换。适应于不同年份(时段)的比较和不同旅游地(设施)的比较。

旅游需求随着时间的变化还可以用高峰指数来度量,高峰指数可以度量游客某一时期相对于其他时期利用旅游设施游览某旅游地的趋势。计算公式为:

$$P_n = \frac{V_1 - V_n}{(n-1)V_1} \times 100$$

式中:P_n 为高峰指数;V_1 为最繁忙时期的游客数量;V_n 为在第 n 个时期内的游客数量;n 为参照时段(1＝最繁忙时期)。

单就高峰指数 P_n 来讲并不能说明问题,数值不仅取决于高峰程度,还依赖于游客总量和所选定的时段。因此,该指数的一个主要用途是比较某一设施随时间变化而出现的高峰趋势。

第三节　旅游客源市场预测

一、旅游市场预测概述

1. 旅游市场预测的含义

市场预测就是运用科学的方法,对影响市场供求变化的诸因素进行调查研究,分析和预测其发展趋势,掌握市场供求变化的规律,为经营决策提供可靠的依据。预测是为了提高管理的科学水平,减少决策的盲目性。通过预测来把握经济发展或者未来市场变化的有关动态,减少未来的不确定性,降低决策可能遇到的风险,使决策目标得以顺利实现。

旅游市场预测是指在旅游市场调查和分析的基础上,以调查、统计资料和市场信息为依据,运用预测理论与方法,研究旅游市场发展过程中的客观规律,分析旅游市场现象之间的联系,以及作用机制,预测旅游市场变化趋势并作出估计与测算的过程,如旅游市场客源流向、流量预测,旅游企业的市场营销预测,客人人均消费额预测,旅游企业产品的价格和利润预测等。

2. 旅游市场预测的特点及作用

(1)旅游市场预测的特点包括旅游预测对象的不确定性、市场预测信息的可测性、市场预测的科学性、市场预测的综合性、预测结果的近似性。

(2)旅游市场预测的作用。实践证明,有市场预测和无市场预测,预测的准确与否,对旅游目的地发展和旅游企业营销的影响极大。旅游市场预测的作用体现在以下几个方面。

旅游市场预测是旅游企业做好经营的前提,是企业科学地制订旅游发展战略和市场营销决策的依据。

旅游企业市场预测可促使旅游企业及时地进行产品更新换代，使旅游企业不断有新产品进入市场，甚至引领市场。任何一种产品都有其市场的生命周期，通过预测可以知道产品目前处于哪个阶段，便于企业采取相应的措施。

旅游市场预测有利于提高旅游企业的竞争力。旅游市场预测是提高经济效益的必要条件。在市场经济下，市场的动态决定旅游企业的生存和发展，而市场又是瞬息万变的，只有通过预测掌握旅游市场需求的变化、竞争者的状况及发展趋势，才能不断增加销量，提高市场占有率。

旅游市场预测可以减少旅游企业经营的盲目性，降低经营的风险。市场在蕴含着巨大机会的同时具有极大的不确定性。企业可以通过市场预测，根据历史信息资料预测产品供给和需求发展的趋势，推出适销对路的产品，避免盲目生产，从而降低市场的不确定性所带来的风险。

3. 旅游市场预测的种类

随着国民经济的发展和社会购买力的提高，旅游市场需求不仅在数量上不断增长，而且对旅游产品的质量也提出了更高的要求。为了充分发挥旅游市场信息的反馈作用，使旅游营销活动适应市场需要，旅游市场预测工作必须做到经常化和多样化。因此，要使旅游市场预测及时反映市场发展变化的实际，就必须进行多种类型的预测。

旅游市场预测从最终结果来说，就是对旅游供给和需求量的预测。无论旅游市场供给，还是需求，都是具体的，一定地区、一定时间的旅游需求是可以预测的。根据需要，旅游市场预测可以按照时空及性质来划分。

(1) 按预测的时间层次：时间层次是指预测所涉及的预测期的长短，可划分为长期预测、中期预测、短期预测和近期预测。

长期预测是指对 5 年以上旅游市场发展前景的预测，是对战略性决策的预测。它是制订长期计划和经济发展规划的依据，多适用于旅游市场需求较为稳定的旅游产品。

中期预测是指对 1 年以上 5 年以下旅游市场发展前景的预测。它是制订中期计划和五年经济发展任务的依据。

短期预测是指对 1 年以下旅游市场发展前景的预测。它是经营决策的依据，适用于市场需求变化快的旅游产品，使旅游企业及时调整营销策略，迅速适应市场需求的变化。

近期预测通常是指对 1 周到 1 季的旅游市场发展前景的预测。它适用于旅游产品生命周期很短、市场需求变化又很快的旅游产品。

(2) 按预测的空间范围：可划分为对国际旅游市场、国内旅游市场、区域旅游市场和本地旅游市场的预测。

国际市场预测是指以世界范围内旅游市场的发展动态和趋势为对象的预测。

国内市场预测是指对全国旅游市场需求的发展变化及趋势的预测，目的是指导目的地和旅游企业的发展方向，调节供需关系。

区域性市场预测是指对某地区或某经济区的旅游市场需求及发展前景的预测（如珠三角地区旅游需求预测），以便为该地区提供适销对路的旅游产品和有针对性的营销。

本地市场预测是指对本地的旅游市场需求及其发展趋势的预测,以便更好地提供本地休闲性的旅游产品,组织适合的旅游活动和促销,满足市场上多种多样的需求。

(3)按预测的性质:可划分为定性预测、定量预测,以及定性与定量相结合3种预测类型。

定性预测是指预测者通过对市场的调查研究,了解实际情况,凭自己的实践经验和理论水平、业务水平,对市场发展前景的性质、方向和程度作出判断预测。

定量预测是指根据历史和现实的统计数据和市场信息,运用统计方法和数学模型,对市场未来发展的规模、水平、速度和比例关系进行分析测定。

(4)按预测的对象:可划分为客源地市场预测、目的地市场预测和出境市场预测3种。

4. 旅游市场预测的程序

旅游市场预测具有一定的战略性、长远性、复杂性,要使预测结果具有运用价值,旅游营销人员必须严格地按照市场预测的科学步骤,有计划、有目的地进行市场预测。一项正式的旅游市场预测通常包括4个阶段:准备、实施、验证预测结果和提交预测报告。整个预测过程大致有以下步骤:确定预测目标,收集、分析处理、提炼和概括有关资料和数据,选择预测方法,建立预测模型,作出预测,分析与评价预测结果,编写和提交预测报告。

(1)明确预测目标。确定预测目标是开展市场预测工作的第一步。预测目标明确,预测工作才能做到有的放矢。预测目标确定后才能根据目标去选择预测的方法,决定收集资料的范围与内容。首先要明确预测的目的和要求,包括预测对象、空间范围和时间要求等;然后开展目标分析。

所谓目标分析,是运用系统观点,逐步把握目标和外部环境之间的依存关系。这样有益于辨明预测目标的主要变化特征和影响因素,在基本掌握预测目标变化机理的基础上,收集资料,选择合适的预测方法。通过目标分析,明确了预测目标及研究的相关内容,也就为下面的资料收集、预测方法选择指明了方向。

(2)收集、分析处理、提炼和概括有关资料和数据。预测目标确定后,围绕目标收集、处理所需的各种资料是进行市场预测的重要一环。进行市场预测,必须挖掘充分的资料。在市场预测中一般可以利用各种调查方式获取一手资料,也可以利用各种渠道获取二手资料。预测所需资料包括关于预测对象本身的历史和现实资料,还包括影响预测对象发展过程的各种因素的历史和现实资料。然后对收集的资料进行综合分析,并经过判断、推理、概括,使感性认识上升为理性认识,由事物的现象深入到事物的本质。收集资料一定要注意广泛性、使用性和可靠性。资料收集不全面、不系统,会严重影响预测质量,但也不可漫无目的地收集资料,这不仅费时费力,而且资料过多、缺乏重点,反而会给预测工作带来麻烦,降低预测质量。为此,对于收集到的资料,要认真辨别资料的真实程度和可靠程度,剔除各种因素导致的不真实资料,减少预测误差。

(3)选择预测方法。根据预测的目的、数据类型、预测要求等各种因素选择合适的预测方法。在实际预测活动中,如果只要求预测旅游市场的发展趋势,则只需进行定性预测;如果要求预测出一个具体数据,就必须要用定量预测方法。如果预测目标用于旅游企业战略性决策,一般采用适合中、长期的预测方法;如果预测目标用于旅游企业策略性决策,一般采用近、短期的预测方法。另外,在选择预测方法时,要考虑预测时期现有的条件和基础,必须建立在切实可行的基础上。总之,预测方法的选择取决于人们对预测对象发展过程规律的认识,认识得越深刻,则选择的预测方法越能反映目标的真实性,预测质量也就越高。现在大多采用多种预测方法相结合的方式,通过多种方法的相互补充来提高市场预测的精度。

(4)建立预测模型。寻找一个最恰当表现市场规律的模型是旅游市场预测的关键性步骤。一般来说,定性预测时可以建立逻辑思维模型,定量预测时必须建立数学模型来确定预测值。在建立预测模型时,要注意模型的简单化,因为预测精度与模型的复杂性并不成正比,并且简单的模型容易被决策者理解接受。在应用模型时,要对其进行必要的检验,如果不够合理,必须及时修正。

(5)作出预测。它是在选择预测方法建立预测模型的基础上,利用已经获得的资料,根据对未来的了解分析,推测(或计算)预测目标的可能水平和发展趋势,进而作出分析与评估,得出最终预测结论。

(6)分析和评价预测结果。分析和评价预测结果在整个预测过程中是很重要的一环,预测结果得到以后,要对预测结果的准确性和可靠程度给出评价。分析预测结果一般是通过分析误差来实现的,分析的目的不在于消除误差,因为预测误差是不可避免的,消除误差是不可能的。分析预测误差的目的在于尽量减少未来预测的误差,从而提高预测精度。

(7)编写和提交预测报告。编写和提交预测报告是市场预测工作的最后一环。预测报告的内容需要概括预测研究的主要活动过程,也就是前6个步骤的说明,表述应尽量用数据和图表的形式展现出来,使报告具有直观性和可读性。

二、旅游市场预测的内容和方法

1. 旅游市场预测的内容

从旅游市场来看,市场预测的主要内容如下。

(1)旅游市场环境预测。旅游业是一个具有高度依托性的行业,受环境因素的影响较大,因此需要采用市场预测的方式分析环境变化带来的威胁和机会,分析企业的优势与劣势,预测国际、国内和地区的旅游形势。

(2)旅游市场需求预测。旅游市场需求是指在一定地区、一定时期内,在一定价格水平下,特定的消费者群体愿意并能够购买的某种旅游产品或服务的总量。旅游市场需求预测是指对特定时空内的市场需求量、需求水平、需求结构、需求变动因素进行分析预测。一般来说,市场性质和市场层次不同,市场需求预测的内容和方法也有所不同。

(3)旅游市场供给预测。旅游市场供给预测是指对特定时空内的市场供应量、供应水平、供应结构、供应变动因素等进行分析预测,包括供给能力预测和旅游业发展能力预测等。

2. 旅游市场预测的方法

旅游市场预测的方法很多,按预测方法的性质不同可分为定性预测法、定量预测法和组合预测法三大类。

(1)定性预测。定性预测法是预测者根据自己挖掘的实际信息,结合专业知识、实践经验,对未来市场发展的性质、方向和程度进行预测分析和推断的方法。这种方法依赖于预测者的经验和业务水平及分析判断能力,适用于难以定量的预测,主要有特尔菲法、头脑风暴法、主观概率法、经验判断法、类推法、因素分析法、简单推算法等。对于旅游市场而言,常用的有经营管理人员意见调查预测法、销售人员意见调查预测法、旅游交易会和博览会调查预测法、旅游消费者购买意向调查预测法、特尔菲法。定性预测法的主要优点是:具有一定的综合性和科学性;所需的数据少、时间快、费用省、简单易行;能考虑到无法定量的因素,可以弥补数学预测方法的不足。但是,这种方法易产生主观片面性,经验判断具有一定的局限性,且预测结果难以估计其误差和评价其可信程度。

(2)定量预测。定量预测法是根据准确、及时、全面的调查统计资料,运用统计方法和数学模型,对旅游市场未来发展的速度、规模、水平进行测定的方法。定量预测方法主要包括时间序列预测法和因果预测法两类。

时间序列预测法:根据实物发展的惯性规律和连续性原理,将预测目标的历史数据按照时间顺序排列为时间序数,然后分析它随时间的变化趋势,找出时间序列变动规律,外推预测目标未来值。常用的方法有移动平均预测法、指数平滑法、趋势延伸法、季节指数法等。时间序列预测法的主要优点是:只要利用历史统计资料,就能进行预测,因而简便易行,节约费用。但它也存在一定的缺点:只注意预测目标与时间的关系,而忽视其他因素的影响,有一定局限性。

因果预测法:依据事物的相关性原理,从事物发展变化的因果关系出发,通过研究自变量与因变量之间的相关关系,建立表达两者关系的数学模型,通过输入自变量数据,预测因变量的发展趋势。根据自变量与因变量之间关系拟合的直线或曲线成为回归直线或回归曲线,表现这条直线或曲线的数学公式叫回归方程。常用的方法有回归分析预测法、计量经济模型预测法、投入产出法等。因果预测法的优点是:能够从现象之间的因果关系出发,由因推果,预测结果有根有据,可靠性比较强,预测精度较高。但因果预测法也有局限性,主要表现在:模型的估计与检验的工作量大;模型所描述的经济结构关系不能完全等同于未来的经济结构关系,故模型的应变性较差。

(3)组合预测法。组合预测法是在各种预测方法求出的预测结果的基础上,经过等权组合或者不等权组合求出最终预测结果,有5种情形:一是多种定性预测法的组合;二是多种时间预测法的组合;三是多种因果预测法的组合;四是时间预测法与因果预测法的组合;五是定性预测法、时间预测法与因果预测法的组合。实践研究证明,组合预测法能极大地提高预测的精度。

三、旅游市场预测误差

1. 预测误差的含义及产生原因

（1）预测误差的含义。预测是指根据客观事物的发展趋势和变化规律，对特定对象未来发展的趋势或状态作出科学的推测与判断。旅游市场预测作为预测之一，是对旅游供给与需求的未来变化趋势或状态进行科学推测与判断。

预测误差是指预测模型的理论估计值同历史观察期的实际发生值之间的差异。预测模型的理论估计值是指将建立的预测模型用于对观察期的预测目标值作出的推算。由于预测期内的旅游行为尚未发生，无法通过理论估计值同预测期内的实际值作比较来近似地描述预测误差。可见，所谓预测误差，实际上是预测模型所产生的理论误差，而不是市场预测值在预测期内应验的误差。预测误差是用以衡量预测精确度的重要指标，它可为选择合适的预测方法和调整预测模型提供重要依据，同时也是分析预测结果、编制预测报告的重要依据。预测误差的大小与预测的精确度成反比，预测误差小，表明预测的精确度高；反之，预测的精确度低。

（2）预测误差的产生原因有以下几种。

随机因素的影响。任何预测都不会是尽善尽美的，都会受到偶然因素的影响。目前，预测学界对偶然突发性因素影响导致的趋势偏离已提出了初步的解决方法，但仍难以对其作出精确的估计。

预测者对预测对象，以及所处环境认识的局限性。预测对象未来发展趋势的影响因素是十分复杂的，预测者对其不能完全把握。另外，市场供需关系等诸多规律性的显示有一个过程，其结果是逐渐被显示出来的，当这种规律性未充分显示出来，或未能充分为人们认识之前，也就难以遵循这种规律性来准确地推测预测对象的未来。

预测资料的影响。预测所用调查资料的准确程度直接影响市场预测结果的精确度。造成调查资料失真的原因很多，主要原因如下。

观测失真：统计表格设计不准确，表达不严密，导致填表人填报的数据出现口径不一致、数字不准或不全。有时，填报人或调查人主观动机不纯也会造成观测失真。

抽样失真：多数情况下，调查对象确定采用抽样方法，但抽样过程中，因为各种主客观原因，偏离了抽样原则，从而导致了调查资料失真。

计算误差：一是对搜集的统计数据归口计算产生的误差；二是因统计资料加工处理时对数据尾数取舍产生的误差。

时滞误差：在调查和搜集资料的过程中，许多指标要求在时间上一一对应，但实际情况很难完全做到。随时可能出现的时滞也是产生误差的重要原因。

预测模型的非精确性：预测模型只将主要的影响因素确定为变量，而忽略了若干次要变量，这就意味着建模无法十分精确地反映预测对象系统的真实情况，而只能近似地反映；另外，各变量之间的关系也难以确定，通常以加权的方式来数量化，但仍不准确。

预测方法的局限性：从预测方法选择的影响因素分析不难理解，预测方法的选择是件很细微的工作,不同的预测方法可能导致对同一预测目标所得结果的巨大偏离,每一种预测方法都有各自的特点和局限性,所包含的信息量和信息价值也是不同的。

2. 预测误差的分类与测定

(1)绝对误差。绝对误差可定义为预测理论估计值同历史观察期内同一时点的实际值之间的偏差,可用下式表达:

$$e = y - \hat{Y}$$

(2)相对误差。相对误差是指用百分数表示的相对于每一历史观察值的误差量值,表达式为:

$$E = \frac{y - \hat{Y}}{y} \times 100\% = \frac{e}{y} \times 100\%$$

式中:E 表示预测误差的相对值,即相对误差;y 表示预测目标的实际值;$\hat{Y}$ 表示预测目标的预测值或理论估计值;e 表示预测误差。

(3)平均绝对误差。平均绝对误差是各期误差绝对值的算术平均数,用以表明各期实际观察值与各期预测值(或理论值)的平均误差水平,计算公式为:

$$\text{MAE} = \frac{1}{n}\sum_{i=1}^{n}|e_i| = \frac{\sum_{i=1}^{n}|(y_i - \hat{Y}_i)|}{n}$$

式中:e_i 表示第 i 期的误差;n 表示历史时期数;y_i 表示第 i 期历史观察值;$\hat{Y}_i$ 表示第 i 期预测模型计算值。

(4)均方根误差。用以表明各期实际观察值与各期预测值(或理论值)的平均误差水平,计算公式为:

$$\text{RMSE} = \sqrt{\frac{1}{n}\sum_{i=1}^{n}e_i^2} = \sqrt{\frac{\sum(y-\hat{Y})^2}{n}}$$

(5)综合相对误差。综合相对误差是均方根误差与各期实际观察值的平均数($\bar{y}$)对比而计算的比率值,综合相对误差越小,预测的精确度越高,计算公式为:

$$\text{综合相对误差} = (\text{RMSE}/\bar{y}) \times 100\%$$

3. 提高预测精度的途径

预测误差的存在不影响对预测结果的科学评价,但是应努力减少误差,提高预测的精度。

(1)重视数据资料的处理。通过各种途径收集的数据资料,有些是可靠的,有些是不真实的。要认真对大量资料进行去粗取精、去伪存真、由此及彼、由表及里的分析处理,科学可靠的数据才能用来分析预测。

(2)重视定性与定量预测方法的组合应用。任何方法都有其局限性,而定性分析与定量分析具有很好的互补性,在分析预测时如能把这两类方法结合起来应用,可以提高预测的精度。

(3)重视对突发事件和重大事件的影响分析。外界环境因素突变对预测目标的影响往往表现为预测目标的变化出现转折点,从而使预测产生较大的误差。因此,预测人员要充分分析突变的原因,在预测未来时,要认真考虑突变的影响因素,使预测更加可信。

第四节　中国旅游客源市场的特点

一、中国旅游客源市场的主要特点

自改革开放以来,我国国内旅游市场由起步到逐渐成熟,2018年,国内旅游人数为55.39亿人次,比上年同期增长10.8%。其中,城镇居民41.19亿人次,占比74.4%,增长12%;农村居民14.2亿人次,占比25.6%,增长7.3%。国内旅游收入5.13万亿元,较上年同期增长12.3%。其中城镇居民花费4.26万亿元,占比83.04%,增长13.1%;农村居民花费0.87万亿元,占比16.96%,增长8.8%。

(1)客源地出游力分布总体呈现东—西梯度递减格局。2018年,我国各大客源地的游客产出量保持增长趋势。从区域角度来看,延续2017年的东—中—西三级阶梯状发展格局,出游比例为6.2∶2.5∶1.3,跟2017年基本格局相比没有太大变化。从全国角度来看,2018年,我国客源地依旧集中在环渤海、长三角、珠三角、成渝四大经济区。从省级角度来看,我国出游力处于全国前五位的分别是上海、北京、江苏、广东、浙江5个省(市)。从客源地分布来看,一线,以及沿海发达城市依旧是国内旅游的主体,主要原因是这些省市拥有较高的经济水平和居民消费能力,旅游已经成为当地居民的主要休闲方式之一。总体来说,东部沿海省市依旧是出游潜力最强的地区,中部稍弱,西部潜力最小。全国客源地出游力依旧是东—中—西递减格局。

(2)城乡不同群体居民出游差异特征明显。从我国客源地城乡差异来看,2017年,国内旅游人次城乡对比,全年城镇居民旅游人次达到36.77亿人次,农村居民旅游人次达到13.24亿人次。城镇居民在全年的出游人次大约是农村居民出游人次的3倍。而农村出游人数中最多的是大专及以上教育程度的游客,为4.93亿人次,约占37.24%;其次是初中及以下教育程度的游客,为4.83亿人次,约占所有农村出游人数的36.46%。上述数据说明国内城乡游客的教育水平差异较大[①]。

(3)中青年依然是国内旅游市场的主力。从我国国内游客的受教育程度来看,2017年,中青年市场仍旧是我国国内旅游市场的主力军,尤其是年龄为25~34岁的年轻人,出游人次为16.09亿人次,约占所有城镇出游人数的32.17%。其次是45~64岁这一年龄阶段的人,为11.85亿人次;接着是35~44岁的人,为10.99亿人次;15~24岁、65岁及以上和14岁及以下分别为5.54亿人次、2.98亿人次及2.57亿人次。无论城镇居民,还是农村居民,25~34岁的年轻人都是国内旅游的主力军(图3-1)。

---

① 中国旅游研究院.中国国内旅游发展年度报告,2019。

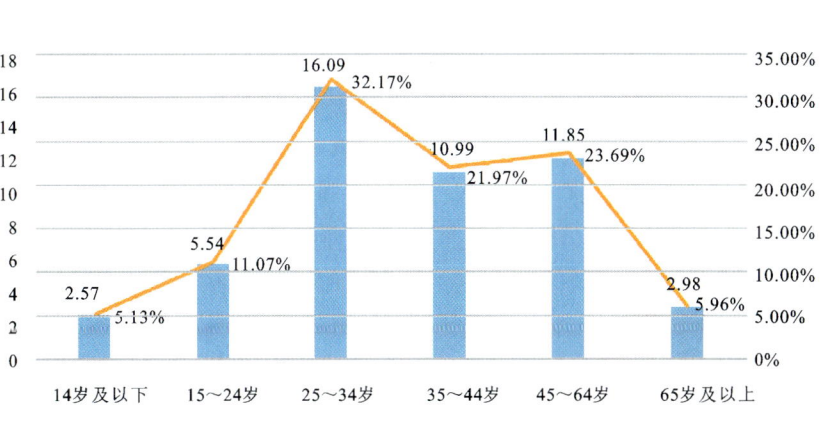

图 3-1 2017年国内旅游人次年龄分布

(4) 国内旅游市场呈现高学历趋势。从我国国内游客的受教育程度来看,2017年,我国国内旅游市场依然呈现高学历趋势。其中本科、大专学历的有 27.27 亿人次,最多;初中及以下学历的有 10 亿人次;高中学历的有 9.61 亿人次;研究生及以上学历的人次最少(图 3-2)。而从我国高学历人群区域分布来看,他们主要集中在东部发达的城市群内,这也成为我国休闲度假旅游市场得以快速发展的根本原因之一。

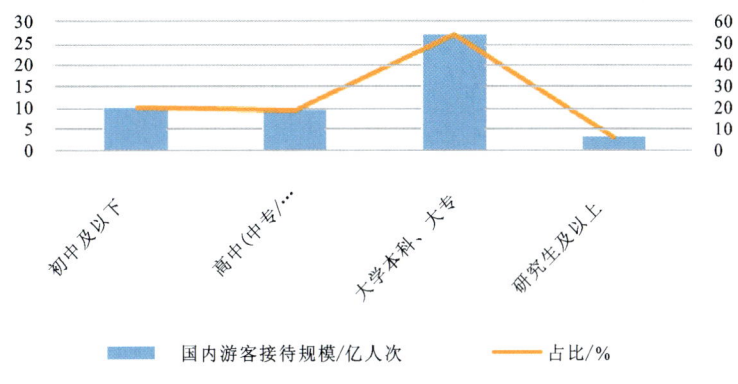

图 3-2 国内旅游者不同教育背景占比情况

二、中国旅游市场发展趋势

随着人类生产的不断进步,社会经济结构已经发生了巨大变化。旅游业作为一种新兴的产业在社会经济体系中已经占据了越来越重要的地位,甚至在有些国家,旅游业已经成为国民经济的支柱产业。

1. 国际旅游市场

（1）入境旅游市场。2018年，中国接待入境游客1.41亿人次，入境外国游客人数4795万人次（含相邻国家边民旅华人数），在外国入境游客中，男性占59.6%，女性占40.4%。来源大洲主要有亚洲、欧洲和美洲，占到我国外国入境游客量的96.7%。从国家来看，排名前十的国家依次是缅甸、越南、韩国、日本、美国、俄罗斯、蒙古、马来西亚、菲律宾、新加坡，接下来占比比较大的依次是印度、加拿大、泰国、澳大利亚、印度尼西亚、德国、英国（其中缅甸、越南、俄罗斯、蒙古、印度含边民旅华人数）。

如图3-3所示，其中入境游客中25~44岁游客量最多，占49.90%；其次是45~64岁，占28.40%，25岁以上到64岁占游客量的78.30%。

如表3-1所示，2017年国际旅游外汇收入为1 234.17亿美元，主要构成包含长途交通国际旅游外汇、住宿、商品销售、餐饮、娱乐、游览、邮电通信、市内交通及其他。其中长途交通国际旅游外汇、商品销售和住宿三项占64.90%。旅游目的主要有观光休闲、会议商务、服务员工、探亲访友和其他，前两项占一半以上。

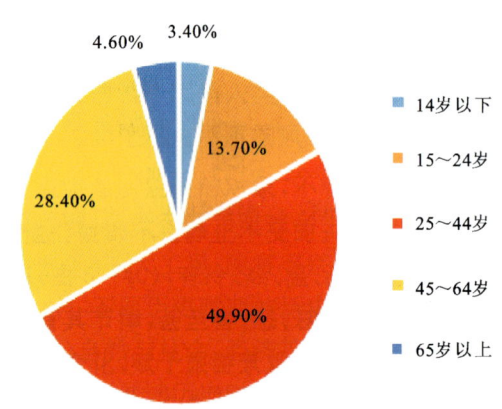

图3-3　2017年外国入境游客年龄结构占比

表3-1　2017年国际旅游外汇收入占比

	2017年国际旅游外汇收入/亿美元	占比/%
邮电通信	27.57	2.20
市内交通	39.20	3.20
游览	65.04	5.30
娱乐	74.16	6.00
餐饮	103.07	8.40
住宿	122.08	9.90
其他	123.64	10.00
商品销售	229.95	18.60
长途交通国际旅游外汇	449.46	36.40
总计	1 234.17	100

(2)出境旅游市场。中国出境旅游的发展速度很快,2018年国内居民出境人数有14 972万人,增长速度为14.7%,随着高收入者的队伍不断扩大,中国的出境旅游将有一个大的发展,出境的目的地也将由目前的东南亚国家和地区及近邻国家扩展到欧美发达国家(图3-4)。

图3-4 2009—2018年国内居民出境人数统计

(数据来源:国家数据网 https://data.stats.gov.cn/)

2. 国内旅游市场

20世纪90年代以来,国内旅游出游人数平均每年以18.5%的增长速度发展,国民的出游率不断上升。2004年国内旅游出游人数首次突破10亿人次大关,国内旅游收入达到4471亿元。人们生活水平的提高、可自由支配收入比例的增大、节假日的延长、闲暇时间的增多,极大地促进了国内旅游的发展。

据国家统计局统计,2018年,国内游客达到了55.39亿人次,国内旅游总花费达51 278亿元(图3-5)。

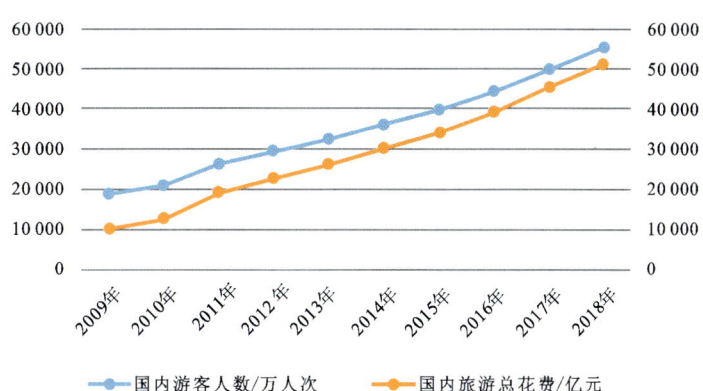

图3-5 2009—2018年国内游客人数和国内旅游总花费统计

(数据来源:国家数据网 https://data.stats.gov.cn/)

链接材料：

夜间旅游市场数据报告2019

2019年3月14日，中国旅游研究院主办的"夜间旅游系列研究成果发布会"在文化和旅游部南区举行，夜间旅游系列研究成果共8个研究报告相继发布。以下为旅游经济文化和旅游部重点实验室发布的《夜间旅游市场数据报告2019》全文：随着旅游消费的日益多元和旅游供给的提质挖潜，加上全国各地频频出台促进夜间经济发展的政策文件，夜间旅游正吸引着来自产学研各界越来越多的关注。中国旅游研究院夜间旅游课题组立足服务人民美好生活，根据研究院自主调研平台调查数据，系统研究夜游市场的供需情况、结构特征、制约因素和发展前景，研究认为，夜间旅游作为满足人们对美好生活的向往、拉动旅游消费、推动供给侧改革和丰富深度文化体验的重要途径，将为旅游经济的持续健康发展提供新的动能。

一、夜间旅游参与度高、消费旺

近年来，我国夜间旅游参与度高，接受调查的游客中有过夜游体验的占比92.4%。银联商务数据显示，2019年春节期间国内夜间总体消费金额、笔数分别达全日消费量的28.5%、25.7%，其中，游客消费占比近三成，夜间旅游已成为旅游目的地夜间消费市场的重要组成部分。携程、驴妈妈等旅游平台夜游产品订单稳步增长。2018年，驴妈妈带有"夜游"标签的产品订单数同比增长9.0%。观光游船、主题灯会、文化体验活动成夜间旅游热度风向标。2019年，携程门票上线的灯会专题活动，游客数量同比增加了114%，其中，珠江夜游、黄浦江游览、重庆两江夜游、武汉夜游长江、夜游三亚湾、鹭江夜游、闽江夜游、钱塘江夜游、"澜沧江湄公河之夜"歌舞篝火晚会和千岛湖夜游人气最高（表1）。

表1　2019年春节期间国内夜间旅游消费占比

消费金额		消费笔数	
日间消费占比71.5%		日间消费占比74.3%	
夜间消费占比28.5%		夜间消费占比25.7%	
夜间本地居民消费	夜间游客消费	夜间本地居民消费	夜间游客消费
72.80%	27.20%	69.40%	31.60%

注：数据来源于中国旅游研究院银联商务旅游消费大数据联合实验室。

二、夜游消费潜力巨大，人均体验两晚

根据旅游统计，国内旅游平均停留时间为3天，连续3晚愿意体验夜游的受访者达到26%，选择2晚的受访者占53%，不愿出游的受访者仅占2%，人均夜游停留时间为2.03晚。说明未来一段时间内，游客夜游意愿强烈，夜游市场需求广阔，随着夜游产品的丰富多元和夜游环境的日臻完善，未来夜游需求将持续旺盛，市场潜力巨大。

专项调查数据显示，夜游花费在201～400元和401～600元之间的比例最高，分别为

27.9%和27.0%,601~800元和200元以下居中,分别占比15.6%和12.1%,1001元以上比例最低(图1)。

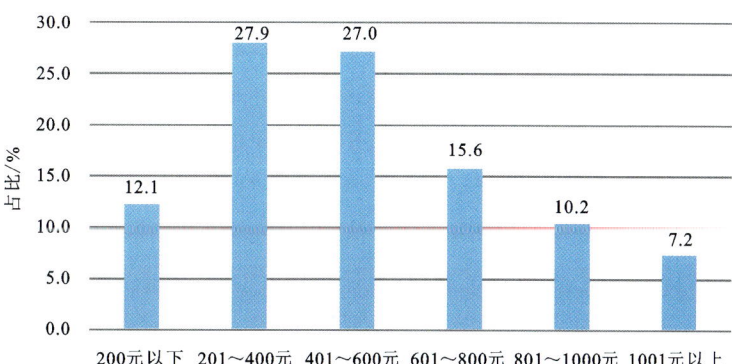

图1 夜间旅游花费时间

(数据来源于中国旅游研究院夜间旅游专项调研)

专项调查数据显示,月收入在12 000元以下的群体中选择600元以下夜游花费的比例最高,月收入在12 000~15 000元的群体中选择601~1000元夜游花费的比例最高,月收入在15 000元以上的夜游花费更多,高于1001元。

三、夜游需求日益多元,文化体验为重要组成

专项调查数据显示,游客对景色、活动、餐饮、休闲等夜游要素的诉求相对均衡,35.7%的受访者关注可供欣赏的美景,夜晚活动、休闲氛围、安全保障、美食/夜市的诉求比例在23%~28%之间(图2)。如今愈发多元的夜间消费场景为城市的夜晚注入了活力。游客希望在有限的时间内体验更多活动,享受更多的服务,夜游产品的丰富程度和品质需求并重。

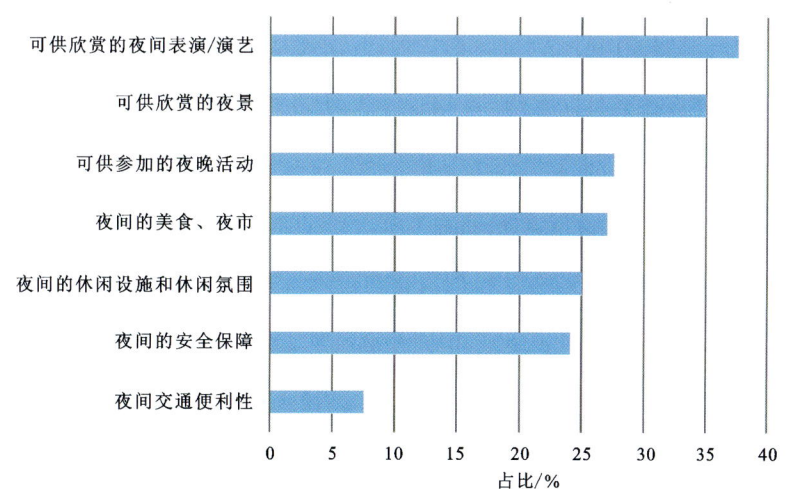

图2 夜间旅游体验诉求

(数据来源于中国旅游研究院夜间旅游专项调研)

文化体验已成为夜间旅游的重要组成部分。书店、茶社、剧院是夜间消费市场的文化亮点，诚品书店、国家大剧院、保利剧院等文化场所夜间消费热度高涨。在对游客的夜游体验需求调查中，文化节事活动、文化场所参观等活动占比位居前列（图3）。以八〇后、九〇后为主体的年轻一代是当下夜间旅游消费的主力军，占比分别达到40.0%和19.8%，引领夜游风尚。24小时书店、话剧、院线电影等吸引了大批青年游客。在2300万人口的台湾地区，诚品书店年客流量近1亿人次。自2014年起，以三联韬奋书店为代表的国内24小时书店不断涌现，成为流行文化中一种特立独行的存在。深度文化体验已经成为多元夜游场景消费中的重要组成部分。

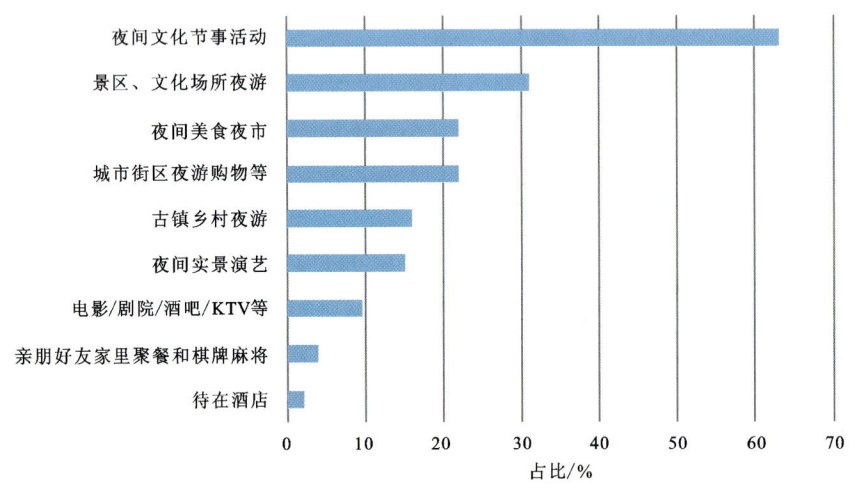

图3　游客夜游体验活动

（数据来源于中国旅游研究院夜间旅游专项调研）

四、夜游市场品质可控，七成游客仍期待提升

专项调查数据显示，夜游综合满意度为75.68，夜游服务质量整体处于较好区间。25%的受访者对现有夜间旅游市场非常满意，42%的受访者表示满意，25%的受访者表示一般，不满意和非常不满意占比8%（图4）。

在对夜游产品搭配和公共服务的满意度调查中，27%的游客表示非常满意，73%的游客评价为满意及以下，未来仍有较大提升空间。

针对限制游客夜游体验的原因调查显示，担心安全问题占比49.4%，白天行程过满需要休息占比38.8%，夜间交通不便占比25.8%。夜间安全和游客休息成为限制夜游的主要因素（图5）。

五、中青年情侣、家庭夜游占主流，18～22点为黄金4小时

专项调查数据显示，情侣出游和家庭亲子出游对夜间体验需求更高，分别占比31.8%和31.2%；朋友出游和跟团游需求居中，占比17.2%和11.6%；商务出差和个人独行的夜间体验需求最低（图6）。

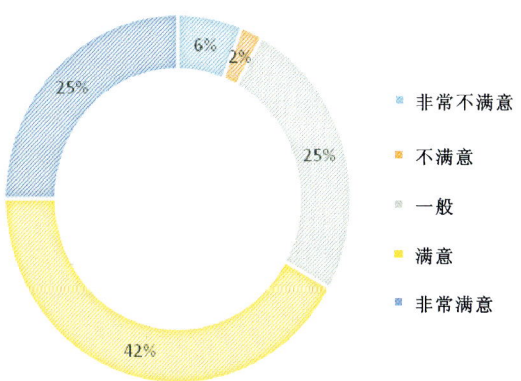

图 4 夜间旅游综合满意度评价
（数据来源于中国旅游研究院夜间旅游专项调研）

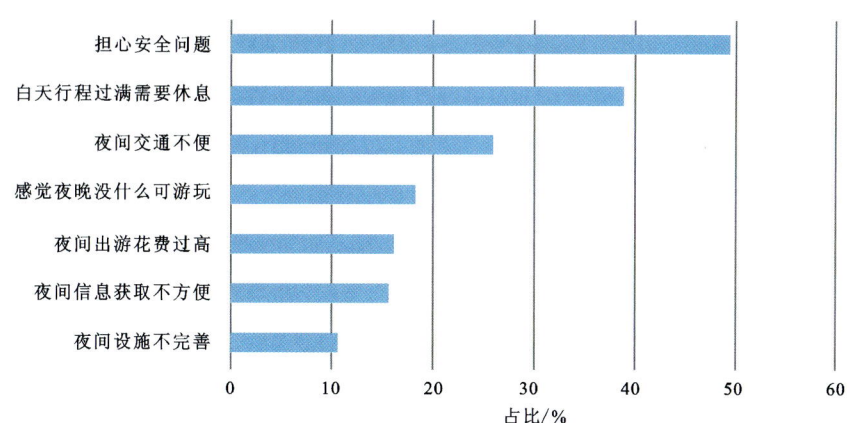

图 5 夜间旅游限制因素
（数据来源于中国旅游研究院夜间旅游专项调研）

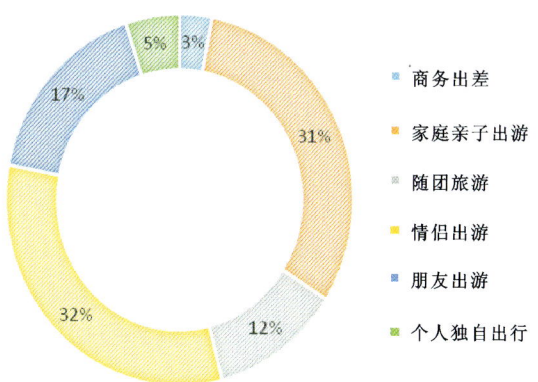

图 6 夜间旅游出游模式
（数据来源于中国旅游研究院夜间旅游专项调研）

从年龄层次看,18~24岁和25~34岁代表的中青年群体夜游消费最高。中青年群体是情侣出游、家庭亲子出游的主体,也是收入较高且愿意为更高品质旅游买单的群体,夜游花费同样处于较高水平。

专项调查数据显示,夜间6~10点为夜间旅游的高峰时段,占比达到77%;11~12点及12点以后夜间旅游占比23%。从夜游体验时长来看,愿意体验3~4h的游客最多,占比48.1%,体验1~2h的占比27.5%,体验5~6h的占比17.1%,体验7h以上的占比7.2%。

六、夜间旅游供不应求,旅游投资蓄势待发,夜游产品比例和投资规模均有提升空间

从需求角度看,71%以上的受访企业预计未来夜间旅游市场需求将持续旺盛或非常旺盛。

从供给角度看,参与调研的657家旅游企业中,72.99%的旅游企业提供的夜游产品品类在30%以下,79.24%的旅游企业夜游产品收入不足30%。由此可见,夜游产品供给在数量和质量上仍有较大的提升空间。

专项调查数据显示,参与调研的657家旅游企业中,夜游产品投资规模在5%以下的企业占比23%,投资规模在6%~10%的企业占比28%,投资规模在10%~20%的企业占比26%,投资规模超过30%的企业占22%。投资模式方面,旅游企业更倾向与政府合作(30.7%)或与国内其他企业合作(32.6%),独资(18.7%)或与国外企业合作(9.1%)其次,7.9%的企业愿意与高校或科研单位合作。

从夜游产品的供给侧角度看,旅游企业的夜游领域投资、产品供给数量和盈利水平等均较白天产品有很大差距,但在游客需求旺盛的背景下,更多企业对夜游市场的市场前景看好,并愿意在未来加大投资力度和品质投入。游客体验需求的升级将促进夜游品质提升,夜间旅游市场潜力巨大。

专项调查数据显示,近六成的旅游企业认为未来夜游市场增幅将在10%~20%,超过三成的企业认为夜游市场增幅将达到20%。基于对夜游市场前景的一致看好,有81%的企业有扩大投资的意愿。

根据预测,未来夜间休闲设施和休闲氛围、美食/夜市、体验活动都将是市场的投资热点。这些投资热点的品质提升需要社会各界共同努力,不断完善休闲基础设施,营造有温度、有特色的人文环境,保障游客的人身财产安全、食品安全,全面提升游客体验。

七、结语

中国旅游研究院夜间旅游市场专项研究显示,目前以情侣出游、家庭亲子出游为主要消费主体的夜间旅游市场需求旺盛,但受到安全问题、交通条件、产品丰富程度等条件制约,旅游企业的夜游产品供给在品类、品质、投资力度等方面仍有较大的提升空间。预计未来旅游企业将有更多的热情和资源投入夜间旅游市场,企业、政府和社会共同努力提高夜间旅游服务质量,不断提升游客夜间体验,不断满足广大人民对美好假日旅游和美好生活的需求。

(资料来源:中国旅游网 www.cntour.cn,2019-03-15)

分析上述材料,了解当前夜间旅游市场的主要特点,并分析其形成原因。

思考题

(1)马斯洛的需求层次理论的主要内容是什么?

(2)奥尔德弗的 ERG 理论的主要内容是什么?

(3)影响旅游者旅游决策的因素有哪些?

(4)根据普洛格的理论,人的个性心理因素对旅游者的旅游动机乃至旅游行为有哪些影响?

(5)如何理解旅游市场预测?

(6)简述距离衰减理论的基本内容。

(7)旅游者对旅游市场的影响主要有哪几点因素?

(8)我国旅游市场有哪些特点?

第四章 旅游资源

学习目标：了解旅游资源的概念、分类、评价的方法，掌握旅游评价方法，并能够对旅游资源进行评价，进而对旅游资源产品开发提供参考。

第一节 旅游资源的概念

一、旅游资源的基本概念

1. 我国学者对旅游资源概念的认识

迄今为止，由于对"旅游"这一核心概念的泛化理解，各界对旅游资源的概念尚无统一认识。

保继刚等（1993）提出："旅游资源是指对旅游者具有吸引力的自然存在和历史文化遗产，以及直接用于旅游目的的人工创造物。旅游资源可以是具有形态的物质实体，如风景、文物，也可以是不具有具体物质形态的因素。"

刘振礼（2001）指出："旅游资源，可称作'旅游吸引因素'，即在现代社会能够吸引旅游者和产生旅游动机并实施旅游行为的因素的总和。它能够被旅游业利用，并且在通常情况下能够产生社会效益、环境效益和经济效益。"

同年，钱今昔写道："旅游资源是指通过开发后能够吸引旅游者的客观存在物，就是在自然环境和人文环境中引起旅游者兴趣并可以利用的物质条件。具体地说，旅游资源是指为旅游者提供游憩、观赏、兴趣、度假、娱乐、探险猎奇、考察研究、体育锻炼，以及友好往来的客体和劳务。"

2001年，王洪滨表述为："凡是能激发旅游者的旅游动机并使其产生旅游行动，能为旅游业所利用并产生一定经济、社会及生态环境效益的自然和社会因素，都可称之为旅游资源。"

这些概念强调了旅游资源是对旅游者具有吸引力的自然存在、历史文化遗产，以及用于旅游目的的人工创造物，包含物质实体和非物质实体；强调了旅游资源的功能包含观赏价值、游憩价值、休闲价值、科学价值、艺术价值等；同时指出了旅游资源能产生的效益，即社会效益、经济效益、环境效益。

2. 西方学者对旅游资源概念的解释

和我国学者不同的是,西方学者常使用旅游吸引(物)(tourist attraction)的概念。在有的情况下,旅游吸引(物)是指旅游地吸引旅游者的所有因素的总和,它包括了旅游资源、适宜的接待设施和优良的服务,甚至还包括了快速舒适的旅游交通条件。

霍洛韦(Holloway,1986)定义道:"旅游吸引物必须是:那些给旅游者以积极的效益或特征的东西,它们可以是海滨或湖滨、山岳风景、狩猎公园、有趣的历史纪念物或文化活动、体育运动,以及令人愉悦舒适的会议环境。"

在众多的阐述中,国内和国外学者对旅游资源的理解的共同之处在于旅游资源必须对游客具有一定的吸引力;不同之处主要是对旅游资源具体内容的概括及其作用。

3. 旅游资源的内涵

理解旅游资源的内涵主要表现在以下几方面。

(1) 具有一定的吸引力。旅游资源的大部分定义中都提到了"吸引力"一词,或表达相近意思的词语。可以看出,这是旅游资源最大的特点,也是旅游资源理论的核心。游客之所以从客源地到某一旅游地去旅游,就是因为这一旅游地有吸引游客的对象。旅游资源相对旅游主体而言,处于旅游客体位置,由于它具备特殊的美学功能,对主体有吸引力,因此,成为了旅游主体实践活动和认识活动指向的对象。与其他资源相比,旅游资源最大的特点就在于它能激发旅游者的旅游动机,吸引游客到异地进行旅游观赏、消遣娱乐、休憩疗养、登山探险、科学考察、文化交流等,从而促进了旅游活动的开展。旅游资源的吸引力不仅成为旅游资源的重要属性,而且限定了旅游资源仅存在于旅游目的地,它排除了从客源地到旅游目的地的其他地域。并且,所谓旅游资源对游客的吸引力是对社会旅游者的群体而言。

(2) 能够为旅游业所利用,并可产生经济效益、环境效益和社会效益。在旅游资源的众多定义中,也谈到了旅游资源的作用和效益。旅游资源开发的目的是给地区带来经济效益、环境效益和社会效益,这也是衡量旅游资源价值的一个标准。只有上述三大效益协调,才是有意义、可利用的旅游资源。

(3) 旅游资源既有物质的,也有非物质的;既有有形的,也有无形的。旅游资源包含的内容十分广泛,既有物质的、有形的客观实体,包括名山大川、文物古迹等;也有非物质的、无形的,不过它们通常依附于物质景观的精神文化旅游资源,包括文化艺术、民族风情、神话故事等。在旅游开发中,要充分发掘无形的、精神的旅游资源,不仅可以拓宽旅游的内容,而且可以为有形的、物质的旅游商品创造出新的附加价值。

(4) 旅游资源的范围在不断扩大。旅游资源是一个不断发展的概念,随着社会的进步、经济的发展、科技水平的提高,人们的旅游需求变得多样化、个性化,旅游资源的范畴在不断扩大。

二、旅游资源的特点

旅游资源涉及自然、经济、社会等多方面的因素,是一种特殊的资源,既具有一般资源的共性,又有许多独具的特性。正确认识和了解旅游资源的特征,对于合理地开发和利用旅游资源具有重要的指导意义。

1. 基本特点

(1)吸引性(观赏性)。旅游资源能满足旅游者求新、求异、求知、求美等精神需求,吸引旅游者参加旅游活动。吸引性(即观赏性)是旅游资源的核心,是非常重要的特点,也是衡量一事物或现象是否为旅游资源的首要指标。

(2)吸引力的定向性。任何一种旅游资源的吸引力都有定向性,它只能吸引旅游市场的某一部分,而不是对全部旅游市场具有同样强度的吸引力。旅游资源的美学特征越突出,观赏性越强,对旅游者的吸引力越大。由于旅游需求的变化,原有的旅游资源会对游客失去吸引力,同样也会由于自然、社会和文化原因而形成新的对游客具有吸引力的旅游资源。

2. 空间特点

(1)广域性。旅游资源在空间上分布极广,内容十分丰富。各种自然的、人文的因素都有成为旅游资源的可能。当今世界上任何地方都可能存在旅游资源,当然,这要放在一定的时间、空间和条件下来考虑。从本质上讲,地理圈范围内的各个区域不存在有没有旅游资源的问题,而只存在旅游资源的时空分布和结构问题。

(2)地域性。尽管旅游资源品种繁多、类型复杂、存在广泛,但总是分布于一定的地理空间,受特定区域地理环境要素的制约,并反映区域地理环境的特色,即旅游资源具有地域性。旅游资源的地域性还表现在同一种事物或因素在某地构不成旅游资源但在另一地可能就成为旅游资源,或者由于它所在地域的特点而减弱或增强了它作为旅游资源的功能。正是由于不同区域的旅游资源之间存在差异性,才形成了旅游者的空间流动,产生了旅游现象。也正是由于一个地方的自然景物或人文风情具有吸引异地旅游者的功能,这些自然景物或人文风情才成为旅游资源。

(3)综合性。旅游资源并非独立存在,而是相互依存、相互作用,共同形成一个和谐的有机整体,这是其综合性的主要体现。一定地域的旅游资源,以有机整体的形式发挥吸引功能,实现旅游价值。旅游资源的种类越多,联系越紧密,整体功能就越突出,综合性也就越强。显然,旅游资源的组合形式是多种多样的,正是由于其组合的复杂性与多样性,才构成了一个个不同特色的旅游景观综合体。

(4)不可移动性。旅游资源尤其是自然旅游资源是在特定地理环境下产生的,具有地理上的不可移动性。人文旅游资源某种程度上可以产生空间移动或者在异地重建,但仿制品由于脱离了特定的历史和地理环境而失去了原有的意义和魅力,只是一种人造的新旅游景点,与其原型所特有的本质和内涵相去甚远。这种特点使旅游资源具有一定范围内的唯一性和垄断性。

3. 时间特点

(1)季节性。旅游资源的季节性是指旅游资源的特征和吸引力随着季节不同而发生的变化。造成旅游资源季节变化的主要因素是所在地的纬度、地势和海陆位置等自然地理条件,特别是由这些自然地理条件所决定的气候条件。同时旅游资源的季节变化也受人为因素的影响。旅游资源的季节性变化体现在3个方面:首先,在不同的季节、不同的气候条件下,自然景观有所不同,甚至有些自然景观只在特定的季节或时间里出现。其次,同样的景物在不同季节里展现出不同的风姿。第三,由于人的社会活动的节律性决定了人们外出旅游所被允许的时间,也对旅游资源的季节性有一定的影响。因此,在开发利用旅游资源时,需要更加注意。

(2)时代性。在不同的历史时期、不同的社会制度、不同的生产水平下所形成的旅游资源,特别是人文旅游资源的特点、风格就会不同。比如西安古城主要是汉长安城遗址,北京故宫则是明清建筑的代表。现代旅游业正向多样化、个性化方向发展,旅游资源的含义也越来越丰富。

(3)永续性。永续性是指旅游资源具有可以重复利用的特点。大多数旅游资源是不会被旅游者的旅游活动消耗掉的,旅游者只能在旅游活动中使用这些资源获得一种美好的经历和感受,而不能带走旅游资源本身。因此,在开发得当、保护得力的情况下,一般都可以长期永续地利用旅游资源。

(4)不可再生性。有些旅游资源一旦遭到破坏将不可再生,另外,过度接待游客、自然力(如风化、侵蚀)和生物灾害的破坏等都会对资源造成污染和损毁。因而,旅游资源开发工作必须以科学合理的旅游规划为依据有序有度地进行,同时依靠一定的经济、法律手段切实加强旅游资源的保护和管理工作。

4.文化特点

旅游资源都具有丰富的文化内涵,即蕴藏着一定的科学的自然、社会知识和理论。这些资源不仅给人们以不同的美感,而且它们的形成、发展变化和具体分布都具有一定的科学道理,能激发人们的思维。旅游者通过观光游览、参与体验,可以获得各种科学知识和美的享受,增加智力,陶冶情操。但文化享受的获得往往需要旅游者拥有较高的文化素养和精神境界。因此,旅游开发者不仅应该深入研究旅游资源的文化内涵,而且应该采取措施使其充分展示在旅游者面前,增加其对游客的吸引力。

第二节 旅游资源分类及类型

旅游资源不但涉及的领域极广,包括自然环境中的地质地貌、水体、气候、生物等要素,人文方面的历史遗产、文物古迹、园林建筑、文化艺术、民俗风情等内容,而且旅游资源的表现形式和内涵也十分丰富。

一、旅游资源分类的意义

首先,分类可以使众多繁杂的旅游资源条理化、系统化,为进一步开发利用、科学研究提供方便。通过旅游资源的比较、归纳及划分，形成的旅游资源分类系统实际上是一个关于旅游资源有关资料的存取系统，为人们从整体上或局部认识旅游资源创造有利条件。因此，旅游资源分类是研究、认识旅游资源及开发利用旅游资源的重要基础，对实践具有重要的指导意义。

其次，旅游资源的分类过程，实际上是人们加深对旅游资源属性的认识过程。分类总是通过分析大量旅游资源属性的共性或差异性，分出不同级别的从属关系及其联系，通过不断补充新的资料，提出新的分类系统，或通过不同地区、不同要求的旅游资源分类，都可以从不同侧面加深对旅游资源属性的认识，甚至发现、总结出某些新的规律性认识，从而促进有关理论水平的提高。因此，旅游资源分类也具有一定的理论意义。

综上所述，旅游资源分类的意义在于通过各种分类系统的建立、补充，加深对旅游资源整体或区域旅游资源属性的认识，掌握其特点、规律，为进一步开发利用、保护及科学研究服务。

二、旅游资源分类的原则和依据

1. 分类原则

分类原则是分类的准绳、标准，只有遵循一定的原则才能保持分类的科学性和实用性。旅游资源分类的原则主要有3种。

(1)相似性与差异性原则。也称共轭性与排他性原则，即分类时不能把不具有共同属性的旅游资源归为一类，应尽可能寻找共同性，区别差异性。所划分出的同一级同一类旅游资源，必须具有共同的属性，不同类之间应具有一定的差异，做到旅游资源分类的系统化和规范化，防止所划分旅游资源类型出现相互包容和重叠的情况。

(2)对应性原则。分类应以旅游资源的定义作为出发点，所划分出的次一级类型内容，必须完全对应于上一级类型的内容，不能出现下一级内容超出上一级或少于上一级内容的现象，否则就会出现逻辑上的错误。

(3)系统性原则。旅游资源是一个复杂的系统，它可以分为不同级别、不同层次的亚系统。分类时，可以把分级与分类结合起来，逐级进行分类，避免出现越级划分的逻辑性错误。

2. 分类依据

要进行分类，除了应遵循基本原则外，还必须有一定的具体依据（标准），即必须根据旅游资源本身的某些具体属性或关系进行分类。

(1)成因。成因是指旅游资源形成的基本原因与过程。例如，地貌旅游资源按成因可分为流水作用的旅游地貌、风力作用的旅游地貌、溶蚀作用的旅游地貌等。

(2)属性。属性是指旅游资源的性质、特点、存在形式和状态等，如自然旅游资源中的地质地貌旅游资源、水体旅游资源、气候旅游资源、生物旅游资源等，它们的形状不同，因而可以区分为不同的类别。

(3)功能。所谓旅游资源的功能是指能够满足开展旅游活动需求的作用。有的旅游资源可以满足开展多种旅游活动的需求,因而具有多种旅游功能。根据旅游资源功能的不同,可以把旅游资源区分为不同的类别,如观光游览型、参与体验型、购物型等。

(4)时间。时间是指旅游资源形成至今时间的不同,据此可将旅游资源区分为不同的类别,如依据时间因素可把建筑旅游资源区分为古代建筑与现代建筑。

(5)其他。例如,开发利用情况、管理级别、旅游资源质量高低等,均可作为不同目的要求的旅游资源分类依据。

三、旅游资源的类型划分

1. 根据资源属性分类

(1)根据旅游资源本体属性及组成要素划分。这是一种最常见的旅游资源分类方法,基本思路是:先将旅游资源分为几个大类,再划分出亚类、基本类型等几个层次。目前最具影响力的划分方案是由国家质检总局(现国家市场监督管理总局)和国家标准化管理委员会发布的《旅游资源分类、调查与评价》(GB/T 18972—2017),这一方案充分考虑2003版颁布以来,旅游界对旅游资源的含义、价值、应用等多方面的研究和实践成果,重点对旅游资源的类型划分进行修订,具体分类见表4-1。

表4-1 旅游资源分类表

主类	亚类	基本类型
A 地文景观	AA 自然景观综合体	AAA 山丘型景观、AAB 台地型景观、AAC 沟谷型景观、AAD 滩地型景观
	AB 地质与构造形迹	ABA 断裂景观、ABB 褶曲景观、ABC 地层剖面、ABD 生物化石点
	AC 地表形态	ACA 台丘状地景、ACB 峰柱状地景、ACC 垄岗状地景丛、ACD 沟壑与洞穴、ACE 奇特与象形山石、ACF 岩石圈灾变遗迹
	AD 自然标记与自然现象	ADA 奇特自然现象、ADB 自然标志地、ADC 垂直自然带
B 水域景观	BA 河系	BAA 游憩河段、BAB 瀑布、BAC 古河道段落
	BB 湖沼	BBA 游憩湖区、BBB 潭池、BBC 湿地
	BC 地下水	BCA 泉、BCB 埋藏水体
	BD 冰雪地	BDA 积雪地、BDB 现代冰川
	BE 海面	BEA 游憩海域、BEB 涌潮与击浪现象、BEC 小型岛礁
C 生物景观	CA 植被景观	CAA 林地、CAB 独树与丛树、CAC 草地、CAD 花卉地
	CB 野生动物栖息地	CBA 水生动物栖息地、CBB 陆地动物栖息地、CBC 鸟类栖息地、CBD 蝶类栖息地

续表 4-1

主类	亚类	基本类型
D 天象与气候景观	DA 天象景观	DAA 太空景象观赏地、DAB 地表光现象
	DB 天气与气候现象	DBA 云雾多发区、DBB 极端与特殊气候显示地、DBC 物候景象
E 建筑与设施	EA 人文景观综合体	EAA 社会与商贸活动场所、EAB 军事遗迹与古战场、EAC 教学科研实验场所、EAD 建筑工程与生产地园林休憩区域、EAE 文化活动场所、EAF 康体游乐休闲度假地、EAG 宗教与祭祀活动场所、EAH 交通运输场站、EAI 纪念地与纪念活动场所
	EB 实用建筑与核心设施	EBA 特色街区、EBB 特性屋舍、EBC 独立厅(室、馆)、EBD 独立场(所)、EBE 桥梁、EBF 渠道(运河)段落、EBG 堤坝段落、EBH 港口(渡口与码头)、EBI 洞窟、EBJ 陵墓、EBK 景观农田、EBL 景观牧场、EBM 景观林场、EBN 景观养殖场、EBO 特色店铺、EBP 特色市场
	EC 景观建筑与小品建筑	ECA 形象标志物、ECB 观景点、ECC 亭台楼阁、ECD 书画作、ECE 雕塑、ECF 碑碣(碑林、经幢)、ECG 牌坊(牌楼、影壁)、ECH 门廊(廊道)、ECI 塔形建筑、ECJ 景观步道(甬路)、ECK 花草坪、ECL 水井、ECM 喷泉、ECN 堆石
F 历史遗迹	FA 物质类文化遗存	FAA 建筑遗迹、FAB 可移动文物
	FB 非物质类文化遗存	FBA 民间文学艺术、FBB 地方习俗、FBC 传统服饰装饰、FBD 传统演艺、FBE 传统医药、FBF 传统体育赛事
G 旅游商品	GA 农业产品	GAA 种植业产品及制品、GAB 林业产品与制品、GAC 畜牧业产品与制品、GAD 水产品与制品、GAE 养殖业产品与制品
	GB 工业产品	GBA 日用工业品、GBB 旅游装备产品
	GC 手工工艺品	GCA 文房用品、GCB 织品(染织)、GCC 家具、GCD 陶瓷、GCE 金石雕刻(雕塑制品)、GCF 金石器、GCG 纸艺与灯艺、GCH 画作
H 人文活动	HA 人事活动记录	HAA 地方人物、HAB 地方事件
	HB 岁时节令	HBA 宗教活动与庙会、HBB 农时节日、HBC 现代节庆
8	23	110

注:资料来源于《旅游资源分类、调查与评价》(GB/T 18972—2017)。

(2)旅游资源本体属性的三分法方案。随着社会旅游资源在现代旅游发展中的重要作用,以及人们对它的进一步认识,一些学者把社会旅游资源从人文旅游资源中划分出来,因而形成了自然旅游资源、人文旅游资源和社会旅游资源的三分法。具体分类见表 4-2。

表 4-2 旅游资源本体属性的三分法方案

大类	基本类型		
自然旅游资源	地质旅游资源	地貌旅游资源	气象、气候旅游资源
	水文旅游资源	生物旅游资源	太空旅游资源
人文旅游资源	历史文化名城旅游资源	古迹旅游资源	宗教文化旅游资源
	交通旅游资源	建筑与园林旅游资源	文学艺术旅游资源
社会旅游资源	民俗风情旅游资源	购物旅游资源	城市景观旅游资源
	会议旅游资源	商务旅游资源	体育保健旅游资源
	娱乐旅游资源		

2. 根据旅游活动的性质分类

根据旅游活动的性质，旅游资源可划分为观光型旅游资源、娱乐型旅游资源、购物型旅游资源、专门型旅游资源 4 类。

(1) 观光型旅游资源：以优美的自然风光、名胜古迹、建筑园林，以及风土人情等为主，通过游览和观赏，旅游者可以从中获得美的感受和好奇心的满足，并能够开阔视野、陶冶情操。

(2) 娱乐型旅游资源：可以满足旅游者娱乐、消遣的需要，适应旅游者各种娱乐爱好，使旅游者乐在其中，摆脱紧张工作所带来的烦恼，比如野营地、钓鱼、打猎、主题公园游、休闲度假游等。

(3) 购物型旅游资源：是指旅游目的地国家或地区的各种土特产品、工艺品、旅游纪念品、文物古玩及其仿制品、日用品和其他商品等。例如香港因为其商品价格相对便宜、品种齐全而被称为"购物天堂"，购物型旅游资源在香港旅游业中具有非常重要的地位。

(4) 专门型旅游资源：包括休疗（养）型旅游资源、运动型旅游资源、商务型旅游资源、科学考察型旅游资源、宗教型旅游资源等。

3. 根据管理级别分类

根据管理级别的高低，旅游资源可以划分为世界级、国家级、省级和市（县）级 4 类。

(1) 世界级旅游资源：主要包括经联合国教科文组织批准分别被列为世界遗产、世界地质公园的自然景观和人文景观，以及列入联合国"人与生物圈"保护区网络的自然保护区。它们具有全球性艺术观赏、历史文化和科学研究价值，是世界上品味和知名度最高的旅游资源、全人类的宝贵遗产和海内外广大游客向往的旅游胜地。

(2) 国家级旅游资源：主要包括由国务院审定公布的国家级风景名胜区、国家历史文化名城和国家重点文物保护单位，以及由原林业部批准建立的国家级自然保护区和国家森林公园，由国土资源部（现为自然资源部）批准建立的国家地质公园等。它们都是中国壮丽河山的精粹和中华文化的瑰宝，具有重要的艺术观赏、历史文化和科学研究价值，在国内外享有较高的知名度。

(3) 省级旅游资源：主要包括为数众多的省级风景名胜区、省级历史文化名城，有些省份还公布有历史文化名镇和省级文物保护单位，以及省级自然保护区、省级森林公园等。它们均具有较为重要的艺术观赏、历史文化和科学研究价值及浓郁的地方特色，在省内外有较大的影响。

(4) 市（县）级旅游资源：主要包括市（县）级文物保护单位等。它们具有一定的艺术观赏、历史文化和科学研究价值，是本地游人的主要游览对象。

4. 根据资源特性和游客体验性质分类

以资源特性和游客体验性质为分类标准的有不少分类系统。其中，以1966年美国克劳森（Clawson）和尼奇（Knetsth）提出的分类最具影响。

(1) 利用者导向型游憩资源。这类资源以利用者需求为导向，靠近利用者集中的人口中心（城镇），通常满足的主要是人们的日常休闲需求，如球场、动物园、一般性公园。它的面积一般在40～100 km^2 之间，通常由地方政府（市、县）或私人经营管理；它的海拔一般不超过1000m，在距离城市60km范围内。

(2) 资源基础型游憩资源。这类资源可以使游客获得近于自然的体验。资源相对于客源的距离不确定，主要在旅游者的中长期度假中得以利用，如风景、历史遗迹、远足、露营、垂钓用资源，面积一般在1000 km^2 以上，主要是国家公园、国家森林公园、州立公园及某些私人领地。

(3) 中间型游憩资源。这类资源特性介于上述两者之间，主要为短期（一日游或周末休假）游憩活动所利用，游客在此体验比利用者导向型地区更接近自然，但又比资源基础型地区要次一级。

5. 根据旅游资源的开发利用现状分类

根据旅游资源的开发利用现状分类，旅游资源可划分为未经开发利用的资源、已经开发利用或即将被开发利用的资源和现代人工创造的旅游资源3类。

(1) 未经开发利用的资源。这类资源可以是自然景观、历史遗存或独特的吸引物，往往具有较高的资源价值，但目前尚无力开发。

(2) 已经开发利用或即将被开发利用的资源。这类资源是客观存在的自然或历史文化赋予的现实的旅游资源，有的利用历史悠久，旅游设施建设已比较完善；有的利用历史较长，但缺乏时代内容，需加以调整、充实、丰富；有的已被列入规划，即将被开发。

(3) 现代人工创造的旅游资源。这类资源是原来并不存在或资源质量不高，后来由于具备了市场条件而被创造出来的新的旅游资源，或是通过对原有资源进行较大的充实、改造，丰富其内容而形成的旅游资源。

四、旅游产品

1. 旅游产品的定义

关于旅游产品的定义，不同的学者有不同的看法，林南枝和陶汉军（1994）认为从旅游目的地的角度出发,旅游产品是指旅游经营者凭借着旅游吸引物、交通和旅游设施,向旅游者提供的用以满足其旅游活动需求的全部服务;而从旅游者的角度出发,旅游产品是指旅游者花费了一定的时间、费用和精力所换取的一项经历。以这种方式定义的旅游产品视角过于宽泛。

谢彦君(2017)认为旅游产品是指为满足旅游者的愉悦性休闲体验需求,而在一定地域上被生产或开发出来以供销售的物象与劳务的总和。这一定义包含以下内容。

(1)旅游产品是专门为出卖给旅游者而被生产或开发出来的,是商品,所以,旅游产品与旅游商品同义。

(2)旅游产品的生产有两种方式:一种是依赖于旅游资源所做的开发,从而生产出一种资源依托型旅游产品;另一种是凭借拥有的人力、财力、物力资源仿造或者创造的旅游产品,从而生产出一种所谓资源脱离型旅游产品。

(3)旅游产品主要供旅游者购买(但不完全排斥非旅游者购买和使用),功能上具有可观赏性和可体验性,空间上具有地域性。

(4)旅游产品可以有物质实体,也可以仅仅是某种现象。

(5)旅游产品都或多或少地含有人类专门为旅游目的而投入的劳动,否则,就不能被称为旅游产品。

(6)各种媒介要素(包括饭店、交通设施等各种接待性产业要素)不是独立的旅游产品,但当它们被组合到以景区为核心的旅游产品上从而成为组合旅游产品的一部分的时候,它们就构成了旅游产品利益的追加组成部分。

(7)旅游产品不包括旅游购物品。事实上,旅游购物品(旅游者在旅游过程中所购买的可以携带回家或在旅游途中消耗掉的物品,典型的如旅游纪念品)在经济学意义上与一般消费品没有本质的区别,但与真正的旅游产品却有很大的不同(那些一旦脱离了旅游环境便失去了原来意义的购物品除外。这些购物品已经与旅游产品浑然一体、无法剥离了,因此构成了旅游产品的一部分)。

2.旅游产品的构成

(1)核心旅游产品与组合旅游产品。根据上述定义,核心旅游产品是指最典型、最核心的旅游产品形式,是已经被开发出来的旅游地或旅游景区,是指出于交换的目的而被开发出来的能够向旅游者提供愉悦性休闲体验的客观凭借的空间单元。跟一般商品定义共同的是核心旅游产品也是由企业所生产的、直接出售的,企业是旅游产品的开发者和经营者。它们所生产、制造或开发的旅游产品称为核心旅游产品。这类产品最能体现旅游特性,最具有旅游意义的产品形态,它们的功能在于满足旅游者的愉悦性休闲体验需求,其属性更为纯粹,目标市场也更为单一、明确。

在旅游业还存在另一类生产可以直接卖给旅游者的旅游产品的企业,它们是一些以旅游批发商或旅游零售商的身份转销旅游产品生产者产品的企业,旅行社的经营业务就属于这种性质。虽然这类企业本质上是一种中间商,其业务似乎是中介性质的,但由于其产品的独立性很明显,其业务能力对原有产品的价值增值作用很大,其销售过程具有自身的独立性,以及法人责任,因此,旅游业中的这类企业也是一种兼具旅游产品批发、零售,尤其是生产智能的企业。这类企业生产的旅游产品,是一种依托于上述核心旅游产品所进行的综合利益追加。也即组合旅游产品是旅游产品的扩展形态,是旅游企业或旅游相关企业围绕旅游产品的核心价值而做的多重价值追加。这种追加既可以发生在生产领域,也可以发生在流通领域;既可以由旅游产品的生产企业来完成,也可以由旅游产品的销售企业来完成。通过这种追加,有的旅游产品甚至具有可以满足旅游者旅游期间一切需求的效用与价值。

(2)资源依托型旅游产品和资源脱离型旅游产品。根据旅游产品和旅游资源的关系可以分为资源依托型旅游产品和资源脱离型旅游产品。资源依托型旅游产品是因自旅游资源开发而产生的,例如黄山、泰山、曲阜孔庙、故宫、长城、秦陵兵马俑等。这类旅游产品是不可更新的,是不能加以创造的,它们仅仅是开发的产物。资源脱离型旅游产品是借助于对可获得的人力、物力和财力资源的重新组合并经过加工过程而生产创造出来的,例如深圳的锦绣中华、北京的世界之窗等。这类旅游产品与旅游资源无关,是人类出自旅游目的而将巧思与财力、物力加以结合而生成的,因此是可以被更新和仿建的。

3. 旅游产品的特征

旅游产品的特性主要表现在以下方面。

(1)功能上的可体验性。旅游产品的主要功能就是满足人们的愉悦性休闲体验。

(2)空间上的不可转移性。旅游产品离不开一定的空间条件,这一特点与旅游资源的地域性,以及不可转移性特点对应和一致。旅游产品的这种空间特性也影响到旅游客源。两者之间的空间距离越大,阻力越大,客流量会越少,但是空间距离越大,游客对旅游产品不熟悉也会使得其好奇心增强。

(3)生产与消费的不可分割性。旅游产品的生产(经营)和消费常常发生在同一个时空背景条件下,密不可分,往往是一个过程的两个方面:旅游产品在生产开始的同时消费也即启动,消费结束时生产也不再进行。在旅游产品的生产过程中,旅游者参与旅游产品生产过程的事实,迫使旅游企业的管理人员正视该如何有效地引导顾客正确地扮演他们的角色,如何鼓励和支持他们参与旅游产品的生产过程(即旅游的体验过程),如何确保他们获得足够的旅游知识以达成生产与消费过程的和谐进行;另一方面,旅游企业的服务人员与顾客的互动行为也严重影响着旅游产品中所包含的服务质量,以及旅游企业与顾客的关系,从而影响着旅游者对景区的感受。

(4)时间上的不可储存性。旅游产品被生产出来以后,只有被旅游者使用才能够产生价值,与一般商品不同的是,旅游产品的交换价值体现为时间的累积函数。也就是说,旅游产品不能像一般商品那样被有效地储存起来,以备将来出售。如果旅游者因某种原因没有消费旅游产品,则此期间为生产该种旅游产品所耗费的人力、物力、财力都是一种浪费,并且损失的价值也得不到补偿,因为机会已经丧失,折旧已经发生,人力已经闲置,资金已经占用。

(5)所有权的不可转让性。旅游企业在出卖旅游产品时,转让的只是旅游产品在一定时间内的使用权,而不是像销售一般消费品那样同时转让所有权。客人在购买这种使用权的同时,不仅不能把旅游产品的基本部分带走,而且要承诺在使用期间保持旅游产品物质和非物质构成的完好无损。旅游产品的这些特点使得消费者对购买某一旅游产品抱有较高的风险预期。

第三节 旅游资源评价的理论基础

一、旅游资源评价的概念

所谓旅游资源评价就是从合理利用和保护旅游资源及取得最大社会经济效益的角度出发，运用某种方法，对一定区域内的旅游资源本身的价值及其外部开发条件等进行综合评判和鉴定的过程。旅游资源评价是在旅游资源调查的基础上进行的更深入的研究工作。

二、旅游资源评价的目的

旅游资源评价是科学地开发和利用旅游资源的前提。旅游资源评价的结果有助于了解其自身的价值，了解其旅游吸引力的强弱，明确开发方向，以确定其市场范围及其所在地将来旅游业可能达到的规模。一般来说，旅游资源评价要达到以下两个目的。

1. 确定旅游资源的质量

通过对旅游资源的类型、分布、组合和特点等的评价，确定调查区内旅游资源的质量水平，评定各种资源在开发中的重要程度及自身价值，明确开发建设的方向与序位，为制订旅游开发规划工作提供科学的判断标准或依据。

2. 确定旅游地的性质

根据旅游资源的价值和规模的判断，结合当地的开发条件，可以确定旅游地的性质。为国家和各级地区进行分级规划和管理提供科学的资料和评判依据，也可拟定未来旅游地中的旅游资源主次关系和开发重点。

三、旅游资源评价的原则

1. 客观性原则

旅游资源评价一定要从客观实际出发，实事求是地确定旅游资源品位高低、规模大小和功能强弱等，还要做到恰如其分，不能随意夸大或缩小。

2. 科学性原则

旅游资源评价要符合客观的科学标准，即在旅游资源调查的基础上，运用地理学、历史学、经济学、美学、建筑学等相关理论和知识，对旅游资源形成的原因、本质、特征、功能等做出科学的评价。

3. 全面性原则

旅游资源包罗万象、种类繁多,其价值和功能也是多层次、多形式、多内容的。这就要求在进行旅游资源评价时,不仅要注重对旅游资源本身的成因、特色、质量、数量等因素的评价,还要把该旅游资源所处区域的区位、环境、客源、交通等开发利用条件作为外部条件综合衡量,全面完整地进行系统评价,准确地反映旅游资源的整体价值。

4. 效益估算原则

旅游资源评价是为开发利用打基础,因此要综合考虑经济、社会、环境三方面的效益。经济效益是为了增加经济收入,开拓财源,对当地经济发展起到促进作用;社会效益是指能吸引游客,为其开阔眼界、增进知识、陶冶情操,同时使旅游资源所在地的社会环境通过与外界的交流得到提高;环境效益是指既能美化和保护环境,又能为人类提供一些有利身心健康的生态平衡的空间场所。总之,要兼顾经济、社会和环境效益,以促进旅游地的可持续发展。

5. 动态发展原则

事物总是在不断发展和变化的,这就要求旅游资源评价工作不能只局限于现在的情况,还要结合社会发展和科技进步,对那些因条件所限不能进行旅游开发但潜力巨大的旅游资源,应做出科学的评价,要用发展和创新的眼光看待变化趋势。

6. 定性与定量化结合原则

定性评价和定量评价是旅游资源评价的两种方法,不应带有主观色彩,应结合定性和定量方法。因为量化是现代科学发展的趋势,其结果更加直观、准确,具体的应用就是利用一定的评价模型和评价标准,把定性评价加以量化。并且,由于定量分析相对复杂,因而只有与定性分析相结合,才能较好地达到预期的目的。

四、旅游资源评价的内容

旅游资源评价一般包括旅游资源自身价值评价和旅游资源开发条件评价两个方面。

1. 旅游资源自身价值评价

(1)旅游资源特性和特色。任何类型的旅游资源都有自己独特的性质,即使完全同类的旅游资源,由于分布的地域环境差异,往往也各具特色。旅游资源特性和特色是该区旅游资源区别于其他地区旅游资源的独特之处,是衡量其对游客吸引力大小的重要因素,也是资源开发可行性的决定条件之一。

(2)旅游资源价值和功能。旅游资源价值包括美学、历史文化、科学考察等价值,也包括商贸、文化交流等方面的价值。不同类型的旅游资源体现出不同的主体价值,它是资源质量和品位的反映。旅游资源的功能是指旅游资源可供旅游者开发利用的特殊功能,它是旅游资源价值的具体体现。对现代旅游业而言,旅游资源可以包括观光、度假、娱乐、健身、体育、商务等多种功能。

(3)旅游资源数量、密度和布局。旅游资源数量是指旅游区内可供观赏的景观资源的多少。旅游资源密度又称旅游资源丰度,是指在一定地域上旅游资源的集中程度。旅游资源布局则指景观资源的分布和组合特征,它是资源优势和特色的重要表现。景观数量大、相对集中并且布局巧妙、合理的地区是理想的旅游开发区。

(4)旅游资源容量。旅游资源容量是指在保持旅游资源质量的前提下,一定时间内旅游资源所能容纳的旅游活动量。它也是指满足游人最低游览要求(心理感应气氛)和达到保护风景区环境要求时,旅游资源的特质和空间规模所能连续维持的最高旅游利用水平,又称为旅游承载力或饱和度。一般以容人量或容时量来度量旅游资源容量。

2.旅游资源开发条件评价

(1)区位条件。它是指旅游资源所处区域的地理位置、交通条件及旅游资源与其所在区域内的其他旅游资源、周边区域旅游资源的关系等。它决定了旅游资源所在区域的游客的可进入性,进而影响到旅游资源的开发时间、规模、层次、市场指向等。这是评价旅游资源开发条件的首要因素。

(2)客源条件。客源数量是维持旅游经济活动的必要条件,并与旅游经济效益直接相关,是提升旅游资源开发效益的重要因素。因此,它决定着旅游资源的开发规模和开发价值。旅游资源的客源条件可以从时间和空间两方面同时与旅游资源的价值、区位条件等因素结合起来进行综合分析和考虑。

(3)环境条件。它包括自然环境、生态环境和经济环境、政治环境、社会环境、文化环境,以及投资环境等。自然和生态环境是构成旅游资源区整体感知形象的一个因素,是旅游活动的重要外部环境条件之一。良好的自然和生态环境有利于吸引游客并进行资源的开发利用。同时,一个区域旅游资源的开发利用,必须有坚实的经济基础做后盾。此外,政治安定,各民族和睦相处,社会治安良好,人民安居乐业、友善热情,政府给予投资优惠条件等都是发展旅游业的必要条件。

(4)建设施工条件。旅游资源的开发必须有一定的设施场地。开发旅游资源还要考虑建设施工条件即工程量的大小和难易程度,因为施工场地的地质、地形、气候等自然基础条件和供水、供电、材料等工程建设供应条件影响着施工进度、投资大小及收益早晚。

第四节 旅游资源评价的方法

旅游资源评价工作在我国已有多年历史,初期多采用以定性描述为主的经验法。当前评价方法具有指标数量化、评价模型化、评定标准化三大特点,更加符合旅游评价的原则。实践中旅游资源评价的基本方法有定性评价和定量评价两种。

一、旅游资源定性评价

根据旅游资源的特点,对旅游资源的评价一般定性描述较易把握。旅游资源定性评价是基于评价者(旅游者或专家)对于旅游资源质量的个人体验而进行的,通过人们的感性认识对旅游资源作出定性的评价或分级,一般无具体数量指标,是对旅游地资源所作的主观色彩较浓厚的结论性描述。我国许多学者对旅游资源的定性评价进行了研究,具体的评价方法有以下几种。

1. "三三六"评价法

卢云亭提出的"三三六"评价法,是指对旅游资源实施"三大价值""三大效益""六大开发条件"的全面评价。

"三大价值"是指历史文化价值、艺术观赏价值、科学考察价值。历史文化价值是指评价历史古迹要看它的类型、年代、规模和保存状况及其在历史上的地位。艺术观赏价值是指客体景象的特征、地位和意义。科学考察价值是指旅游景观的某种研究功能,在自然科学、社会科学的研究和教学上各有什么特点,能否作为科教工作者、科学探索者和追求者的现场研究场所。

"三大效益"是指旅游资源开发后的经济效益、社会效益和环境效益。

"六大开发条件"是指旅游资源所在地的地理位置及交通条件、景观的地域组合条件、旅游环境容量条件、旅游客源市场条件、投资条件、施工难易程度。

2. 黄辉实定性评价法

该方法又称"六字七标准"旅游资源评价法,由上海社会科学院的黄辉实提出,从资源本身和资源所处环境两个方面对旅游资源进行评价。

对旅游资源本身的评价采用以下六字标准。"美":旅游资源给人的美感;"古":有悠久的历史;"名":具有名声或与名人有关的事物;"特":特有的、别处没有的或少见的稀缺资源;"奇":给人新奇之感;"用":有应用价值。

对旅游资源所处环境采用季节性、环境污染状况、与其他旅游资源之间的联系性、可进入性、基础结构、社会经济环境、客源市场七项标准进行评价。另外,他还认为旅游资源开发的成本虽属于开发问题,但在评价旅游资源时,对单位成本、机会成本、影子成本、社会定向成本等也要有大致的估计。

3. 综合评价法——"6个标准"

中国社会科学院魏小安先生(1984)提出一个旅游资源评价体系,运用综合的观点分别提出以下6个标准。

(1)游览地的资源构成要素种类的多少。资源构成要素种类越多,其开发后的游客生活越丰富多彩,吸引力越大,因此资源价值也越高。

(2)要素的单项评价问题。首先,提出单项资源的评价标准,如山的评价标准是陡峻程度、相对高度、河谷切割深度等,以便使评价具有可比性;其次,从利用角度进行单项评价,即评价各要素在不同利用情况下的重要程度。

(3)要素的组合情况。它主要表现在自然资源与人文资源互相补充和要素组合的协调程度等方面。

(4)可能容纳的游客量,即空间比较。从量的角度看,可能空间越大,容纳的人越多,价值就越大。从质的角度看,相对于游客量而言的空间大,会使人心情敞亮,情趣横生,收益显著。

(5)人文资源的比较。其中包括地方色彩的浓郁程度(即个性的强弱程度)、历史感的深浅、艺术性的高低等多项标准。

(6)开发的难易程度,即开发建设的客观条件。其中最重要的有交通距离远近、公用市政工程的建设条件、基本供给设施建设的条件等。

4. 一般体验性评价

根据旅游者的亲身体验,采用民意测验的方式,如问卷或统计旅游资源在常见媒体的出现频率等方式来确定某区域代表性的旅游资源。这一方法的优点是简便易行,由于只是对旅游资源进行整体排序,多数只是填上序号即可,因而在促销宣传中被应用广泛,以提高旅游资源的知名度。评价的目的多着眼于推销和宣传,评价的结果可以使得某些旅游地的知名度得以提高,客观上会对旅游需求流向产生诱导作用。这一方法的缺点是评价范围仅限于少数知名的旅游地,范围较小,评价项目粗泛。

5. 美感质量评价

美感质量评价是一种专业性的旅游资源美学价值的评价,也是一种体验性评价。与一般体验性评价相比,其评价程度更加深入。通常是在深入分析旅游者或者是专家体验的基础上,建立规范化的评价模型,评价结果多具有可比性的定性尺度或数量指标。其中,对自然旅游资源的视觉美评价技术比较成熟,目前已经发展成为 4 个比较公认的学派:专家学派、心理物理学学派、认知学派(或心理学派)和经验学派(或现象学派)。

6. 日本交通公社的旅游资源评价标准

日本交通公社从自然旅游资源、人文旅游资源、旅游设施等角度加以定性评价,把旅游资源划分为特 A 级、A 级、B 级、C 级 4 个级别,如表 4-3 所示。

二、旅游资源定量评价

旅游资源定量评价是在考虑构成旅游价值的许多因素的基础上,运用一些数学方法,通过建模分析对旅游资源及其环境、客源市场和开发条件等进行定量评价,评价结果为数量化的指数值。定量评价较之定性评价,结果更直观、更准确。

表 4-3 日本交通公社提出的旅游资源评价标准

等级	自然旅游资源	人文旅游资源 非具象文化遗产	旅游设施			说明
特 A 级	属于国立公园内的自然资源、特别自然名胜、特别自然遗产	国宝、特别古迹	不需从设施角度评价			代表国家形象,同时在世界范围内具有独特性
A 级	属于国立公园的自然资源、自然名胜、自然遗产	国宝、重要文化遗产	规模(大)	品质(优)	集聚度(高)	与特 A 级类似,可以作为某一旅游区的核心景点
B 级	省级自然保护区、省级名胜、省级天然文物	省级文化遗产	↓	↓	↓	代表某个地区形象,可以作为特 A 级区域与 A 级区之间的过渡
C 级	城市公园	县市级文化遗产	(小)	(劣)	(低)	主要为当地及周边地区居民提供游憩场所

注:资料来源于日本交通公社,1971 年;转引自吴必虎,2001。

1. 技术性单因子评价法

即在进行旅游资源评价时,针对旅游资源的旅游功能,集中考虑某些起决定作用的典型因素,并对这些关键因子进行适宜性评价或优劣评判。这种评价的基本特点是运用了大量的技术性指标。这种评价一般只限于自然资源评价,对于开展专项旅游活动,如登山、滑雪、游泳等较为适用。目前较为成熟的有旅游湖泊评价、海滩及海水浴场评价、康乐气候评价、溶洞评价、滑雪旅游与资源评价、地形适宜性评价等。以下是海水浴场(表 4-4)和旅游滑雪场雪道评价(表 4-5)的举例。

表 4-4 海水浴场适宜性评价(美国)

决定因素	评估标准及计分		
水质	清澈(5)	浑浊(4)	污染(1)
危险性	无(5)	有一点(4)	有一些(1)
水温	>22.2℃(5)	19.4~22.2℃(4)	<19.4℃(1)
颜色与浑浊度	清明(3)	稍浑浊(2)	浑浊(1)
风	全季适宜(3)	>1/2 季适宜(2)	<1/2 季适宜(1)
1.5m 深水域(距海岸线)	>30.5m(3)	15.25~30.5m(2)	9.15~15.25m(1)
海滩状况	良好(5)	一般(4)	差(1)

注:分等 A=26~29,B=21~25,C=13~20。海滩状况包括坡度、平滑、稳定性、障碍性。良好级海滩:坡度低于 10%,海岸平滑、稳定,障碍物少且易于移除;一般级与差级,依次类推。资料来源于保继刚,楚义芳,1999。

表 4-5　旅游滑雪场雪道质量等级评价

决定因子	评价标准		
	SSS 级	SS 级	S 级
雪道总长度	>5000m(不含越野雪道)	>2000m(不含越野雪道)	>500m
单道长度	至少一条大于1000m	至少一条大于500m	—
平均宽度	>30m	>30m	>30m
平均坡度	10°～20°	>8°	>6°
布局	雪道布局合理,形成网络	布局合理	—

注:资料来源于黑龙江省旅游局,2003.旅游滑雪场质量等级条件划分。

2. 综合性多因子定量评价法

该评价方法是在考虑多因子的基础上,运用数理方法,通过建模分析,对旅游资源进行综合评价。评价的结果为数量指标,便于不同资源评价结果的比较,具有更为客观、准确和全面的优点。这类评价方法非常多,有层次分析法、特尔菲法、模糊综合评价法、主成分分析法和人工神经网络模型等,下面分别介绍以上几种方法。

(1)层次分析法:又称解析递阶过程,是美国著名的运筹学家、匹兹堡大学教授塞蒂提出的一种系统分析方法,主要用于求解层次结构或网络结构的复杂评估系统的评估问题,迄今已在我国的科技、管理、军事等领域得到了广泛应用。

层次分析法是将与决策有关的元素进行层次分解,并在此基础上进行定性和定量分析的决策方法。层次分析法的基本思路是根据系统的具体性质和要求,将要识别的复杂问题分为若干层次,建立层次模型,再由专家和决策者对所列指标通过两两比较重要程度而逐层进行判断评分,确定评价因子的权重,进而利用计算判断矩阵的特征向量确定下层指标对上层指标的贡献程度,从而得到基层指标对总体目标或综合评价指标重要性的排列结果。层次分析法在目前的旅游资源评价、旅游环境承载力、生态预警等方面都有运用,往往与特尔菲法结合使用。

(2)特尔菲法:又称专家征询法,由美国兰德公司数学家赫尔默和达尔奇首先提出并投入应用。特尔菲法是一种以问卷的形式对专家进行意见征询,然后汇总专家意见并以之作为问题解答的方法。通常,最后结论的确立建立在多轮意见征询(使专家意见逐渐收敛)的基础之上。经典特尔菲法一般分3～4轮征询。特尔菲法的基本程序是:首先确定征询主题,征询题目一般是对社会发展或某一领域有重大影响且直接分析困难、意见分歧较大的课题;然后选择所要征询的专家,专家要求有广泛的代表性,一般应包括研究层、管理层和决策层的专家,而且总人数应控制在适当规模,一般以20～50人为宜,某些大型预测也可达100人左右;最后设计意见征询表并回收、整理意见,进行继续征询,最后得出解答问题的结论。由于被征询人是本领域的专家,而且各专家是在独立思考不受其他人影响的情况下给出自己的意见,最后结论的可靠程度高。

(3)模糊综合评价法:以模糊数学为理论基础,通过数量化的描述和运算,对系统中多个相互影响的因素进行综合评价。模糊综合法的基本原理是将评价对象视为由多种因素组成的模糊集合(评价指标集),通过建立评价指标集到评语集的模糊映射,分别求出各指标对各级评语的隶属度,构成评判矩阵(或称模糊矩阵),然后根据各指标在系统中的权重分配,通过模糊矩阵合成,得到评价的定量解值。模糊综合法根据模糊隶属度理论将定性评价转化为定量评价,较好地处理了多因素、系统模糊性及评价的主观判断问题,实现了定性与定量的有机结合。但是,在根据最大隶属度或主导因素原则对综合评价矩阵确定定级过程中,却容易丢失各评价单元之间的相关信息,从而可能造成与实际不符的评价结果。

(4)主成分分析法:它是一种多变量数学分析方法,能将众多的具有错综复杂关系的指标归结为少数几个综合指标(主成分),每个主成分都是原来多个指标的线性组合。通过适当地调整线性函数的系数,既可使各主成分相互独立,舍去重叠的信息,又能将各原始指标所包含的不十分明显的差异集中地表现出来,使研究对象在主成分上的差异反应明显,便于作出较直观的分析判断。

在旅游资源评价中,对旅游资源等级的评定一般采用专家打分法。单一的专家打分法所得的结果仅仅是对各评价指标得分的简单加和,而忽略了各指标间的相关性,不能准确反映旅游资源实体的真实情况。主成分分析法既吸收了传统专家打分法的优点,又能消除各指标的重复信息,在旅游资源实体等级评价中是一大进步。

(5)人工神经网络模型:20世纪六七十年代出现的"革命性"的参数化定量方法,如回归分析、聚类分析、判别分析、因子分析、线性规划等因对地学中占主导地位的线性不可分问题缺乏有效的解决能力而受到质疑,模型数量和应用范围呈现萎缩态势。同时,随着网络类型的多样化、网络结构的完善,以及网络学习算法的成熟,非参数化的人工神经网络模型逐渐受到地学分析工作者的青睐。人工神经网络是大量简单神经元连接而成的非线性复杂网络系统,以其并行分布处理、自组织、自适应、自学习和健全性与容错性等独特性能引起广泛关注,尤其在信息不完备的情况下,在模式识别、方案决策、知识处理等方面具有很强的能力。其非线性的模式识别、分类、预测、优化、控制等功能被广泛应用于自然科学、工程技术甚至社会科学研究中。

3. 国家标准综合评价法

这实际是一种定性与定量相结合的方法。《旅游资源分类、调查与评价》(GB/T 18972—2017)使用的就是这种方法。它的评价体系由"旅游资源共有因子综合评价"赋分和"附加值"赋分两部分组成。旅游资源评价赋分标准见表4-6。

根据对旅游资源单体的评价,得出该单体旅游资源共有综合因子评价赋分值和附加值赋分值,两者之和为该单体评价总分值。据此将其分为5级:五级旅游资源得分值域大于或等于90分;四级旅游资源得分值域75～89分;三级旅游资源得分值域60～74分;二级旅游资源得分值域45～59分;一级旅游资源得分值域30～44分;其余为未获等级旅游资源。其中五级旅游资源被称为"极品级旅游资源";四级、三级旅游资源被通称为"优良级旅游资源";二级、一级旅游资源被通称为"普通级旅游资源"。

表 4-6 旅游资源评价赋分标准

评价项目	评价因子	评价依据	赋值
资源要素价值（85分）	观赏游憩使用价值（30分）	全部或其中一项具有极高的观赏价值、游憩价值、使用价值	22~30
		全部或其中一项具有很高的观赏价值、游憩价值、使用价值	13~21
		全部或其中一项具有较高的观赏价值、游憩价值、使用价值	6~12
		全部或其中一项具有一般的观赏价值、游憩价值、使用价值	1~5
	历史文化、科学艺术价值（25分）	同时或其中一项具有世界意义的历史价值、文化价值、科学价值、艺术价值	20~25
		同时或其中一项具有全国意义的历史价值、文化价值、科学价值、艺术价值	13~19
		同时或其中一项具有省级意义的历史价值、文化价值、科学价值、艺术价值	6~12
		历史价值、或文化价值、或科学价值、或艺术价值具有地区意义	1~5
	珍稀奇特程度（15分）	有大量珍稀物种，或景观异常奇特，或此类现象在其他地区罕见	13~15
		有较多珍稀物种，或景观奇特，或此类现象在其他地区少见	9~12
		有少量珍稀物种，或景观奇特，或此类现象在其他地区少见	4~8
		有个别珍稀物种，或景观奇特，或此类现象在其他地区较多见	1~3
	规模、丰度与概率（10分）	独立型旅游资源单体规模、体量巨大；集合型旅游资源单体结构完美、疏密度优良；自然景象和人文活动周期性发生或频率极高	8~10
		独立型旅游资源单体规模、体量较大；集合型旅游资源单体结构很和谐、疏密度良好；自然景象和人文活动周期性发生或频率很高	5~7
		独立型旅游资源单体规模、体量中等；集合型旅游资源单体结构和谐、疏密度较好；自然景象和人文活动周期性发生或频率较高	3~4
		独立型旅游资源单体规模、体量较小；集合型旅游资源单体结构较和谐、疏密度一般；自然景象和人文活动周期性发生或频率较小	1~2
	完整性（5分）	形态与结构保持完整	4~5
		形态与结构有少量变化，但不明显	3
		形态与结构有明显变化	2
		形态与结构有重大变化	1

续表 4-6

评价项目	评价因子	评价依据	赋值
资源影响力（15分）	知名度和影响力（10分）	在世界范围内知名，或构成世界承认的名牌	8～10
		在全国范围内知名，或构成全国性的名牌	5～7
		在本省范围内知名，或构成省内的名牌	3～4
		在本地区范围内知名，或构成本地区名牌	1～2
	适游期或使用范围（5分）	适宜游览日期每年超过300天，或适宜于所有游客使用和参与	4～5
		适宜游览日期每年超过250天，或适宜于80%左右游客使用和参与	3
		适宜游览日期每年超过150天，或适宜于60%左右游客使用和参与	2
		适宜游览日期每年超过100天，或适宜于40%左右游客使用和参与	1
附加值	环境保护与环境安全	已受到严重污染，或存在严重安全隐患	-5
		已受到中度污染，或存在明显安全隐患	-4
		已受到轻度污染，或存在一定安全隐患	-3
		已有工程保护措施，环境安全得到保证	3

注：资料来源于《旅游资源分类、调查与评价》(GB/T 18972—2017)。

链接材料：

何为旅游产品？一般而言，旅游产品是指旅游业者通过开发、利用旅游资源提供给旅游者的旅游吸引物与服务的组合，或称旅游线路(各种自然或人文旅游吸引物的组合)+目的地服务(交通+餐饮+酒店)。广义的旅游产品还包括旅游纪念品、旅游装备、旅游节事等等。本文仅讨论以人文旅游吸引物为主的旅游线路的组合与设计，即"文化旅游产品"。

那么，京津冀如何通过"创新文化旅游产品"实现旅游协同发展呢？

笔者认为，除了政策支持外，可以尝试从市场的角度寻求突破。

京津冀共同的文化底蕴和文脉源远流长，不仅有慷慨悲歌的燕赵文化，辉煌壮阔的明清皇家文化，还有风云变幻、波澜曲折又温文婉约的民国文化。这些深厚而丰富的共同文化底蕴，是京津冀作为一个整体进行旅游目的地营销的基础。

因此，京津冀旅游协同发展首先可以通过重新梳理历史文化脉络，突出京津冀共同的文化底蕴，将京津冀作为一个整体的文化形象进行旅游目的地营销，将全国乃至世界各地到北京的游客汇聚成京津冀共同的游客，从而带动京津冀三地旅游业协同发展。

其次，以京津冀共同的文化底蕴为依托，通过深度挖掘历史史实，重新进行旅游产品(旅游线路)的开发、设计与组合，打造串联起京津冀特色文化资源的旅游产品(旅游线路)。根据历史事件、历史人物、历史遗迹重新开发、设计、组合京津冀的人文旅游吸引物，打造既有文化内涵，又有历史史实、事件或故事为依托的适合不同年龄、不同兴趣爱好游客的文化旅游产品(旅游线路)，让观光游变成文化游、体验游，满足散客时代不同游客群体的多层次需求。

以"红色旅游"为例，京津可以根据历史上"五四"运动爆发的原因与过程打造"'五四'运动历史体验游"，具体线路可包括：北京——北大红楼、天安门、赵家楼遗址、段祺瑞执政府旧址等；天津——五大道顾维钧旧居等。也可以根据孙中山先生及夫人宋庆龄女士在京津两地的活动，打造"中山先生京津遗迹瞻仰游"：北京——孙中山先生逝世纪念地、香山碧云寺孙中山先生衣冠冢、宋庆龄故居等；天津——利顺德酒店(孙中山先生居住过的酒店)、张园(孙中山先生与宋庆龄女士居住过的地方)等。以"皇家文化体验游"为例，京津冀可以根据清朝皇帝一年四季的出巡线路打造"清朝皇帝出巡游"：北京——故宫、颐和园、圆明园、天坛、地坛等；河北——山海关、清东陵、木兰围场、承德避暑山庄等；天津——张园(末代皇帝溥仪居住过)等。

此外，还可以根据不同的细分市场打造专项文化旅游产品(旅游线路)。如"京津冀名桥游"：河北——赵州桥，北京——卢沟桥、颐和园十七孔桥和玉带桥、天安门金水桥、什刹海银锭桥，天津——海河铁桥等，让喜欢桥梁的游客深度了解京津冀三地桥的特点、在桥梁建筑史上的地位、美学价值，以及历史典故。"清代名人故居游"：北京——恭王府、纪晓岚故居、纳兰性德故居(现宋庆龄故居)、纳兰性德遗迹馆、曹雪芹故居、康有为故居等，河北——直隶总督府(保定)；"民国名人故居游"——李大钊故居、鲁迅故居、老舍故居、茅盾故居、梅兰芳故居、程砚秋故居、齐白石故居、郭沫若故居等。通过讲述故居主人的历史故事和文学艺术作品，触摸历史，弘扬传统文化和民族精神。

第三，将京津冀的常规文艺演出产品组合进旅游线路，让世界级的高雅音乐、歌剧、话剧、舞蹈、京剧和其他丰富多彩的文艺演出成为京津冀旅游的特色产品。北京的北京人艺、国家大剧院、保利剧院、天桥剧场、世纪剧院、北京音乐厅、中山音乐堂、梅兰芳大剧院、长安大戏院等常年上演的国家级乃至世界级的话剧、歌剧、芭蕾舞、交响乐、京剧、杂技、相声，以及其他各种专业文艺演出不计其数，天津的相声、河北承德的大型山水实景演出《鼎盛王朝·康熙大典》等也独具魅力，将这些文艺演出根据时间组合进不同的旅游线路，使其成为京津冀文化旅游产品的一部分。

(资料来源：吴巧红.创新京津冀文化旅游产品[J].旅游学刊，2014，29(11)：22-24)

结合材料分析，你认同作者对旅游产品的定义吗？如何将旅游资源转化为旅游产品？以自己熟悉的地区为例。

思考题

(1)旅游资源的定义是什么？
(2)简述旅游资源分类的意义及其原则。
(3)旅游资源评价的概念和目的是什么？
(4)旅游资源评价的原则是什么？
(5)旅游资源定性评价的主要方法有哪些？
(6)旅游资源定量评价方法有哪些？

第五章　旅游景观及其旅游观赏

学习目标：了解旅游景观的概念、特征及其形成原因。能够理解和分析旅游景观形成的主要原因，景观的分布组合情况，并能用科学的方法对旅游景观进行欣赏及其成因解释。

第一节　旅游景观及其形成原因

一、旅游景观的概念

"景观"一词源远流长，最初是指留下了人类文明足迹的地区。发展到18世纪时，景观一词已经具有自然和人文双重内涵，但直到19世纪才由德国地理学家洪堡首先将景观引入地理学，并将景观定义为一个地域的总体特征。在地理学中景观被赋予学术性含义，指地球表面各种地理现象的综合体，包括自然景观和人文景观两大类。

随着旅游业的逐渐兴起，旅游景观成为了旅游地理学中一个重要概念。王兴中（1990）认为：旅游景观的概念，如果从感应-认知旅游行为的角度出发，其核心内容是指旅游者通过视觉、听觉、嗅觉等感官对特定的旅游时间-空间内具有旅游意义的自然、人文复合物象和现象的感知景象。也就是说，旅游景观是指存在于旅游区内的自然和人文多种因素有规律地组合起来的有形或无形的地域综合体。可将景观看作地理综合体的一部分，特指所有旅游区内各种自然要素和人文要素共同构成的地域综合体。

旅游景观是旅游活动赖以进行的环境综合体。旅游景观是旅游资源的基础，但又不是简单意义的旅游资源，它具有以下特征：①旅游景观是旅游者进行旅游活动的对象。"旅游景观"对于旅游者来说，不仅具有吸引力，而且能使其产生愉悦和审美体验，因而应该从吸引力和审美愉悦的角度看待旅游景观。不同于旅游资源，旅游景观是从能被人们认识和利用这个角度出发的。②旅游景观是一个区域环境。根据地带规律，旅游景观系统的地域分异使得处于相同地带的旅游景观区域系统有着相同或相似的自然、社会、经济和文化特点。旅游景观是特定区域内相互关联的自然、人文，以及自然和人文现象相互作用而形成的具有美学意义和吸引力的区域总体环境。③旅游景观具有整体性特征，是自然、经济、社会、文化、生态等众多要素组成的整体，各要素相互联系、相互制约，受"系统整体性"规律的支配。

二、自然旅游景观形成原因

自然旅游景观又被人们称为第一景观，它是由自然地理要素为主体构景要素，在特定区域内表现出来的时空美感组合体，被人们称为旅游的第一景观。

旅游景观尤其是自然旅游景观，分布具有鲜明区域性特征的主要原因，在于地球内能分布的不均匀性和太阳能在地球表面分布的不均匀性，它们也是地理环境地域分异的主要原因。地球内能和太阳能的交叉作用，使得受非地带性规律制约的地貌烙上了地带性规律作用的痕迹，纷繁复杂的地理环境和旅游景观显现出更加明显的区域性特征。自然旅游景观形成的原因主要包括以下3点。

（1）自然地理环境各要素在空间上互相作用产生的结果。地球表层各组成要素，包括岩石圈、水圈、生物圈、大气圈中各个要素相互作用，形成了各具特色的自然景观。由于地球表面自然地理具有分异的特点，所以在自然旅游景观上也表现出强烈的地带性规律，包括纬度地带性、海陆分布差异性和由于山地高度变化而形成的地域分异等。

（2）自然地理环境各要素是在不同时间段形成的。自然旅游景观是地理环境的一部分，是由这些自然要素和综合体在不同时间段发育形成。岩石圈表层可形成千姿百态的地质地貌旅游景观，它们形成年代久远，经历了长期的地质历史时期的演化；气候是某一地区多年天气的总和特征，是由太阳辐射、大气环流、下垫面性质等因素相互作用而成，可直接造景、育景，还可影响到地貌、水体、动植物及各种人文旅游景观的变化，形成的自然景观具有季节性；生物资源受地质地貌条件和水热等组合因素的影响，在各地表现出不同的地域特点，同时也具有季节性的特点。水是自然景观的基本造景条件，纵横交错的河流在流经不同的自然景观带和不同的地貌部位时，会形成不同的风景特色。除了直接造景外，许多美丽的风景也要靠水体来点缀和哺育，形成的景观也具有季节性的特点。

（3）自然旅游景观是由内动力和外动力共同作用形成的。某一区域旅游景观的总体特征是由当地的地质环境决定的。例如山地景观往往具有雄伟壮观和奇险动人的景色，而丘陵起伏带给人陡陀的感觉。岩石的性质则为后来外力侵蚀奠定了基础。地球上各种各样的地貌景观，是在内力和外力共同作用下形成的。内力作用是引起地表物质组成发生时空分异的主导因素，也是控制地表基本形态的主导因素，如岩石的形成与分布、海洋与陆地的分异、高原与山地的隆起等都是受地球内力作用的制约。外力作用是指在太阳能和重力能的影响下所产生的流水、海浪、风等动力作用，表现为风化作用、侵蚀作用、岩溶作用、堆积作用等。

三、人文旅游景观形成原因

人文景观，又称文化景观，各种人文地理现象在地球表面的组合和排列，形成了人文景观（又称文化景观）。它也是居住于地球表面的某种文化集团为满足其需要，利用自然界所提供的材料，在自然景观的基础上，叠加上自己所创造的文化产品所形成的。人文旅游景观是人类对社会发展过程中所创造的文化产品的美感展现；是一定的地理条件和社会环境中人类经济、军事和政治等各项文化活动的积淀与遗存；是人类遗迹、痕迹、遗址，以及现代人们活动依然使用和创造的各种衣食住行场所和环境。人文旅游景观形成的原因主要包括以下3点。

（1）自然条件的影响。人类的生产和生活总是存在于一定的自然地理环境中，自然环境优越的地区能够为人类提供较好的生产和生活条件，常成为人类文明的摇篮，留下来的古文化和古人类遗址等人文旅游资源就十分丰富。例如，四大文明古国都出现在大河流域。

受各地自然条件的影响，人文旅游资源也表现出地域特点。靠山吃山，靠水吃水。在不同区域,人类一边适应着当地的自然条件,一边努力改造,使之更适合于人类的生存。人们在长期适应某一地的自然条件的过程中形成了特定的生活习惯、风土民情和建筑,表现出明显的地域性。生活在不同地域的人群,其社会形态、民族构成、生活方式、观念信仰、兴趣爱好、风俗习惯等社会文化具有不同的特征,这种社会文化的差异是人文旅游景观形成的重要原因。

(2)社会因素的影响。社会因素包括社会体制、生产力发展程度、历史、民族、宗教、语言、社会团体及个人等因素。

人文旅游景观是人类创造的精神财富和物质财富,它受到多种社会因素的影响,在不同的历史时期也形成了不同风格的人文旅游景观。例如体现宗教的各种寺、庙、道观等在不同时代具有不同风格;任何一个历史时期的产物都记载着那个社会生产力发展的水平和人类的审美意识,反映着当时社会生活的方方面面,它们通过活动遗迹、遗物、建筑、雕塑、壁画、文化艺术、伟大工程、陵寝等宗教文化和宗教活动等各种形式遗存下来,成为丰富的人文旅游资源。不同历史时期的历史变更都会留下不同的文化景观、历史遗物和遗迹。

(3)自然与社会、经济等多方面的综合影响。人文旅游景观是人在不同历史时期创造的景观。在不同的历史时期有着不同的人文旅游景观;在不同的区域,人类创造了不同的人文旅游景观。现代社会,在技术的驱动下,人类又创造了很多以前难以创造的人文景观奇迹。

第二节 自然旅游景观组合

自然旅游景观有地质地貌景观、气象气候景观、水文景观、生物景观等多种组合形式。

一、地质地貌景观

地球已有46亿年的历史,在漫长的演变过程中,经历了沧海桑田的巨大变化。地质地貌旅游景观是地球的内力和外力相互作用于地表物质所形成的。在地质历史中,地壳受到广泛的力的作用,产生变形或变位,使地面抬升或沉降,产生褶皱、节理或断裂,从而形成大陆、海洋、高山、深谷、高原和盆地等各种地貌形态。与此同时,来自地球外部的能量对内力作用形成的各种地表形态进行破坏、改造和精雕细刻,从而形成了丰富多彩和极具旅游价值的地质地貌旅游景观。

1. 地质景观

地质旅游景观是指那些具有观赏和科学考察价值的地质体所构成的景观资源。地质景观是在漫长的地质历史时期形成的,具有独特性和不可再生性,主要有地层景观,典型的地质构造形迹遗址景观,具有观赏功能的矿物、岩石和矿床、古生物化石景观,冰川活动遗迹景观,地震遗迹景观和火山熔岩景观等。

2. 山岳地貌景观

山地类型众多,景观内容丰富,构成了自然风光的主体。山岳地貌按其成因又可分为花岗岩山地景观、变质岩地貌景观、火山及熔岩地貌景观、层状硅铝质岩景观,包括砂岩、页岩、砾岩组成的重要风景区,如丹霞地貌景观。

山岳地貌景观主要旅游价值在于登山健身、观光游憩、宗教活动等(图5-1、图5-2);山体可以从山脉的高度、山脉的轮廓、山脉的层次性、山脉的坡度、山脉的植物等角度来欣赏,有的山体陡峭、雄伟,登顶后让人有征服大自然的成就感;有的山体则以险著称,例如华山,山体陡峭、石阶众多,给人壁立千仞的感觉。处于不同地区和高度不同的山脉呈现不同的特点,山脉同水体和植被等配合,例如北方的山春天草木复苏、山花烂漫;夏天郁郁葱葱、泉水潺潺;秋天万山红遍、硕果累累;冬天白雪皑皑、山舞银蛇。山脉有雄、奇、险、幽、秀等美学特征,不同的人有不同的体会。

图5-1　武当山

3. 岩溶地貌景观

岩溶地貌,又称喀斯特地貌,是以碳酸盐类岩石为主的可溶性岩石在一定的地质、气候、水文条件下,主要通过地表水和地下水的溶蚀和冲刷作用所产生的特殊地貌形态。岩溶地貌景观可分为地表岩溶景观和地下岩溶景观(图5-3)。

地表岩溶景观形态多样,景观特征与其发育的阶段密切相关。在初期,石灰岩等易溶性岩石的山体表面出现溶沟、石芽、石林、漏斗、落水洞等景观;在中期,广泛发育溶蚀洼地、盲谷、干谷、天生桥、岩溶湖、峰丛、峰林、峡谷等景观;在晚期,则出现广阔的岩溶平原、孤峰等景观。

图 5-2　泰山　　　　　　　　图 5-3　泰山地下大裂谷溶洞

地下岩溶景观由地下水的溶蚀、冲蚀和沉积作用形成，主要有溶洞、地下河、地下湖和各种洞内的化学沉淀物。

岩溶地貌内形态各异的石林、石钟乳、石笋、石花、地下暗河也吸引着众多的游客前来参观。

4. 风沙地貌景观

风是塑造地表景观的动力作用之一，风以其力量及所携带的沙粒对岩石产生冲击和磨蚀作用，称为风蚀作用。我国干旱风沙地貌主要分布在西北、内蒙古等省区的内陆盆地或高原地区。旅游意义较大的景观类型主要有沙漠、戈壁、雅丹地貌等（图 5-4、图 5-5）。

5. 冰川地貌

冰川是地表长期存在并在重力作用下缓慢运动的天然冰块，是一种由冰构成的"河川"。冰川既是一种固体水资源，又是一种具备特殊形态特征的地貌景观。由冰川作用形成的地貌即为冰川地貌。巨厚的冰川在缓慢流动过程中产生了很强的刨蚀作用，从而在山体雪线以上形成险峻的角峰、刃脊和冰斗，以及宽广的 U 型冰川谷与冰蚀湖盆地等冰蚀地形；同时在雪线以下地区由冰川消融形成各种规模大小不一的冰碛物堆积地形。雄伟俊秀的雪峰、壮丽的山谷冰川以及冰川前缘消融过程中形成的冰桌、冰蘑菇、冰桥、冰洞穴、冰瀑布等都可构成极为诱人的观光、探险与科考旅游资源（图 5-6、图 5-7）。

第五章　旅游景观及其旅游观赏

图 5-4　甘肃鸣沙山

图 5-5　青海雅丹地貌

图 5-6 西藏米堆冰川（来源于昵图网）

图 5-7 庐山含鄱口（古冰川地貌遗迹）

二、气象气候景观

气象是指包围地球的大气层经常产生的各种物理现象和物理过程。地球表面各处受太阳辐射不尽相同,从而造成大气温度、密度和压力的差异,并由此产生上升下降的对流和大气环流,形成各种不同的物理状态和现象。气候是地表的某一个区域内多年气象变化规律的综合。

气象景观常常飘忽不定,丰富多彩,变化万千。一日内的冷、暖、阴、晴和云雾变幻莫测,给人以不同的美感享受。气象景观常需与其他景观配合,才能更富有魅力。旅游离不开气候,气候是旅游环境中不可缺少的一种资源。我国历史悠久,遍布各地的许多文化景观也都同气候有关。下面介绍几种奇妙的气象景观。

(1)云海。云海是山岳风景的重要景观之一,是指在一定的条件下形成的云层,并且云顶高度低于山顶高度。当人们在高山之巅俯视云层时,看到的是漫无边际的云,如临大海之滨。日出和日落时形成的云海,五彩斑斓,也称为"彩色云海",极为壮观(图5-8)。

图5-8 安徽黄山云海

（2）雾凇。雾凇，俗称树挂，是一种附着于地面物体（如树枝、电线）迎风面上的白色或乳白色不透明冰层。它也是由过冷水滴凝结而成的乳白色冰晶沉积物。过冷水滴（温度低于零度）碰撞到同样低于冻结温度的物体时，便会形成雾凇，是非常难得的自然奇观。当空气中的水蒸气碰上物体马上凝华时便会形成雾凇层或雾凇沉积物（图5-9）。

（3）烟雨。烟雨呈现的是朦胧美，如面纱笼罩万物，使景物时隐时现，展现出一幅幅富有诗情画意的水墨淡彩画面，令人遐想（图5-10）。

图5-9　湖北神农架雾凇

图5-10　庐山景区大雾

(4)佛光。佛光是一种"日晕",是指当阳光照在云雾表面,经过衍射和漫反射作用而形成的一种自然奇观。阳光将人影投射到云彩上,云彩中细小冰晶与水滴形成独特的圆圈形彩虹,这是阴沉天气时,强烈阳光照射云雾表面后形成的一种衍射现象。佛光奇观的出现要有阳光、地形和云海等众多自然因素的结合,因此比较罕见(图5-11)。

(5)霞景。霞是在日出或日落时,在伴随旭日或夕阳的云层上出现的以红橙色为主的光学现象(图5-12)。

图5-11 佛光(图片来源于网络)

图5-12 泰山日出

(6)月色。月色在晴或少云的天气状况下最具观赏性。月色使万物朦胧,特别是与水构景,能让人进入诗的境界(图5-13)。

图5-13　北京月色(老多摄)

三、水文景观

水是自然环境的重要组成部分,也是构成旅游景观的重要因素。水体造景以形成观赏性景观为特征,突出体现了水体的美学价值。游客通过观赏水体景观以获得美感和愉悦感。地球表面的水体主要由河流、海洋、湖泊、瀑布、泉水等构成,它们均有自己的特色和观赏价值。

1. 河流景观

在重力作用下,地表水经常沿着陆地表面上的线性凹槽流动,称为河流。河流是生命的源泉,世界上的文明古国大多发源于河流之畔。河流通常分为河源、上游、中游、下游和河口5段,各段具有独特的形态和景观。

河流的旅游价值首先在于观光(图5-14),这种价值是由河流水体与两岸流水地貌适当组合而成的。此外,还可以在适当的河段开展划船、游泳、漂流、垂钓等水上探险和康乐旅游活动。在冬季冰期较长的北方河流上还可以开展滑冰、冰橇等冰雪活动。

目前主要开展旅游项目的有:

风景河段,如已被列入国家级重点风景名胜区的河流有长江(三峡段)、鸭绿江、漓江、富春江—新安江、楠溪江、丽江等。

漂流河段，如贵州马岭河、宜昌九畹溪漂流河段等。

探险河段，如雅鲁藏布江峡谷。

暗河河段，如贵州龙宫地下河。

古河道段，如都江堰、京杭大运河、灵渠。

图 5-14　九寨沟五彩池（李正琪摄）

2. 海洋景观

海洋是地球水圈的主体，海洋景观包含海岸，海岸分为沙质海岸和基岩海岸。海水的波浪、潮汐景观、海洋中的生物景观、岸边的植被、海边的日出，以及海市蜃楼等都是构成海洋景观的基本要素。海滨地区气候受海水调节冬暖夏凉，空气清新，尘埃极少。海陆交互作用形成的港湾、沙滩、礁石和各种优美的海岸、海岛风光是旅游活动的绝佳场所（图 5-15）。

3. 湖泊景观

湖泊根据成因可以分为：

构造湖，如滇池、洱海、抚仙湖等。

火口湖，长白山天池是我国最著名的火口湖。

堰塞湖，镜泊湖是我国最大的堰塞湖。

河迹湖，如洞庭湖。

图 5-15 澳大利亚大洋路海岸风光

海迹湖,如杭州西湖,江苏洮滆湖群、阳澄湖群等。

冰川湖,如四川霍炉地区的冰斗湖——马湖错、新疆博格达峰北坡的天池等。

岩溶湖,如云南石林中的剑池、贵州威宁的草海。

人工湖,如浙江千岛湖、湖北丹江口水库、北京郊区密云水库与官厅水库、长春净月潭等。

湖泊形态千变万化,人们常用明镜、明珠、湖光山色等来形容它。湖泊是水域风景中最能体现相对静态的形、影、光、色等审美特征的水体,普遍适合垂钓、划船、游艇等娱乐活动,湖区的气候也适宜休闲度假(图 5-16)。

4. 瀑布景观

瀑布在地质学上叫跌水,即河水在流经断层、凹陷等地区时垂直地跌落。侵蚀作用的速度取决于特定瀑布的高度、流量、有关岩石的类型与构造,以及其他一些因素。在河流的时段内,瀑布是一种暂时性的特征,最终会消失。它以奇称绝,具有声、形、势之美,别具一格(图 5-17)。

5. 泉水景观

以各种形式埋藏在地壳岩石中的水均为地下水。严格地说,地下水露出地表才称为"泉",但人们习惯上把直接取自地下岩层中的水也叫"泉水"。泉水不仅可以供人饮用和观

图 5-16 神农架大九湖（李正琪摄）

图 5-17 尼亚加拉瀑布

赏,而且还有疗养、治病等医学价值,是一项引人注目的旅游资源,所以自古以来就深受游客的喜爱。清纯美、声音美、味觉美、触感美、康体美、动态美、人文美是泉水的基本审美特征。我国的泉水资源丰富,是世界上泉水最多的国家之一,如甘肃敦煌月牙泉、山西太原晋祠、陕西华清池、云南大理蝴蝶泉等。以"泉城"而家喻户晓的济南,曾经在城区约有108处清泉,其中趵突泉(图5-18)、黑虎泉、珍珠泉、金线泉并称"四大名泉"。

图5-18 山东趵突泉(来源于山东旅游网站)

6. 生物景观

生物是地球表面有生命物体的总称,是自然界最具活力的群落,它由动物、植物和微生物组成。作为旅游资源的生物,主要是指由动物、植物及其相关生存环境所构成的各种过程与现象。各种动物、植物让人类得到赏心悦目的感受,也有很多具有宝贵的科学研究价值、美化和净化环境的作用。生物景观大致分为以下5类。

(1)森林景观:是指具有独特的美学价值和功能的野生森林、原生森林,以及人工森林。在森林景观中可以开展探险、探奇、探幽、科学考察、疗养、健身、生态旅游和野生动植物标本的采集活动(图5-19)。

(2)草原景观:主要是指大面积的草原和牧场形成的植被景观(图5-20)。中国著名的草原景观资源主要有:内蒙古锡林郭勒草原,是世界著名的天然草原;新疆巴音布鲁克草原,是中国第二大草原;甘肃夏河草原。世界主要的草原景观有:澳大利亚中西部大草原、阿根廷潘帕斯大草原、非洲热带稀树草原。

图 5-19　北京雾灵山

图 5-20　张家口草原

(3)古树名木:古树是指树龄在100年以上的树木。名木是指具有重要历史、文化、景观、科学价值和具有重要纪念意义的树木。

古树分为国家一级、二级、三级。目前,不少地方规定:柏树类、白皮松、七叶树等胸径(距地面1.2m)在60cm以上,油松胸径在70cm以上,银杏、国槐、楸树、榆树等胸径在100cm以上的古树,且树龄在500年以上的,定为一级古树;柏树类、白皮松、七叶树胸径在30cm以上,油松胸径在40cm以上,银杏、楸树、榆树等胸径在50cm以上,树龄在300~499年之间的,定为二级古树;三级古树树龄在100~299年之间。

稀有名贵树木是指樱花、大叶黄杨、椴、腊梅、玉兰、柘树、木香、乌桕等树种。树龄在20年以上的,各类常绿树及银杏、水杉、银杉等胸径在25cm以上的,外国朋友赠送的礼品树、友谊树,有纪念意义和具有科研价值的树木,不限规格,一律保护。其中,各国家元首亲自种植的定为一级保护,其他的定为二级保护。

中国古树名木主要有:世界植物活化石,如水杉、银杏、鹅掌楸、珙桐等;黄山迎客松(黄山"四绝"之首);陕西黄帝陵的"轩辕柏",已经有5000年的历史,堪称"世界柏树之父";山东孔庙2000多岁的"孔子桧";泰山"五大夫松"等;湖北钟祥的对节白蜡(图5-21中两棵树分别具有1800年和1200年的历史)。

图5-21 湖北钟祥对节白蜡

(4)奇花异草:珍稀花卉和草类(图5-22)。花草是自然景观中色彩最美、变化最快的景观,在不同的地区、不同的季节时间段都有不同的花在开放,除了花草的自然美外,中国文人也给花草赋予了很多文化内涵,例如:"岁寒三友"——松、竹、梅,"四君子"——梅、兰、竹、菊,"花草四雅"——兰、菊、水仙、菖蒲,"园中三杰"——玫瑰、蔷薇、月季,"花中四友"——山茶花、梅花、水仙、迎春花,中国十大名花"花王"牡丹、"花相"芍药、"花后"月季、"空谷佳人"兰花、"花中君子"荷花、"花中隐士"菊花、"雪中高士"梅花、"花中仙女"海棠花、"花中妃子"山茶花、"凌波仙子"水仙花。现今,各地植物园都栽种和培养了很多花卉。

图5-22 珙桐(来源于www.nipic.com)

(5)珍禽异兽及栖息地:根据中国《野生动物保护法》和有关法律、法规的规定,列出中国国家一级重点保护野生动物96个种,列出二级重点保护野生动物160个种(图5-23)。

图5-23 金丝猴

现存数量较少或者濒于灭绝的珍稀动物和保护珍稀动物栖息地的自然保护区有：中国特有的金丝猴及四川九寨白河自然保护区；长江白鳍豚被称为"长江里的大熊猫"，目前几近灭绝；世界屋脊之鹿——白唇鹿；东方宝石——朱鹮（红鹤）及其栖息地——陕西洋县自然保护区；东北虎及其栖息地——长白山自然保护区；丹顶鹤及其栖息地——广东鼎湖山自然保护区；青海湖鸟岛自然保护区；保护藏羚羊、野牦牛等蹄类动物的阿尔金山自然保护区；辽宁老铁山蛇岛、海南猴岛等珍稀动物栖息地。世界上的珍稀动物及其栖息地有：澳大利亚特有动物鸭嘴兽、袋鼠（图5-24）、考拉（树袋熊）、鸸鹋（澳洲鸵鸟）；尼泊尔奇特万皇家公园是孟加拉虎最后的避难所和亚洲独角犀牛的栖息地；世界著名的羚羊保护区——非洲卡拉哈里羚羊国家公园；南极大陆的"主人"——企鹅。

图 5-24　袋鼠

第三节　人文旅游景观组合

人文旅游景观有历史遗迹景观、建筑景观、宗教景观、文化艺术景观、民俗景观、城镇景观等多种组合形式。

一、历史遗迹景观

历史遗迹是人类文明活动踪迹，它反映不同历史时期的文化和事件，是今人凭吊古人的媒介。作为旅游资源，历史遗迹若保存完好，历史意义深远，旅游价值甚高。其大致可分为以下3种类型。

（1）古人类遗址。古人类遗址是人文旅游景观中年代最久远的景观，时间距今数千年至二三百万年，贯穿了从猿到人漫长的人类进化过程（图5-25）。由于古老及反映人类起源的独特性质，古人类遗址有科学研究价值和历史文化价值，也对旅游者具有奇妙的、神秘的吸引力。古人类遗址的主要内容有古人类化石及与古人类有关的动植物化石、原始聚落遗址、生活与生产用具、原始艺术、墓葬等。

图 5-25　周口店猿人遗址

（2）陵墓。受文化的影响，出于对先人的崇敬、对灵魂的迷信及对爱情的眷念，古代人在不少地方都曾为亡者修建浩大的工程、建筑宏伟的陵墓。上至帝王，下至普通百姓，这些历史遗存保留到现在，成了现代人的重要旅游目的地之一。陵墓是现代人了解古代文化的一种重要方式，具有很高的历史文化价值，也有很高的艺术价值（图 5-26）。

图 5-26　陕西秦始皇陵

(3)古城。人类为了生产和生活的方便,聚族而居形成原始聚落。随着生产力的提高和人口的增加,聚落规模不断扩大,逐渐演化为村镇,进而发展成为城市。历史上各朝代的都城,有些是繁华的都会、商埠、交通要津,有些是文化古城和游览胜地(图5-27)。

图5-27 大理的崇圣寺塔

二、建筑景观

建筑是文化景观中最具有说服力和代表性的因素之一。世界各地的人民创造了各具特色的建筑。建筑景观又可分为古代建筑景观、大型工程景观、民居景观、园林景观。

1. 古代建筑景观

我国古代建筑历史悠久,从巢居、穴居到后来形制完备的木结构建筑,经历了一个长期的演替过程。在我国目前保存的文物古迹中,古代建筑就占据了很大的比例,如宫殿、坛庙、佛寺、道馆、门阙等。这些建筑不仅反映了中华民族悠久的历史、灿烂的文化和发达的科学技术,而且以其独特的风格和艺术成就,为今天的建筑艺术提供了重要的借鉴(图5-28)。

在人类社会发展的过程中,世界各族人民都创造了一套属于自己的建筑体系,对世界建筑的发展产生了不同程度的影响,如欧洲建筑、两河流域建筑、古埃及建筑等几大建筑体系。

2. 大型工程景观

大型工程多是劳动人民用双手和聪明才智创造出的奇迹,是人民智慧和汗水的结晶。有的经历了漫长的时代仍坚固如初,有的至今仍不失其先进性。这些建筑经历了沧桑历史

图 5-28 北京故宫太和殿

的考验,但依然挺立在大地上,其建筑的科学性仍值得现代人借鉴。古代重大工程具有很强的观览性及教育性,一些工程将人工建筑与自然景色融为一体(图 5-29),具有结构美、整体美及综合美的特点。有的建筑规模宏大,气势磅礴,让人看了有震撼之感,并可体会到中华民族的勤奋和智慧,从中受到激励,奋发图强,勇于进取,如天安门、长城、现代化大型桥梁等。

图 5-29 大运河(苏州)

3. 民居景观

民居不仅保证了居民的生活需要,也反映着民众利用自然、战胜自然的智慧,反映着生产方式、家庭及家族关系和审美情趣。一般来讲,舒适、美丽、经济、安全、卫生、方便是人类营造居室的基本准则。现今形式各异的居室,是人类长期适应环境条件的具体创造,它是地方特色、民族特色、自然资源和人们文化素养的综合反映,是地方经济水平的反映。民居建筑具有实用性、民族风格和地方特色、地域性、建筑用料因地制宜等特点(图5-30)。

图5-30 江西婺源民居景观

4. 园林景观

总的看来,世界园林艺术风格可以分为东方、欧洲和西亚三大体系,东方园林即以中国古典园林为代表。中国古典园林以其独特的造园理念和艺术风格代表了世界园林艺术的最高成就,并被公认为世界上"风景式"园林的渊源,赢得了"世界园林之母"的美誉。在我国有大量的古典园林艺术作品留存于世,分布面积广,遍布大江南北,成为中华大地上一类独特的人文景观,它们以独特的魅力吸引着国内外的旅游者,在我国旅游资源中占据着突出的地位。

(1)东方园林景观。尼罗河、底格里斯河与幼发拉底河、印度河、黄河、长江诸流域都是人类文明的摇篮。古埃及、巴比伦、印度、中国都在园林艺术方面有巨大成就。东方园林基本上是写意的、直观的,重自然、重情感、重想象、重联想,重"言有尽而意无穷""言在此而意在彼"的韵味;西方园林基本上则是写实的、理性的、客观的,重图形、重人工、重秩序、重规律,以一种天生的对理性思考的崇尚把园林也纳入严谨、认真、仔细的科学范畴。

在中国古代文化的丰富遗产中,古典园林艺术以其完全不同于西方园林的空间原则和美学品位而具有特殊的魅力。不论是北方园林的苍岩深壑、碧水浮天,还是南方园林的小桥流水、粉垣低蜿,都给人无尽的艺术享受(图5-31)。

图5-31 苏州园林

(2)西方园林景观。从可考的历史来看,西方园林始于古希腊。到了公元前5世纪,古希腊贵族的住宅有了庭园,周围环以柱廊,庭中有喷泉、雕塑,栽有蔷薇、百合等植物。在一些公共场所,有大片绿地,其中有凉亭、小径。西方园林开朗、活泼、规则、整齐、豪华、热烈、激情,有时甚至是奢侈地讲究排场。古希腊哲学家就推崇"秩序是美的",他们认为野生大自然是未经驯化的,充分体现人工造型的植物形式才是美的,所以植物都修剪成规整几何形式,园林中的道路都是整齐笔直的。18世纪以前的西方古典园林景观都是沿中轴线对称展现。

从希腊古罗马的庄园别墅,到文艺复兴时期意大利的台地园,再到法国的凡尔赛宫苑,在规划设计中都有一个完整的中轴系统。西方古典园林的创作主导思想是以人为自然界的中心,对大自然必须按照人头脑中的秩序、规则、条理、模式来进行改造,以中轴对称规则形式体现出超越自然的人类征服力量。造园中的建筑、草坪、树木无不讲究完整性和逻辑性,以几何形的组合达到数的和谐与完美,就如古希腊数学家毕达哥拉斯所说:"整个天体与宇宙就是一种和谐,一种数。"西方园林讲求的是一览无余,追求图案的美、人工的美、改造的美和征服的美,它是一种开放式的园林、一种供多数人享乐的"众乐园"(图5-32)。

图 5-32 法国巴黎凡尔赛宫

三、宗教景观

宗教是人类社会发展到一定阶段的历史现象,千百年来,宗教几乎无所不在,深刻地影响着人类的各个方面。作为人类文明的一部分,宗教不仅与哲学、文化、艺术、法律、道德等有密切关系,它与地理的关系也极为密切。在建筑、聚落、服饰等文化景观上,它表现出独特的风格。在我国历史上,影响最大的宗教主要有佛教、道教,在不同朝代,影响程度不同。宗教景观又可分为宗教建筑和宗教活动。

1. 宗教建筑

宗教建筑是一个国家宗教文化的有机组成部分,风格迥异的宗教建筑是宗教文化不可或缺的重要内容。宗教建筑包括寺院宫观、殿堂楼塔等,一般在选址、布局、造型、用材、色彩等方面讲究因地制宜,将工艺技术美与自然美有机结合,且能巧妙地利用自然形态,形成强烈的宗教气氛。例如,武当山的道教建筑,完美地体现了天人合一的思想(图5-33)。

由于宗教信仰、传统习惯和文化背景等方面的差异,各种宗教建筑的造型风格、布局结构各有特色。例如,佛教的三大建筑景观为寺庙、佛塔、石窟;基督教的建筑景观为教堂;伊斯兰教的建筑景观为清真寺;道教的建筑景观多吸取佛教建筑形式,表现为宫观。

图5-33　湖北武当山南岩

2. 宗教活动

宗教活动是宗教景观的重要组成部分,在宗教圣地,宗教活动高于一切。同时,宗教活动在长期的传播和演化过程中,由于受各地的自然环境、政治、经济、文化等因素的影响,形成了许多不同的地方变体,进而又演化成了形形色色的宗教习俗。例如,佛教的主要宗教活动为僧尼的日常行事、忏法,以及法会等,主要宗教节日为佛诞日、出家日、成道日;基督教的重要礼仪被称为圣事或圣礼;伊斯兰教有麦加朝圣活动、开斋节、宰牲节和圣纪节;道教有斋醮、上元节等。

四、文化艺术景观

文化艺术是人类文明的重要组成部分,它本身是旅游资源的一部分,与其他旅游资源相互交融,相得益彰,还能够激发人的美感,同时具有较强的感染力。它包括诗词、散文、游记、传说故事、书法、雕塑、绘画、乐舞、戏剧、工艺品、电影、电视等。

1. 旅游文学和名人

我国的古典文学源远流长，其中的山水诗、词、游记散文、名胜楹联、传说故事等文学形式从不同的角度讴歌了我国的自然风光与风土人情，它们反映的题材与对象大多与旅游活动有着密切的联系，因此可称之为"旅游文学"。很多旅游文学作品成为了吸引游客的重要原因，例如，西湖的影响力和白居易、苏东坡的诗密不可分，雷峰塔的成名也与"白蛇传"的故事有很大的关系（图5-34）。

图5-34 杭州西湖和雷峰塔

2. 书画雕塑艺术

书法艺术是艺术中的一种，主要研究者和学习者分布在中国。它不仅是中华民族的文化瑰宝，而且在世界文化艺术宝库中独放异彩。汉字在漫长的演变发展历史中，一方面起着思想交流、文化继承等重要的社会作用，另一方面又形成了一种独特的造型艺术。汉字书法为汉族文化的独特表现艺术，被誉为无言的诗、无形的舞、无图的画、无声的乐。

绘画艺术是忠实于客观物象的自然形态，是对客观物象采用经过高度概括与提炼的具象图形进行设计的一种表现形式。它具有鲜明的形象特征，是对现实对象的浓缩与精炼、概括与简化，突出和夸张其本质因素。目的是取得和谐之美，形成一种单纯、鲜明的特征来呈现所要表达的具体内容。它是一种文化和地域的表现，也是传播信息的载体，接收对象是广大的人民群众。它具有图形的通俗性与高度清晰的识别性，表现较为自由，充满个性，容易以清新、明快的视觉形象传达标志的精髓而为广大的人民群众所接受。

雕塑艺术是造型艺术的一种,又称雕刻,是雕、刻、塑3种创制方法的总称。它是指用各种可塑材料(如石膏、树脂、黏土等)或可雕、可刻的硬质材料(如木材、石头、金属、玉块、玛瑙等),创造出具有一定空间的可视、可触的艺术形象,借以反映社会生活,表达艺术家的审美感受、审美情感、审美理想的艺术。

中国雕塑艺术不但历史悠久、数量巨大,而且技艺精湛,有自己鲜明的民族特点。数以千计的雕塑精品分布在全国各著名风景区和旅游胜地,吸引了大批慕名前来的游客(图5-35)。

图5-35 唐代三彩女陶俑

3. 乐舞戏曲艺术

中国传统音乐舞蹈有着悠久的历史和丰富多彩的内容。考古发现证明,早在商代已经出现了陶埙和石磬等乐器。西周时期,音乐舞蹈有了很大的发展,乐器种类增多,除编钟、石磬、鼓等打击乐器外,还出现了琴、瑟等弦乐器,笙、竽等管乐器。除了乐器之外,我国很多地方都有地方戏,我国主要的剧种有黄梅戏、昆曲、豫剧、晋剧、梆子等,其独特的魅力吸引了大量的游客(图5-36)。

图 5-36 京剧

五、民俗景观

民俗又称民间文化,是指一个民族或一个社会群体在长期的生产实践和社会生活中逐渐形成并世代相传、较为稳定的文化事项,可以简单概括为民间流行的风尚、习俗。中国是一个具有历史悠久的传统民俗的国家,在中国境内土生土长的各民族中,都有广大人民群众创造的各类民俗文化,代代传承。这些民俗不仅丰富了人们的生活,还增加了民族凝聚力。

民俗充实了旅游内容,丰富了旅游者的文化知识,满足了旅游者求新求异的心理需求。民俗作为一种重要的旅游资源,能够创造可观的经济效益,推动旅游业的蓬勃发展。民俗旅游景观类型可分为物质生活方式类民俗和社会文化生活方式类民俗。

1. 物质生活方式类民俗

这是指人们的日常生活中,为了适应一定的自然环境而产生的有形可感的文化传承,如服饰、饮食、生产、交通、工艺制品等。我国各民族地区的聚落居住形态、材料、技艺及建筑风格均各具特色,差异明显;在饮食文化上,更是丰富多彩。复杂多样的自然环境,造成了多种多样的主副食原料和制作方法,形成了不同的地方风味和民族特色的食品;在生产习俗上,也有耕作方法、农具使用、农业生产仪式等方面的不同。

2. 社会文化生活方式类民俗

这种民俗旅游主要是指人与人的关系与意识形态中的民俗事象旅游,包含各种礼仪、节日庆典、宗教信仰等。以节日庆典而言,各民族都有本族的传统节庆活动,如汉族的春节、清明节、端午节、中秋节等,傣族的泼水节(图5-37),白族的三月节,彝族的火把节,藏族的林卡节,蒙古族的那达慕,维吾尔族的肉孜节和古尔邦节等。这些节庆活动既有独特的文化内涵,又有浓厚的民族和地方特色。

图5-37 傣族的泼水节

六、城镇景观

城市是人类生活的家园,它是人类社会意识形态的反映,有什么样的价值观、道德观和审美观,就有什么样的城市景观。大到国际性大都市,小到地方小城镇,这一切构成了城市景观系统。城市聚落作为地球表面最大的人文景观,其景观构成要素包括城市的山水、建筑、园林、街道和主题公园等。对这些景观的结构、功能和发展做出布局和安排,便使得城市景观成为旅游的重要吸引物。民俗旅游景观又包括历史文化名城、中国特色小城镇、现代旅游城市。

1. 历史文化名城

历史文化名城是指我国古代在政治、经济、文化、军事等方面具有独特地位和较大影响，至今仍具有较大的城市规模，并保存着具有重要传统文化价值、历史价值、艺术价值和科考价值的文物、建筑、遗址和优美环境的各类城市。

根据历史文化名城构成要素及质量上的差异，构成要素在历史时间上的差异和构成要素在构成形态上的差异，以及历史渊源、地理区位、民族文化特性和功能特点的不同，可以把历史文化名城分为：古都型城市，即以都城时代的历史遗存物、古都的风貌为特点的城市；传统风貌型城市，即保留了一个或几个历史时期积淀的完整建筑群的城市；风景名胜型城市，即建筑与山水环境叠加而显示出鲜明个性特征的城市；地方及民族特色型城市，即地域特色或独自的个性特征、民族风情、地方文化构成城市风貌主体的城市(图5-38)；近现代史迹型城市，即以反映历史上某一事件或某个阶段的建筑物或建筑群为其显著特色的城市；特殊职能型城市，即某种职能在历史上占有极突出地位的城市；一般史迹型城市，即以分散在全城各处的文物古迹为历史传统主要体现方式的城市。

图 5-38 凤凰古城

2. 中国特色小城镇

我国现有的众多建制镇中，不乏有着百年以上历史的古城镇。这些传承历史文化、沿袭民间习俗的古代聚居地，蕴藏着许多精美绝伦的艺术珍宝，具有深重悠远的古老文化，闪耀出灿烂的光芒。特色小城镇泛指所有仍保存比较完整的小古城、古乡镇和古村镇等，其特色表现在有丰富的历史文化遗迹、有特殊的文化艺术、有独特的建筑、有传统的工艺和有优美的自然环境等方面(图 5-39)。

图 5-39 江南水乡同里

3. 现代旅游城市

现代旅游城市是指以现代城市旅游景观为依托的城市。与其他类型旅游城市(主要是传统旅游城市)相比较而言,现代旅游城市的特色突出地表现为景观的现代性。现代旅游城市在其现代化过程中,逐渐形成了一批旅游吸引物,这些吸引物经过有机的整合,形成了相对比较完善的三大特色旅游吸引体系,即城市游憩商业区、主题公园和博物馆。

第四节 旅游观赏

旅游观赏是指旅游者在远离其常住地的地方主要通过视听感官对外部世界中所展示的美的形态和意味进行欣赏、体验的过程。

旅游观赏的主要特点是:①旅游观赏的目的是获得审美体验。旅游观赏是旅游体验的一种方式,借助于这种方式,旅游者要获得的利益不是对世俗愉悦的体验,而是追求旅游审美愉悦。旅游观赏的过程是抛开了对象中功利性内容而进行的那个过程,如欣赏山川胜景和人间万象,也包括对美食这样的主要在于取悦人的味觉和嗅觉感官的事物所具有的形式美的观赏,如对食物的色、香、味及其铺陈环境的观赏。②旅游观赏的形式是异地性观赏。

在人的日常生活圈之中,有众多的可供赏玩的物象。当人投身于其中时,获得的愉悦和旅游观赏相比,除了在程度上有差异外,并无本质上的不同。而恰恰就在异地观赏这一点上,旅游观赏有了特殊的意义。③旅游观赏的对象来源具有多样性。旅游观赏不局限于某种单一现象,包罗万象,有自然的,有人文的;有实体的,有非物质的;有自然形成的,有人工创造的。④旅游观赏的感官渠道主要是视听感官。在人的各种感觉中,具有审美作用并成为审美感受的基础的主要是视觉和听觉。

一、旅游观赏对象中美的存在形态

旅游者在旅游审美体验中所体验到的美的形态是多种多样的。产生于自然事物之上的美,我们称之为自然美;存在于社会事物之中的美,我们称之为社会美;而由人类对自然美和社会美进行加工并使之成为真、善、美的统一表现的,我们称之为艺术美。旅游者在旅游观赏过程中对这3种美的形态都会表现出浓厚的兴趣,由此美成为了旅游对象物中最具有魅力的地方。

1. 自然美

对于自然美与美的关系问题,人们的认识有所不同。有人认为自然物本身存在着与人类无关的美的形式要素(如美的线条、色彩、形状、质地等),也有人认为自然美只是人类主观意识投射的结果。人类对自然物中包含的美的材料的认识呈现出明显的从无到有、由少而多、由粗糙而细腻、由单纯而丰富、由功利而超功利这样一个过程。在幼年时期,人类看到的美的世界之所以狭小粗糙,并不是人类对自然物中的美的领会能力因为无知而蛰伏起来,而是人类的社会实践还未能将人类自身充分解放出来,人类的生存还笼罩在令人恐惧的自然力量之下。这样,人类在以自身的力量改造自然的过程中不管是对力量和效果的评价上,还是由这个过程所培育的人类的整体意识上,都不具备整体的或人类的赋予自然以美的意味的条件,这时,自然美就不存在。李厚泽(1989)称这个阶段为"神秘恐惧的神话阶段"。此后,当人类进入"可以寄托幸福生活和长生幻想的世界",那已经是积累了大量的人化的自然的时期。在这些人化的自然上面,人类开始对自身的力量有了自信,这种自信甚至可能使人类有了藐视尚远离其生活视野的自然的倾向。等到人类的足迹已经几乎无所不至,等到自然不再是神话的摇篮,不再是生活的背景,不再主要地作为寓意和象征的凭借,这时自然本身的色彩、形体、线条、质地、姿态这些美的像素就独立地成为审美的对象了。

从人类社会的角度来说,自然美是人类社会整体发展的结果,不是先人类而存在的东西。人类社会的发展或人类的社会化过程才赋予了自然以美的意味,而且,这种美的意味仅仅对于人类才有意义,并世代相传,最终成为在一定社会状态下为多数人所接受的类型的美。但是从另一方面来说,对于个体的人而言,自然美是一种客观的存在,甚至成为人们认识美的源泉、临摹美的范本。由于每个人社会化过程的差异,这种美又会有不同的形式和意义。这就是说,每个人在欣赏自然风物时,不仅不会全然抛弃(脱离)社会的、民族的或文化的规则去发现和创造自然美,而且只有当个人心理与自然外物达到同形同构时,人类才能体会到自然美的存在并欣赏它,从这种体验中获得快乐。这个过程已经被审美发展史证明。

现代旅游作为人类社会高度文明阶段的大众现象,就是主要以这种由人类所发展但又反过来外化于人类个体而存在的自然美为观赏对象的。对于旅游者来说,自然美是现代社会文化过程和城市化过程中难得保留下来的一片净土,因此也备受青睐。在后工业化社会中生活的人们极力想投身于尚未开发的地区度过一段与自然亲近的时光,其心理根源就在于对自然美的追求。

自然山水作为旅游者观赏的对象,其内容是丰富多彩的,有展示生命力和丰富性的动植物之美,有能够表现造物主造化之功的山川崖石之类的非生物之美,还有变幻不定的天象奇观。即使是同一旅游景观,在不同的时间里也会呈现不同的景象。

2. 社会美

社会美是存在于人类社会生活中的美,是由社会生活的多层次、多侧面和复杂的内容结构所决定的美的形态。它首先表现在人类改造自然和社会的实践过程中,其次表现在实践活动的产品中,而人本身所体现的美更是社会美的核心。

从美的发展历程来看,社会美总是自然美形成和发展的基础和前奏。就是在社会美的形成过程中,自然美得以直接或间接地人化(间接地人化自然的过程是通过类型自然的人化实现的),从而产生出社会美。与自然美相同的是,社会美也不直接是一种人类有目的的"美的作品"(这是二者与艺术美相区别的关键)。自然美与真相连,社会美则以善的形式令人愉悦。因此,社会美实际上是一定历史阶段人类一定的功利意识的集中表现。对于个体的人而言,由于社会美的相对客观性和外在性,他对于社会美的欣赏也必然是一个超功利的过程。现代社会丰富多彩的社会生活,就是人们欣赏社会美的最好的"画廊"。尽管具有不同文化背景的人在欣赏不同社会状态下的社会美会有不同程度甚至不同性质的愉悦体验,但异民族或异文化的奇特的社会美形态的确已成为催动当今世界不同地域的人们走出家门的动力。这也是社会美成为当今旅游者重要的旅游目的的原因所在。中国作为拥有五千年文明史的伟大国度,在吸引西方旅游者的众多旅游资源当中,能体现社会美的旅游资源几乎被列在首选的项目中。

3. 艺术美

自然美和社会美都是现实的美,是客观存在的美的形态。它们虽然广阔、生动和丰富,但它们还不能依人所愿达到集中、精粹和典型的程度,不能充分满足人们审美的需求。因此,艺术美就为满足这种特殊的需求而历史地、必然地产生出来了。它是人类对现实美的全部感受、体验和理解的加工、提炼、熔铸和结晶,是人类对现实审美关系的集中体现,是艺术家创造性劳动的成果。由于这些原因,艺术美便成为满足人类审美需求的重要的审美对象,也是旅游者周游四方刻意追寻的对象。

艺术美的形式多种多样。绘画、雕塑、舞蹈、音乐、戏曲、诗歌等就是最典型的艺术形式,而园林、建筑、工程、器物、服饰等也是艺术美的常见载体。这些艺术形式在世界各地的标志性景观之中都有集中的体现。法国卢浮宫、美国大都会艺术博物馆、梵蒂冈博物馆、北京故宫博物院等都是世界著名的汇集了艺术天地美的精华的殿堂,因此也是各国旅游者纷纷前往之所。

二、影响旅游观赏效果的因素

旅游观赏作为一种审美体验,其效果受到许多因素的影响,其中最重要的有以下几个方面。

1. 观赏时机

旅游者所观赏的对象,不管是自然景物还是社会事物,如果考虑到他们所处的环境因素,他们就都不是静止不变的。作为环境的自然界有春、夏、秋、冬之季相,有阴、晴、雨、雪之情态(图5-40),有冷、热、温、湿之差异,也有朝、晖、夕、阴之变化;而就人类社会而言,工作休闲有其节律,甚至喜、怒、哀、乐也有一定的周期(各种节日是人们狂欢的巅峰)。这些因时而异的变化,赋予旅游景观不同的外部特征。正如欧阳修所言:"若夫日出而林霏开,云归而岩穴暝,晦明变化者,山间之朝暮也。野芳发而幽香,佳木秀而繁阴,风霜高洁,水落而石出者,山间之四时也。朝而往,暮而归,四时之景不同,而乐亦无穷也。"

图 5-40 圆明园雪景

2. 观赏位置

对景物进行观赏的位置如果不同,就会形成不同的视点,从而影响到旅游者观赏的效果。在中国画中所采用的散点透视法,为扩展画家的表现空间提供了很好的工具,使画家在方寸之中可以表现大千世界的丰富形态。对于自然景观而言,苏轼有诗:"横看成岭侧成峰,远近高低各不同。"这就是由于处在不同的观赏位置产生的不同效果。这一点在我国古代建筑设计、园林设计中都有体现。旅游观赏中位置变化造成的俯、仰、远、近、侧、正、内、外等各不相同的视角,改变了旅游者的视角使其能够看到不同的美,产生不同的审美体验(图5-41)。

图5-41 颐和园昆明湖

3. 观赏态度

旅游观赏的态度可以体现在这样两个对立的方面:全身心投入的观赏与走马观花式的观赏。前者是一种积极的观赏态度,而后者是一种相对消极的观赏态度。在凝神观赏旅游景观的过程中,旅游者如果能在审美知觉和理解的基础上,展开想象的翅膀,并将自己的思情意趣投射到外在的景观上面,使景观成为感情的载体甚至达到情景交融的境界,无疑能够提高旅游观赏过程的质量,获得预期的审美快乐。而走马观花式的观赏对景观中的美视而不见,麻木不仁,旅游者很难体会到审美的愉悦。

三、旅游观赏的心理要素

构成旅游审美体验的最主要的基石就是我们所说的感知、联想、情感和理解等活动，它们之间的相互联系、相互依赖和相互作用是形成美感体验的源泉。

1. 感知

感觉和知觉合称为感知，它们都是一种感性认识过程，是对客观世界的直观把握。就感觉而言，它属于简单的层次，是人脑对客观事物的个别属性的主观反映。感觉按照性质可以分为视觉、听觉、嗅觉、味觉、肤觉（包括触觉、温度觉、痛觉等）、运动觉、平衡觉和机体觉等。感觉是认识过程的开端，属于认识的感性阶段，是知识的源泉，是各种心理活动的基础。

感觉与审美体验的关系是一种先后、表里、个别与整合、简单与升华的关系。在日常生活中，人们看到亮丽的色彩，听到单纯的音调，都可能直接产生某种快感，这种单纯的愉悦感觉是生理上的，但却构成了审美体验的基础和出发点。感觉过程在旅游者的观赏过程中也发挥同样的功能。旅游者在谋求旅游愉悦的过程中，不管是审美体验还是世俗体验，都要借助于感官来达到目的，就在这个层次上旅游者感官的功能开始分化。视听感官使旅游者在一定的时空距离上感受到了外物的形、声、色和时空关系，而其他感官为旅游者实现切身的体会创造了条件。前者是旅游审美体验的源泉，而后者是旅游世俗体验的全部内容。通过视听感官获得的愉悦会进一步与情感、联想和理解汇合而升华为旅游审美体验。

知觉是巴普洛夫所谓的分析器对外界物体或现象的整体所进行的直接反映，是大脑形成整体性映象的认识过程，它的反映结果叫作知觉映象。知觉与感觉虽同属于感性认识过程，但知觉具有整体性、选择性、相对性和恒常性等特点。旅游者对陌生世界所含有的美的认识依赖于对美的对象的整体形式的把握。虽然任何美的对象都是感性具体的，但对它的认识又必须是完整统一的，所以，这种认识是知觉而不是感觉。知觉的另一个重要特征就是它的选择性。客观事物是多种多样的，人对同时作用于感觉器官的各种刺激并不都产生等价的反应，而总是选择其中的少数对象做进一步加工，这是人类知觉的基本特征（谢彦君，2017）。

2. 联想

联想是由当前所感知的事物而回忆起有关的另一事物，或由想起的一件事物而又连带地想起另一事物的心理活动。旅游观赏对象世界的复杂性，不仅仅表现在多种多样的形式美上面，还表现在这些形式与其内容的联系上。对于事物内容的理解，对于事物之间联系的把握，不仅能使审美对象呈现于感知中的形象更加鲜明、生动，而且能使所感知的形象中的内容更加丰富、深刻，这便是联想的功能。一般而言，当事物之间在时间或空间上比较接近，或事物之间有本质上的类似性，或事物之间存在可直接对比反衬的机会，就会引起联想。

3. 情感

人的审美体验的一个显著特点是它带有浓厚的情感意味。就是说，除了认识活动以外，人在面对客观事物时还会常常将这些事物和自己的需求建立某种关系，并以相应的心理做出反应。

审美中的情感活动是以审美对象的感知为基础。一般而言,主体的情感活动与对象的感性形式是密切联系着的。在审美中,审美对象引起的感觉、知觉、表象本身就带有一定的情感因素。而在知觉、表象的基础上进行的想象活动,更推进了情感活动的自由扩展和抒发。

4. 理解

理解在不同层次的审美体验中所发挥的作用概括起来有 3 种(滕守尧,1985)。最基本层次的理解是对不同于"实用"状态的"虚幻"状态的理解。也就是说,在进行审美体验的过程中,要能够把真实生活中的事件、情节和感情与审美对象中包含的事件、情节和感情区别开来,使自我对对象的认识达到似是而非的境界,从而为步入审美境界做好铺垫。第二层次的理解是对审美对象的象征意义、题材、典故、技法、技巧和程式等项目的理解。比如,在欣赏中国园林艺术时,如果能对园林的造景技法(如框景、借景、障景、对景、隔景等)有所了解,就会大大提高对园林艺术的欣赏效果。第三层次的理解是对融合在形式中的意味的直观性把握。审美对象中美的意味可以借助对象的形式去感悟。这里的形式是一种符号,是一种不同于推理性符号的特殊符号,是一种能以其结构特征表现人类情感特征的符号。

这几个审美过程中涉及的主要心理要素是相互渗透和融合的,不是相互独立的,感知因素是导向审美体验的出发点,理解为它指明了方向,情感是它的动力,联想和想象则为它添加了翅膀,当这 4 种要素以一定的比例和方式结合起来,并达到自由协调的状态时,愉快的审美体验就产生了。

链接材料:

基于文化旅游融合的博物馆创新发展路径

作为文化和旅游产业相融合的产物,博物馆参观游览兼具艺术观赏、历史溯源、科学研究、教育推广等方面的价值与功能,逐渐成为公共文化服务和旅游发展的前沿阵地与有效载体。

一、博物馆旅游发展的时代背景

1. 文博旅游已成为提升民众幸福感的方式之一

党的十九大报告指出我国社会主要矛盾已经转化为人民日益增长的美好生活需要和不平衡不充分的发展之间的矛盾。同时,旅游、文化、体育、健康、养老作为"五大幸福产业"的重要领域,随着国民经济社会的不断发展呈现出更旺盛的市场需求,而博物馆参观游览作为文化和旅游产业相融合的产物,兼具艺术观赏、历史溯源、科学研究、教育推广等方面的价值与功能,逐渐成为公共文化服务和旅游发展的前沿阵地与有效载体,同时也成为提升民众文化精神消费和生活幸福感的重要途径之一。

2. 文化和旅游部的组建推动文博旅游发展

文化是实现旅游价值的灵魂和内核,旅游是实现文化价值的载体和途径,文化和旅游的融合已成为现实社会发展的必然要求。当前,为了实现文化旅游进一步深度融合,统筹文化事业、文化产业发展和旅游资源开发,发挥文化旅游效应的最大化,国家将原文化部、原国家旅游局的职责进行整合,组建文化和旅游部,作为国务院组成部门,为进一步运用文化的内容支撑提升旅游内涵,运用旅游的方式传播传承文化要素提供了制度支撑。

3. 文化体验的市场需求催生文博旅游热潮

近年来,《我在故宫修文物》《如果国宝会说话》《国家宝藏》及大批鉴宝等文博类节目的热播,不仅将"博物馆热"从线上带到了线下,还带来了观众观念的转变,点燃了社会公众对于文物鉴赏和博物馆参观的热情,掀起了博物馆旅游的热潮。以中国国家博物馆为例,2017年该馆共开放312天,接待观众总数超过800万人次,平均每天接待观众2.6万人次。此外,博物馆热还掀起了"文创产品热""古董收藏热"和"古玩淘宝热"等热潮,引发了强烈的市场"连锁反应"。

二、博物馆旅游发展的现实基础

1. 国家政策的强力支撑,为博物馆旅游营造了良好的环境氛围

国家相关部门先后出台的《关于全国博物馆、纪念馆免费开放的通知》《国务院关于推进文化创意和设计服务与相关产业融合发展的若干意见》《博物馆条例》《关于进一步加强文物工作的指导意见》《关于推动文化文物单位文化创意产品开发的若干意见》《国家文物事业发展"十三五"规划》,以及近日由文化和旅游部办公厅和国务院扶贫办综合司联合印发的《关于支持设立非遗扶贫就业工坊的通知》、文化和旅游部办公厅出台的《关于大力振兴贫困地区传统工艺助力精准扶贫的通知》等政策意见,为博物馆免费对外开放、支持民间私人博物馆发展、加快文化创意产品开发设计、更好发挥非物质文化遗产在旅游扶贫当中的价值和作用等提供了方向指导,为博物馆文博事业的发展提供了有力的政策支撑,并营造了良好的社会共建共享环境氛围。

2. 博物馆数量和类型的提升,为市场提供了坚实的载体基础

近年来,随着展陈方式的不断更新和手段的日益多元化、展品类型的不断丰富和数量的不断增加,国内博物馆发展取得了显著成效。首先体现在博物馆及展陈数量方面,据不完全统计,中国现有博物馆4826座,占世界博物馆总量的8%左右,根据2012—2016年《全国博物馆名录》统计,5年间博物馆数量增长了24.8%。《中国文化文物统计年鉴》显示,在2012—2016年5年内,博物馆展览数量翻了一倍——从11 885个增加到23 109个。其次体现在博物馆的类型方面,除普通的历史、综合、艺术、自然博物馆外,还有生态、数字综合、社区博物馆等各种类型。再次体现在博物馆接待观众的数量方面,据不完全统计,2012年全国博物馆观众总数还只有5.6亿人次,到2017年,全国各级各类博物馆参观人数已经超过9亿人次,在观众数量方面表现出惊人的增长速度。

3. 科技的更新换代,为博物馆旅游体验化、互动化提供了支撑

互联网信息技术、数字技术、虚拟现实技术、人工智能技术等科技的进步为博物馆发展插上了腾飞的翅膀,并衍生出微信、微博、短视频、APP等众多交互媒体平台,为今后博物馆智慧化发展指明了方向,促使博物馆的展陈质量和水平不断提升,文化装备产业的发展也助力博物馆旅游产品的丰富化、体验方式的深度化,使博物馆从传统的说教式展陈向多样化、复合型、互动式的展陈方式转型,从而提高观众的旅游体验质量。

三、博物馆旅游发展的创新路径

1. 超级连接,让文博旅游"热"起来

2018年"5·18国际博物馆日"的主题为"超级连接的博物馆:新方法、新公众"。"新方法"是指在互联网科技时代,博物馆需要充分融入和利用科技手段、信息化方式,开创藏品展示与解说的新方法、新手段、新路径;而"新公众"则是在利用互联网技术、数字技术等新方法之后,通过数字博物馆、虚拟旅游等方式,有效扩大或缺乏时间、或缺乏交通费用、或缺乏独立外出能力的都市白领、贫困人群、老年人、小孩、残疾人等没有机会走进博物馆的受众群体,使其变成博物馆的新"粉丝",从而促进博物馆旅游。

2. 科技支撑,让陈列文物"活"起来

在当前的信息化科技时代,应将互联网、物联网、大数据、虚拟现实、人工智能等科技手段充分融入博物馆标识系统、解说系统、保护与开发当中,丰富博物馆的陈列展示、服务管理、开发利用方式,让博物馆能"说话"、会"说话",说"文化话"、说"旅游话",说"通俗易懂的话",让古老文物在新时代融合新鲜血液,焕发新的生命力,让冰冷的、静态的博物馆藏品"活起来",打造有温度、有情怀,并且创意感十足、穿越感极强、科技化融入、人性化彰显、互动性充盈的现代化博物馆,从而调动观众口味、激发观众兴趣、延长观众游览时间、增强观众体验黏性。

3. 深度体验,让游客观众"嗨"起来

在体验经济时代,博物馆需要牢牢抓住游客的视觉、味觉、嗅觉、听觉、触觉,用激光、虚拟现实技术等抓住观众的"眼球",用地方小吃、特色美食等打开观众的"味蕾",用花香、泥土、海水等味道展示"自然气息",用唱片、磁带、老式录音机等物件还原"历史留声",用剪纸、雕刻等形式触摸历史的"印记",从而为游客提供全方位、综合性的感官体验。同时,通过节事节庆活动(文博旅游节、文创集市大会)、知识闯关体验活动(文字游戏大闯关、科普知识大比拼)、现场创意活动(彩陶绘画体验、书法临摹体验、用积木搭建自己心中的楼阁),以及博物馆"寻宝之旅""跟着博物馆去旅行"等夏令营活动和科普研学活动设计,打造令人眼前一亮、为之一振的新亮点、新产品,为游客制造兴奋点、新惊喜,从而让游客观众"嗨"起来。

4. 融入创意,让文创产品"火"起来

在创意为王的时代,新颖奇特、创意十足、鲜活可爱、实用性强的旅游商品能够极大地提高其产品附加值,备受游客青睐和追捧。例如:故宫博物院通过引入市场机制,创意设计出各类有趣好玩、有文化内涵且实用性较强的文创产品,使得其每年拥有超过10亿元的销售额。因此,博物馆应立足自身实际,结合市场需求,将文博元素充分融入纪念品、游戏、动漫、影视当中,打造极具博物馆自身特色的超级文化IP,从而提升博物馆的国际知名度和品牌影响力。

5. 以展带会,让产业链条"长"起来

博物馆拥有极具科学研究价值、历史考古价值的丰富藏品,十分适合开展各类文物、民俗、绘画、音乐等专业展览,适合借助丰富的藏品开展各类学术研讨会、学术座谈会、学术辩论会、考古挖掘论证会、考古成果发布会、历史专题报告会、文化旅游高峰论坛、文化旅游资源推介会等类型不同的会议论坛,邀请国内外知名的历史学家、艺术家、旅游学者、高校教师、相关社会团体组织成员等人员参加,加快形成"以展带会、以会促游"的展览(展示)、会议(论坛)、旅游(考察)相融合的发展模式,让博物馆旅游的产业链"长"起来。

6. 公私联手,让文博事业"强"起来

近年来,我国博物馆发展在数量上得到了极大的提升,但仍与我国历史文化大国、人口大国的地位不太相符。据统计,美国全境共有3.5万家博物馆,几乎是我国的7倍。因此,需要在做大做强国有博物馆的同时,关注和加强对民办博物馆在土地、用水、用电、专项资金等方面的支持;出台相关意见办法鼓励企事业单位、社会民间团体、个人等各类力量向民办博物馆提供志愿者服务、发展资金等;鼓励国有博物馆对民办博物馆进行管理服务、展陈设计、人员培训等方面的支持和帮扶,公私联手促进我国文博旅游大发展。

7. 关注非遗,让传统文化"动"起来

非物质文化遗产作为一道"流动"的文化风景线,是文博旅游的重要组成部分。当前,非物质文化遗产因受到资金等方面的影响,面临传承人后继无人、非遗文化濒临灭绝等问题,这就需要博物馆联合文化艺术部门开展非遗文化进社区、进学校、进园区、进农村、进企业、进军营活动,尤其要注重加强与贫困地区联合进行非物质文化遗产传承保护工作等公益行动,联合当地政府打造一批非遗扶贫就业工坊,让作为文博旅游重要组成部分的非物质文化遗产流动起来、散播开来、传承下去。

8. 开放夜场,让文博场馆"亮"起来

当前,大多数博物馆一般遵循"朝九晚五、周一闭馆"的对外接待开放制度,而当前的市场需求是观众的夜间生活逐渐丰富,追求夜间的文化休闲体验和消费逐渐成为一种趋势,这就需要博物馆探索尝试开放夜场,在博物馆外围展馆建筑科学配置夜间景观灯,通过"夜间

激光秀(灯光秀)""博物馆奇妙夜""博物馆狂欢夜""民俗歌舞展"等形式多样的夜间活动,让夜间漆黑的博物馆"亮"起来、"靓"起来,为游客观众打造别致体验的夜间"视听盛宴"。

(资料来源:申军波,张毓利,张玲玲.基于文化旅游融合的博物馆创新发展路径.中国旅游报,2018-08-21)

根据以上材料,谈谈你对文化旅游的认识是什么?你认为文化和旅游融合还有哪些途径和思路?

思考题

(1)旅游景观的主要分类有哪些?
(2)自然旅游景观的主要分异规律是什么?
(3)山岳旅游景观的主要类型及其成因分析有哪些?
(4)我国人文旅游景观的主要分布规律是什么?
(5)谈谈你对文化和旅游融合的主要方式和思路。

第六章　旅游目的地

学习目标：了解和掌握旅游目的地的概念，掌握旅游目的地的主要功能和空间构成要素。学会分析不同的旅游目的之间的竞争和互补关系，从而应用到旅游目的地分析研究中，为当地旅游规划提供指导。

第一节　旅游目的地的概念和特征

旅游目的地是指吸引旅游者在此作短暂停留、参观游览的地方。最早提出"目的地"概念的是美国学者冈恩(Gunn)，他于1972年提出了"目的地地带"的概念。最初，旅游目的地只是被认为是一个明确的区域，主要指通道和入口、社区（包括吸引物和基础设施）、吸引物综合体、连接道路（吸引物综合体和社区之间的联系通道）。英国的布哈利斯（Buhalis，2000）就曾明确地提出旅游目的地是一个明确的地理区域，是一个物质实体的概念。后来，人们又为它添加了一个内涵，认为它同样也是一个心理感知的概念。澳大利亚学者钟行明（2005）认为旅游目的地是人们旅行的地方，是人们选择逗留一段时间以体验某些特色或特征——某种感知吸引力的地方。

国内学者对旅游目的地的研究较晚，保继刚（1999）认为，旅游目的地是一定地理空间上的旅游资源同旅游专用设施、旅游基础设施，以及相关的其他条件有机集合起来，就成为旅游者停留和活动的目的地，即旅游地。吴必虎（2001）从系统论的角度对旅游地进行了界定，他认为，目的地系统是指为已经到达出行终点的游客提供游览、娱乐、食宿、购物、享受、体验或某些特殊服务等旅游需求的多种因素的综合体。

一、旅游目的地的主要功能和空间构成要素

根据旅游目的地的定义可知，旅游目的地内包含了旅游资源和各种服务设施，主要包含为游客提供游览功能的旅游景区，提供吃、住、行的服务设施（如餐馆、旅馆、道路和停车场），提供购物和其他体验的旅游商店和娱乐设施等。这些功能在空间上的地域投影构成了旅游目的地的范围。

旅游景区是旅游目的地的吸引物，旅游景区通过自身的吸引力来吸引游客，还通过知名度和广告效应等吸引游客。游客来到旅游景区参观，一般还需要停车、休息、餐饮服务等，如果客源地比较远，而景区吸引力大，还需要为游客提供住宿、娱乐等服务。因此旅游目的的主要功能是吸引游客和服务游客，当然，旅游目的地为了可持续发展，也需要保护自身环境，合理规划，既要满足游客要求，带来一定经济效益，也要为长远发展带来环境效益和社会效益。

结合旅游者对旅游目的地的认知和旅游经营管理者对区域管理的视角,可将以旅游为主要功能的空间区域定义为旅游功能空间。旅游功能包括旅游吸引功能和旅游服务功能,它们共同提供了旅游活动的基本支撑,同时也提供了各类旅游活动主题、各种旅游要素、现象与关系的载体和平台。旅游功能空间存在着多种多样的形态和不同的空间层次,形成旅游功能空间体系。

旅游功能空间体系首先包含一种空间规模序列。

第一,宏观旅游功能空间。这类空间的范围较大、要素众多,核心特征之一是具备了较完整的旅游供给要素体系,能够形成一个完整意义的旅游目的地。其另一个核心特征是这个空间范畴内的要素和功能均超出旅游的意义,同时具有相对独立的自然、社区和其他产业功能。例如,旅游城市、行政区一级的旅游目的地、环城游憩带等属于宏观旅游功能空间。

第二,中观旅游功能空间。这类空间以旅游为主体功能或唯一功能,包含了密切相关的要素系统,具有显著的边界范围。例如,传统意义的旅游景区、城市内的休闲旅游区等属于中观旅游功能空间。

第三,微观旅游功能空间。这类空间范围很小,具有独立的旅游功能和经营主体,具有显著的个性特征,通常为建筑单体形态。例如,文化地标建筑、规模较小的景观单体、某些酒吧单体等属于微观旅游功能空间。

旅游功能空间体系还包含一种空间形态序列,如吴承照(1998)在研究城市旅游时提出,城市旅游的空间单元包括六类:观光游憩点、游憩中心地、旅游基本线路与旅游通道、游客集散中心、主题街、公园道路。冯维波(2009)将城市游憩空间划分为三类:点——观光游憩点、线——游憩廊道、面——游憩中心地。

从形态上,旅游功能空间体系包含三类空间形态。

(1)点状空间。它包括微观空间单体和规模很小的旅游景区(点)。它是一种大量存在的常见形态,既包含了旅游吸引物单体,也包含了旅游服务要素单体。

(2)线状空间。例如,旅游街区、旅游线路等都属于线状旅游功能空间。

(3)面状空间。例如,传统意义的旅游区、旅游社区等都属于面状旅游功能空间。

点状空间包括各种旅游景区(点),例如武汉黄鹤楼景区,包含了黄鹤楼和其他一些旅游服务设施;线状空间例如楚河汉街,沿河流两岸的带状游憩带等;面状空间例如武汉、桂林等空间内除了为旅游服务的设施外,还包含其他职能设施。这三类空间都存在,有时候是包含的关系,例如楚河汉街步行街内既包含一些景点,也包含一些服务设施,点状空间构成了线状空间,点状空间和线状空间构成了面状空间,但有些旅游景点则远离大城市旅游区,构成了孤立的点状空间。

二、不同层次的旅游目的地

1. 区域旅游目的地系统

(1)区域旅游目的地:系统包含了旅游吸引物、旅游服务、旅游环境、旅游通道甚至包含旅游客源地等。当旅游目的地的空间范围与行政区重合时,便具有区域管理、区域营销、区域产业发展与布局的意义。例如,湖北省、西藏、北京等都构成了区域性旅游目的地系统,系统要素在政府有目的的引导下,发挥着产业功能。

(2)旅游城市:是以城市为旅游目的地、旅游者活动范围和旅游供给要素的载体与平台。城市交通便利,有丰富的文化和景观吸引物及完善的旅游服务设施等。有些城市被评为最佳旅游城市等。我国于1995年开始推动创建和评选优秀旅游城市的工作。1998年国家旅游局出台了《中国优秀旅游城市检查标准(试行)》和《中国优秀旅游城市验收办法》。

(3)环城游憩带:是旅游要素空间分布的一种典型形态,是指在大城市周边出现的面向城市居民休闲、度假、旅游需求的旅游产业集聚带,通常围绕城市呈环状分布。我国从20世纪90年代以来,在北京等大城市的郊区出现了旅游投资密度很大、旅游产品(包括休闲和娱乐)开发较多、旅游产业发展很快的区域,即环城游憩带。

2. 以旅游为主体功能的典型旅游功能空间

在中国目前的管理体系下,以旅游为主体功能的典型旅游功能区包括度假区、风景名胜区、主题公园和A—5A级景区等。

度假区是为旅游者较长期的驻留而设计的住宅群,在其全包价格中,除了住宿费用,还含有公共设备、体育及娱乐设施的使用费。旅游度假区的空间组织要满足人们旅游度假需求,要让人们从区域内的活动中得到某种身心益处,为游客创造一种愉悦的旅游度假经历,例如要提供安静的环境、慢节奏的活动,让人充分放松,充分与大自然、阳光、海水、森林、山地接触。与观光旅游相比,旅游度假的服务内容更广泛,服务设施和功能更完备,度假区通常占地面积较大,且有一定的永久建筑用地,功能分区也比较显著。1992年,国务院决定在江苏、太湖、上海横沙岛条件成熟的地方试办11处国家旅游度假区。

风景名胜区是国家住房和建设部管理体系的范畴,指具有观赏价值、文化价值或科学价值,自然景物、人文景物比较集中,环境优美,具有一定规模和范围,可供人们游览、休息或进行科学、文化活动的区域。风景名胜区的自然旅游资源是独特的、不可替代的景观资源,是通过几亿年大自然鬼斧神工所形成的自然遗产,是世代不断增值的宝贵财富。我国从1982年开始评定风景名胜区,国家级风景名胜区是中国风景名胜区的代表。

A—5A级景区是由国家旅游局确定的旅游区管理体系。A—5A级景区由国家旅游局制定标准实施管理的旅游区分级概念,依据《旅游景区质量等级的划分与评定》(GB/T 17775—2003)及国家旅游局颁布的有关评定细则进行景区质量等级评定工作。旅游区(点)质量等级划分为五级,从高到低依次是5A、4A、3A、2A、A级旅游区(点)。

3. 以旅游为衍生功能的典型旅游功能区

(1)自然保护区:是指对有代表性的自然生态系统、珍稀濒危野生动植物物种的天然集中分布区、有特殊意义的自然遗迹等保护对象所在的陆地、陆地水体或者海域,依法划出一定面积予以特殊保护和管理的区域。我国自然保护区分为国家级自然保护区和地方级自然保护区。

(2)森林公园:是指具有一定规模和质量的森林风景资源与环境条件,可以开展森林旅游观光休闲,并按法定程序申报批准的森林地域。森林公园是一个综合体,具有建筑、疗养、林木经营等多种功能,同时,它也是一种以保护为前提利用森林的多种功能为人们提供各种形式的旅游服务和可进行科学文化活动的经营管理区域。

(3)地质公园:是指具有特殊的地质科学意义、稀有的自然属性、较高的美学观赏价值,以具有一定规模和分布范围的地质遗迹景观为主体,并融合其他自然景观与人文景观而构成的一种独特的自然区域。它既为人们提供具有较高科学品位的观光旅游、度假休闲、保健疗养、文化娱乐的场所,又是地质遗迹景观和生态环境的重点保护区,是地质科学研究与普及的基地。1999年4月,联合国教科文组织在第156次常务委员会议上提出建立世界地质公园计划,目标是在全球建立500个世界地质公园。为配合世界地质公园的建立,2000年8月,国土资源部(现为自然资源部)组织成立了国家地质公园领导小组和国家地质公园评审委员会,并开展申报工作。2001年4月,国土资源部正式批准授牌第一批11处国家地质公园。

(4)国家公园:是指由国家批准设立并主导管理,边界清晰,以保护具有国家代表性的大面积自然生态系统为主要目的,实现自然资源科学保护和合理利用的特定陆地或海洋区域。国家公园是我国自然保护地最重要的类型之一,属于全国主体功能区规划中的禁止开发区域,纳入全国生态保护红线区域管控范围,实行最严格的保护。国家公园的首要功能是重要自然生态系统的原真性、完整性保护,同时兼具科研、教育、游憩等综合功能。

第二节 旅游目的地的空间结构演化理论

一、基于分区管理的结构模式

不同的学者对旅游目的地的空间结构进行了研究,主要有以下几种代表性理论模型。

1. 核心——边缘理论模型

核心边缘理论模型于1966年由弗里德曼(Friedmann)在他的学术著作《区域发展政策》中提出,1969年他进一步归纳并指出,任何空间经济系统均可分解为不同属性的核心区和外围区,试图解释一个区域如何由互不关联、孤立发展,变成彼此联系、发展不平衡,又由不平衡发展变为相互关联的平衡发展的区域系统。

希尔斯(Hills,1977)、朗德格仁(Lundgren,1977)和布里敦(Britton,1980)等学者将核心-边缘理论引入旅游研究,建立了核心-边缘理论模型(Core-periphery Model),描述和解释了边缘地区对核心地区的依赖关系。史密斯(Smith,1980)认为旅游区域是一个用来提供旅行者服务、可交易的目的地,同时该目的地又有相关的支持带环绕,因此一个旅游区域应由核心区、直接支持带、间接支持带三部分组成。其中核心区包括旅游吸引物和为旅行者提供的基础设施;直接支持带是用以支持核心区,能为旅游核心区提供就业、服务、土地供给的亚区;间接支持带处于更外围的地区,与核心区联系较为松散。

2. Forster 三区结构模式

1973年,景观规划设计师理查德·福斯特(Richard Forster)提出了旅游区开发的"三区结构模式",将国家公园由里到外分成了核心保护区、游憩缓冲区、密集游憩区(图6-1),这个分区模式得到了世界自然保护联盟(International Union for Conservation of Nature, IUCN)的认可。

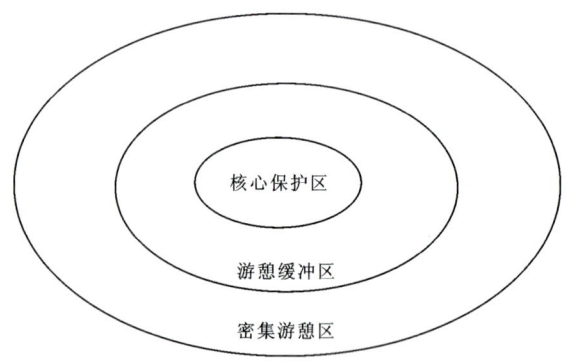

图6-1 旅游区开发的"三区结构模式"示意图

核心区是受到严密保护的自然区,限制乃至禁止游客进入;围绕它的是娱乐区,配置野营、划船、越野、观望点等设施和服务;最外层是服务区,为游客提供各种服务,有饭店、餐厅、商店或高密度的娱乐设施。

这种分区模式与自然保护区的分区管理模式十分相似。我国规定自然保护区一般可划分为3个区域,即核心区、缓冲区和试验区。核心区实行严格保护,自然保护区内保存完好的天然状态的生态系统,以及珍稀、濒危动植物的集中分布地划为核心区,禁止任何单位和个人进入;核心区外围可以划定一定面积的缓冲区,只准进入从事科学研究观测活动的单位和个人;缓冲区外围划为试验区,可以进入从事科学试验,教学实习,参观科考,旅游,以及驯化、繁殖珍稀、濒危野生动植物等活动的单位和个人。

3. 功能区布局模式

功能区布局模式是根据不同的功能将旅游目的地划分区块进行开发和管理。冈恩在1988年提出国家公园旅游分区模式,将公园分成重点资源保护区、低利用荒野区、分散游憩区、密集游憩区和服务社区。加拿大国家公园的功能分区系统包含以下5个区:特别保护区:禁止任何公众进入,同时在保护区外提供适当的荒野区和展览,使游客了解该区特点;荒野区:能够代表该自然区域特征并始终被维持,通过提供在生态系统承载力范围内的适当的户外游憩活动和少量设施,使游客对公园的自然和文化遗产有亲身体验;自然环境区:作为自然环境来管理,向游客提供户外娱乐活动和简朴自然的设施,控制机动车道的通行,首选有助于遗产保护的公共交通;户外游憩区:允许为游客提供相对多样的服务与设施及广泛的机会来欣赏和享受公园的景致,允许使用直达的机动交通工具;公园服务区:是公园中游客服务和支持设施的集中分布区,公园的运行和管理中心就在此区(图 6-2)。

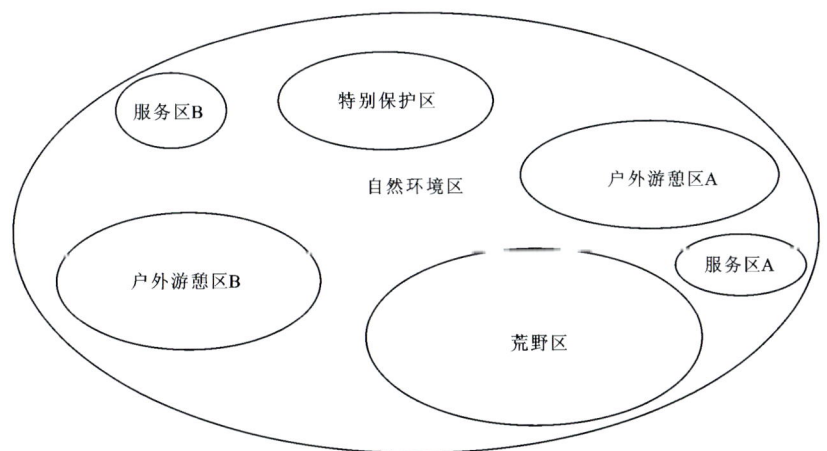

图 6-2　加拿大国家公园功能分区系统示意图

4. 双核模型及核式环模型

双核布局(twinning principle)是由特拉维斯(Travis)于 1974 年提出的。该布局方法为游客需求与自然保护区之间提供了一种商业纽带,经过设计,将服务功能集中在一个辅助型社区内,处于保护区的边缘。由此形成两个"核":一个是自然资源保护的核心;另一个是游憩服务的核心(图 6-3)。

核式环中的核通常为一个自然景观,而服务设施则环绕自然景观布局,各种服务设施之间的交通联络道路构成圆环,服务设施和中心景观之间由便道或车道连接,交通网络呈车轮状或伞形骨状(图 6-4)。

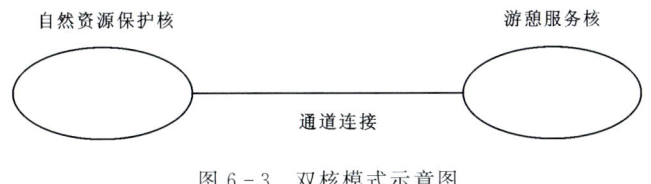

图 6-3　双核模式示意图

二、基于系统构建的结构模式

1. 社区-吸引物综合体模式

社区-吸引物综合体模式是指在旅游区中心布局一个社区服务中心,外围分散形成一批旅游吸引物综合体,在服务中心与吸引物之间有交通连接(图 6-5)。

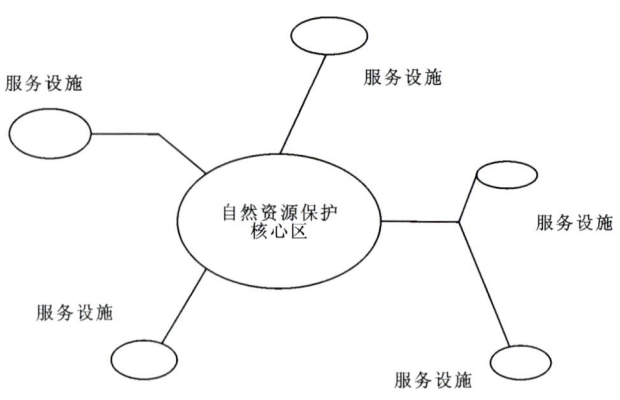

图 6-4　核式环模式示意图

2. 目的地带理论

目的地带(destination zone)是由吸引物组团、服务社区、中转通道和区内通道等部分构成的,核心概念是认为旅游目的地是由两种功能组团和线状连接通道构成,两种功能组团是吸引物组团和服务社区,通过中转通道和区内通道连接起来。而旅游目的地与外界的连通是通过服务社区作为枢纽实现的(图 6-6)。

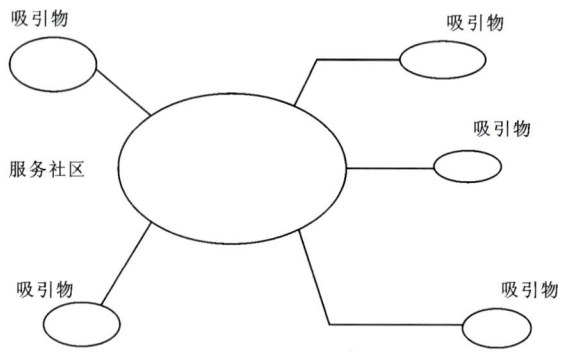

图 6-5　社区-吸引物综合体模式示意图

冈恩认为,旅游目的地一般都包括一个中心城市、若干旅游景区和景点;基础设施除内部交通系统之外,都集中在中心城区;有若干交通道路与外界相连,有的大尺度目的地还有若干次级中心城市,以更好地为旅游者提供服务。能够成为旅游目的地的地区应具备以下条件:拥有一定距离范围的客源市场;具有发展的潜力和条件;对潜在的市场具有合理的可进入性,其社会经济基础具备支持旅游业发展的最低限度水平;有一定规模并包含多个社区。

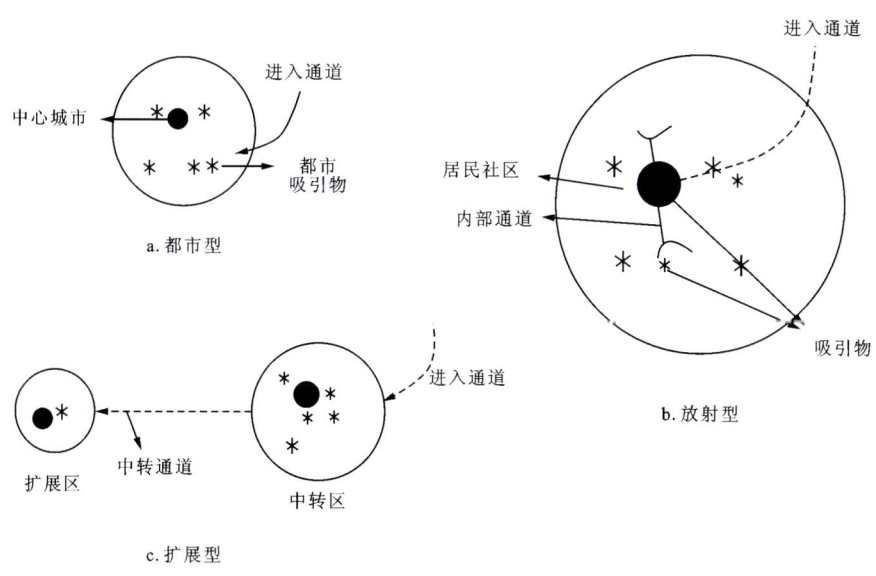

图 6-6 目的地地带的 3 种类型

第三节 旅游目的地的生命周期理论及空间竞争

一、旅游目的地的时间演化

任何一个旅游目的地都是从时间和空间上演化的,旅游目的地是为旅游者服务的,旅游服务和旅游资源等都具有季节性和周期性的特点,因此旅游目的地也表现出明显的时间特点。

旅游地生命周期理论是描述旅游地演进过程的一种理论。最受到学者广泛关注的是巴特勒(Butler)的生命周期理论。

巴勒特根据产品周期的概念,提出了旅游地演化的 6 个阶段:探查阶段、参与阶段、发展阶段、巩固阶段、停滞阶段、衰退或复苏阶段,如图 6-7 所示。

(1)探查阶段。由于风景优美或其他原因,旅游地吸引了少量的游客来此参观、游玩,但旅游设施较少,游客停留时间也有限,环境基本保持初始状态。这是旅游地发展的初始阶段,特点是只有零散的游客,没有特别的设施,其自然和社会环境未因旅游而发展变化。

(2)参与阶段。随着旅游者人数增多,出现了有组织、有规律的旅游活动,本地居民为旅游者提供一些简陋的食宿设施,地方政府被迫改善旅游设施与交通情况。

(3)发展阶段。由于广告效应,游客量大大增加,外来投机产业快速增加,简陋食宿设施逐渐被规模大、现代化的设施取代,旅游地自然面貌进行了改变,环境也发生了变化。

(4)巩固阶段。游客量持续增加但增长率开始下降。旅游地功能分区明显,地方经济活动与旅游业紧密相连。环境质量下降,常住居民开始对旅游产生反感和不满。

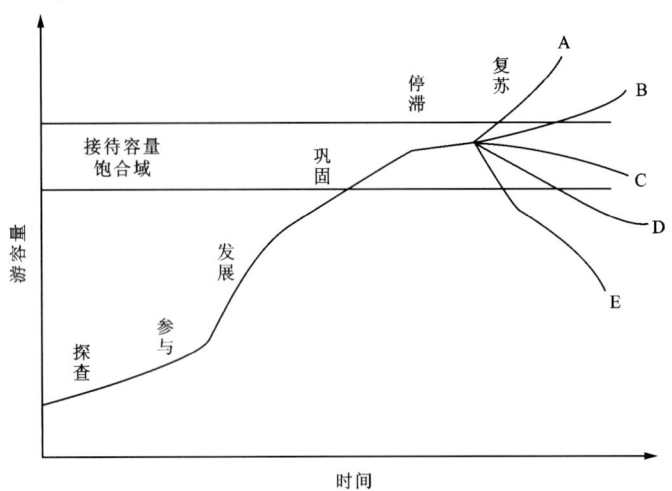

图 6-7　旅游地生命周期(引自 Butler,1980)

（5）停滞阶段。旅游地自然和文化的吸引力被"人造设施"代替,旅游地的良好形象已不在。旅游环境容量超载相关问题随之而至。

（6）衰退或复苏阶段。旅游市场衰退进而房地产的转卖率很高,旅游设施也大量消失,最终旅游地将变成名副其实的"旅游贫民窟",另一方面旅游地也可能采取增加人造景观、开发新的旅游资源等措施,增强旅游地的吸引力从而进入复苏阶段。

在衰退或复苏阶段有可能发生 5 种情况:深度开发卓有成效,可促使游客再增加和市场扩大;较小规模的改造和调整,持续对资源吸引力的保护,游客量可以较小幅度地增长;调整满足各种容量水平,可遏制游客量下滑的趋势,使之保持在一个稳定的水平;过度利用资源导致的竞争能力降低会导致游客量显著下降;战争、瘟疫或灾难性事件的发生会导致游客量急剧下降,此时游客量要再恢复到原有水平极其困难。

该理论是对旅游地发展周期的高度抽象概括,它提供了研究旅游地演化过程的理论框架,有助于更好地理解旅游地变化的机理、旅游和旅游组织如何应对变化,以及各利益相关者的作用和影响。因而应用这个框架区分析各种不同旅游地的具体生命周期的特点和规律,剖析形成这些具体生命周期的特点和规律的内在因素,可以有效地指导旅游地的规划、建设和管理。

但该理论的局限性在于难以准确地分析旅游地下一个阶段会怎样发展,阶段转折点如何确认、所处阶段如何确认等。

二、旅游目的地的空间关系

1. 旅游目的地的空间竞争

旅游目的地的空间分布是不均匀的,有的多个目的地集中,有的目的地分布较为分散,当有多个旅游目的地相互靠近时,会对相互之间产生什么影响呢?

早在 1929 年，霍特林就提出了空间竞争理论，把产品差异划分为空间中直线段上的不同点，从而使产品差异具有可检验的经验含义。20 世纪 60 年代，阿隆索（Alonso）提出了级差地租——空间竞争理论：城市土地级差收益的客观存在，必然吸引各类空间经济要素的向心集聚，按市场供求均衡原理，城市中心区段的地价就会相应上升，从而产生排异现象，将附加值低的产业依次向集聚区外围排斥。

对于旅游目的地而言，空间竞争同样存在，且有自身的特点：①旅游消费者是移动的，与一般产品的消费者不同，因而，旅游目的地与客源地的距离和交通关系都影响到旅游目的地的游客量。②旅游产品的替代关系相对复杂，旅游资源、旅游产品种类丰富，体验性强，因而替代关系复杂。

王大悟（2001）根据旅游产品与市场的空间分布，提出了旅游资源的区位问题，根据旅游资源的优劣特别是与周边旅游资源的关系，提出了旅游资源非优区和旅游资源阴影区等概念。

旅游资源非优区是指旅游资源较少或吸引力较弱的区域。许春晓指出旅游资源非优区本质上是景观美学价值偏低和景点组合状况欠佳的区域，这类地区应当注意旅游资源开发的独特性和新颖性，集中力量开发优势资源。旅游资源阴影区通常是指附近存在更具吸引力的同类旅游资源或吸引物的区域。这种资源或吸引力之间的关系对于弱小的一方往往造成极为不利的影响，如同在阴影的笼罩下，游客往往会选择更重要的吸引物，而将次要的吸引物忽略，例如，八达岭长城与居庸关长城、水关长城、慕田峪长城相比，八达岭长城占有更多游客量。根据引力模型，假设 A_1 和 A_2 为同一地域内的两个旅游地的吸引力，那它们对客源地的竞争力大小分别记为 T_{i1} 和 T_{i2}，b 为经验估计系数，距离分别记为 D_{i1} 和 D_{i2}，则有如下公式：

$$\frac{T_{i1}}{T_{i2}} = \frac{A_1}{A_2} \left(\frac{D_{i2}}{D_{i1}} \right)^b$$

即两个旅游地对客源地 i 的竞争力与它们的吸引力呈正比例关系，与客源地到旅游地的距离呈反比例关系。当两个目的地距离很近时，距离产生的作用很小，吸引力就起主导作用，吸引力大的旅游目的地就会吸引更多的旅游者。

当两个目的地距离比较远时，如果他们的吸引力相同，距离就会产生比较大的影响。如果客源地到两个目的地距离一样，它们的吸引力相同，则各占一半的市场，吸引力大的，则市场的范围也会更大。

在现实世界中，旅游地之间的空间竞争关系远比理论模型复杂，需要具体分析影响不同类型旅游地空间竞争的主导因素，才能得出合理结论。

2. 旅游目的地空间合作

葛立成和聂献忠（2009）认为旅游本身的区域性决定了区域旅游合作的必然性，区域旅游合作是指区域范围内，不同地区或不同地区之间的经济主体，从各自的利益出发，依据一定的协议章程或合同，自愿进行的协作性和互利性的旅游经济活动，是一种自利性和互利性相统一的协作关系。

1)空间合作理论

地理学中很多理论是解释空间合作的。

核心-边缘理论:该理论由美国石油经济学家弗里德曼于 1996 年在《区域发展政策》一书中提到,一个国家或地区可被分为核心区和边缘区,核心区集聚着资本及各种资源要素,工业发达,技术水平高,人口密集,创新活动活跃,是区域发展的引导和支配中心;相对的,边缘区域明显落后于核心区域,并往往服从或依附于核心区域。

梯度推移学说——梯度转移理论:该理论认为,创新活动是决定区域发展梯度层次的决定性因素,而创新活动大多发生在高梯度地区。随着时间的推移及生命周期阶段的变化,生产活动逐渐从高梯度地区向低梯度地区转移,而这种梯度转移过程主要是通过多层次的城市系统扩展开来的。

区域相互依赖理论:1968 年,美国经济学家理查德·库珀出版了《相互依赖的经济》一书,首次系统阐述了相互依赖理论。区域相互依赖理论认为,在现代市场经济条件下,各个国家、各个地区的经济发展已不能割断相互之间的依赖关系而独立存在和进行。区域内不同地区共享同一种或几种旅游资源构成了地区间空间联系和相互依存的前提,决定了区域旅游合作的必要性。

2)区域旅游合作

我国的长三角地区、珠三角地区和环渤海地区等均在探索行政区的旅游产业合作。长三角地区在推进区域旅游合作中最为成功。1997 年的第一次经济协调会为长三角旅游一体化拉开了序幕。2003 年 7 月,首届长三角旅游城市 15+1 高峰论坛在杭州举行,发表了《长三角旅游城市合作(杭州)宣言》,提出了构建交通无障碍、服务无障碍、投诉无障碍及资源共享、市场共享、基础设施共享、品牌共享和信息共享的"长三角无障碍旅游区"。2004 年 10 月,在黄山举行了第二届长三角旅游城市 15+1 高峰论坛黄山共识,达成了"加快区域旅游一体化进程"的合作共识。2005 年 10 月,长三角地区有关方面共同制定完成了《长三角洲地区主要旅游景点道路交通指引标志设置技术细则(试行)》,朝着"长三角无障碍旅游区"的目标迈进。2006 年,《长三角区域规划》出台。2007 年 5 月,长三角两省一市签署了《关于进一步加强长三角地区旅游合作的若干意见》,提出了三地在进行对接的基础上,联手打造包括区域产业政策、产业标准、规划编制、资源整合、旅游交通、公共服务、市场拓展、诚信建设、人才培训在内的一体化工程,构筑了旅游市场的共享平台。2008 年 1 月 1 日起,由长三角城市经济协调会和沪苏浙三地旅游、交通、技监等部门联合制定的长三角首个区域性标准——《旅游景区(点)道路交通指引标志设置规范》开始实施,统一了各城市主要景区路标。2008 年 3 月,苏通大桥开通的开通仪式上,长三角 16 个城市的旅游主管部门签订了《苏浙沪旅游互动联盟合作协议》。2009 年 10 月,泛长三角区域旅游发展论坛在芜湖市举办,提出苏浙沪皖四省区区域旅游合作的策略。2009 年,为了迎接上海世博会的召开,长三角地区的旅游部门和旅游企业共同推出 55 条长三角世博主题体验之旅线路和近百个世博主题体验示范点。这是"长三角旅游"首次以一个整体面世。2011 年 5 月,长三角地区旅游合作联席会议成立,四地旅游部门还共同发布实施了《苏浙皖沪一体化合作框架协议》《苏州共识》《杭州方案》《推进长三角区域旅游一体化发展行动计划》等区域旅游合作文件。《长三角旅游发展报告(2018)》显示,2017年长三角地区旅游总收入占全球的8.77%,长三角地区已经成为了名副其实的国内旅游大市场。2019年5月,长三角三省一市文旅部门签署了《长三角文化和旅游高质量发展战略合作框架协议》,四地联合打造世界级高品质旅游目的地地标。

不同级别的旅游目的地存在着互相包含的关系,在一个宏观尺度比较大的旅游目的地,例如中国的一个省内,存在着以自然环境为主的旅游目的地,同时也存在着以城市为主的旅游目的地,而省会城市往往构成了游客的中转城市,旅游目的地的不同功能互相促进、互补,共同带动了省内旅游业的发展。

链接材料:

中国旅游报记者日前从文化和旅游部财务司获悉,根据国内旅游抽样调查结果,受新冠肺炎疫情影响,2020年度国内旅游人数28.79亿人次,比上年同期减少30.22亿人次,下降52.1%。其中,城镇居民出游20.65亿人次,下降53.8%;农村居民出游8.14亿人次,下降47.0%。分季度看,呈现降幅收窄趋势,其中一季度国内旅游人数2.95亿人次,同比下降83.4%;二季度国内旅游人数6.37亿人次,同比下降51.0%;三季度国内旅游人数10.01亿人次,同比下降34.3%;四季度国内旅游人数9.46亿人次,同比下降32.9%。

2020年度国内旅游收入2.23万亿元,比上年同期减少3.50万亿元,下降61.1%。其中,城镇居民出游花费1.80万亿元,下降62.2%;农村居民出游花费0.43万亿元,下降55.7%。

2020年,人均每次出游花费774.14元,比上年同期下降18.8%。其中,城镇居民人均每次出游花费870.25元,下降18.1%;农村居民人均每次出游花费530.47元,下降16.4%。

(资料来源:沈啸.新冠肺炎疫情对我国旅游业影响到什么程度?数据出来了.中国旅游报,2021-02-18)

根据材料分析,如何应对突发事件来促进旅游业的可持续发展?

思考题

(1)旅游目的地的概念和特征是什么?
(2)简述不同层次的旅游目的地。
(3)旅游目的地的主要功能和空间构成是什么?
(4)旅游目的地的时间演化规律是什么?
(5)不同旅游目的地之间的关系如何?
(6)分析当前旅游目的地的规律性特点。

第七章　旅游流及旅游交通

学习目的:通过学习了解并掌握旅游流的定义和特征,掌握分析旅游流的主要方法;学会分析旅游流的时空分布规律,深刻理解旅游交通对旅游的作用,学会设计和规划旅游线路。

第一节　旅游流

一、旅游流的定义及特征

1. 旅游流的定义

旅游流(tourist flows)包含广义的旅游流和狭义的旅游流。狭义的旅游流是旅游客流的简称,当旅游者从自己的常住地出发到不同的旅游目的地区观光旅游、娱乐消遣,便构成了具有一定流向、流量特征的游客群体。这种定义确定了旅游流具有两个性质:第一,旅游流是旅游客流;第二,旅游流是有方向性的。国内外有关旅游流的具体研究都是针对旅游客流进行的,该方法统计方便,容易分析。但是这种概念的主要缺陷是没有考虑旅游活动的全过程,用旅游客流代替旅游流,不利于充分发挥旅游对地方经济发展的全面带动作用;第三,传统的旅游流概念不利于旅游经营思想观念的转变。

莱泊(Leiper)构建的旅游系统模型可以简练而完整地解释旅游流的运动过程,它将旅游作为人类活动的一种空间表现形式,认为旅游有3个主要组成部分,即旅游客源地、旅游目的地和联系旅游客源地与旅游目的地之间的旅游通道。保继刚(1993)提出了旅游流概念,认为旅游流是旅游客源地与目的地相互作用的一种形式,旅游目的地和客源地由旅游流相互联系。

唐顺铁和郭来喜(1998)对旅游流体系进行了研究,认为旅游流是以旅游客流为主体,涵盖旅游信息流、旅游物流和旅游能流的一个复杂的巨系统;旅游信息流是指与旅游活动有关的并伴随旅游活动而产生的信息传递及交流;旅游客流是指游客从旅游客源地到目的地及返回旅游客源地的人流;旅游物质流是指由于旅游活动的开展而在旅游客源地和目的地之间产生的物质流动;旅游能流是指伴随着旅游活动产生的能量流动。

马耀峰(2001)在对我国入境旅游做了较为系统的研究之后,对唐顺铁和郭来喜提出的旅游流概念做了补充,认为旅游流是指客源地与目的地之间或目的地与目的地之间的单向、双向旅游客流、信息流、资金流、物质流、能量流和文化流的集合,旅游流具有方向性。他认为,旅游者为旅游流的主要研究对象,旅游客流为旅游流研究的主体,资金流、信息流、物质流、能量流和文化流为研究的辅助体。这里,旅游客流是旅游流的主体,旅游信息流和文化流发生在旅游客流之中和之前,旅游物质流、能量流和资金流发生在旅游过程中。本章讨论的旅游流主要为旅游客流。

2. 旅游流的属性

(1)流量:旅游流在单位时间内和一定空间上所形成的规模;有时可用单位时间内的航班数或列车班次等指标表示旅游流的流量。对于旅游目的地、旅游企业而言,持续、均衡、较大规模的旅游流是其存在和发展的前提。马耀峰等根据旅游流单位时间的流量划分,将其分为超级旅游流(>150万游客)、特大型旅游流(100万~150万游客)、大型旅游流(50万~100万游客)、中型旅游流(20万~50万游客)、小型旅游流(10万~20万游客)、较小型旅游流(5万~10万游客)、微小型旅游流(1万~5万游客)、特小型旅游流(<1万游客)。流量的大小受到季节性、假期、客源地的经济、人口、目的地的旅游资源、交通等方面的影响。

(2)流向:旅游流在持续运动过程中所经过的旅游通道的指向;它一般是从客源地指向旅游目的地,再从旅游目的地返回客源地,是一个闭合的不规则的环路。如果一个地区流入量大于流出量,则一般会带来地区经济的增长。对于城市而言,一般则是流出量和流入量都大。

(3)时间:包含旅游流发生的时间;旅游流的流速,即旅游流在旅游目的地持续时间的长短或单位时间内旅游目的地的游客流量。首先,旅游流会有时间上的变化,目前我国大规模的旅游流主要集中在国庆、春节的长假,端午、清明、中秋、元旦等的小长假和周末双休日。其次,对于旅游目的地而言,游客停留的具体时间和停留天数会对旅游目的地有很大的影响。如果游客过于集中,则会带来接待设施的过度压力,另外,如果游客只是参观而不在当地过夜,则不需要住宿设施。

(4)长度:旅游流在持续运动过程中所经过的旅游通道的长短;长度也就是距离,距离越远,所花费的时间成本和经济成本都越大,为了减少距离成本所占的比例,一般会延长目的地停留时间,以便增加旅游收益。

(5)饱和度:旅游通道的负荷状态,也可指旅游节点的游客密度;密度大小不同,游客感受不同,如果过大,则会产生拥挤、延误等情况。

(6)对称性:对于两个旅游节点,要看正、反方向旅游流是否存在,如存在,称为对称旅游流,如仅有单向的,称为不对称旅游流;一般对于大城市而言,它既是客源地又是目的地,容易形成对称旅游流,但是对于较为偏远的旅游目的地,则一般是单向的。

3. 旅游流的分类

根据不同的分类标准,可将旅游流分成不同类别。

(1)根据旅游流来源地可分为三类,即国内旅游流、入境旅游流、出境旅游流。国内旅游流来源于国内,在国内集聚和扩散;入境旅游流来源于境外,流向国内后,在各目的地间集聚和扩散,随后流出境外;出境旅游流来源于国内,在国际集聚和扩散。

根据旅游流与被研究目的地的空间关系可分为两类,即集聚旅游流和扩散旅游流。研究区内观察到的旅游流集聚现象叫集聚旅游流;研究区内观察到的旅游流向其他目的地的扩散现象称为扩散旅游流。

(2)根据旅游流产生或流动的空间尺度可分为三类,即国家旅游流、区域旅游流、地方旅游流。国家旅游流是指全国范围内的旅游流,也被称为大尺度旅游流;区域旅游流是指省级行政区或者城市之间等较大地理单元的旅游流,也被称为中尺度旅游流;地方旅游流是指省域范围内一个城市、一个社区等较小地区的旅游流,也被称为小尺度旅游流。

(3)根据旅游目的地划分。国家旅游局国内旅游抽样调查问卷中的旅游目的地可分为十类,分别是休闲(度假)旅游流、观光(游览)旅游流、探亲访友旅游流、商务旅游流、会议旅游流、健康(疗养)旅游流、宗教(朝拜)旅游流、文化(体育、科技交流)旅游流、公务旅游流和购物旅游流。

二、旅游流的时空特性

在发生时间上,旅游流呈现明显的节律性,即旅游流在流量、流速、流向等方面呈现出在季节上或者某个时间段内的集中性,主要是因为季节的变化使景观呈现出不同的特点,或者是因为集中的假期导致游客在节假日统一出行,还有就是因为一些不确定因素导致景区关闭和重新开放等。

旅游流如果在时间上过于集中,就会给交通运输和景区带来巨大的压力,给管理部门带来很大的挑战。

1. 旅游流的空间特性

(1)旅游流在空间上的闭合性。旅游者从客源地出发,途径不同的旅游目的地,最终还是会回到客源地,形成了一个闭合路线。

(2)旅游流空间分布的不均衡性。旅游者的集中分布及其旅游目的地空间分布的不均衡性导致了旅游流在空间分布上的不均衡性。

(3)旅游流流向的双向性。它是指旅游流既有从客源地到目的地的流向,也有从目的地到客源地返回的流向。旅游流双向流量的不对称性是指从客源地到目的地的旅游流数量和从目的地到客源地的旅游流数量可能不对称。

(4)旅游流的网络结构。旅游流网络结构的内涵:旅游者在不同旅游地之间从事旅游活动的过程中发生联结而建立的各种旅游流关系的总和,反映了旅游者活动的空间状态,体现了旅游活动的空间属性和相互关系。旅游流网络结构的建构要素:节点和边。旅游流网络结构的节点即为旅游流网络中旅游流的出发点和到达点,是旅游流网络构建的基础。在旅游流网络中,旅游节点的位置、数量及其与其他旅游节点和旅游线路的关系都具有重要的意义。通常,网络结构主要通过网络规模、网络密度、网络直径、网络中心势、核心-边缘度等进行评价。

2. 旅游空间行为模式

旅游者在旅游活动过程中最明显的变化要数空间行为,旅游空间行为以决策行为为基础,空间行为中的许多特征是由决策行为的原则所决定的。

保继刚(1999)根据涉及的空间大小可把旅游空间行为划分为大、中、小3个尺度。

(1)大尺度空间的旅游行为：一般为省际、全国、国际范围的旅游行为。受到最小时间比和最大信息收集量原则的影响,旅游者的大尺度空间行为表现出以下特征:倾向于选择旅游目的地级别比较高或知名度较高的旅游景点;尽可能游玩更多的高级别旅游景点;尽量采用环形路线,避免走回头路。

大尺度空间旅游一般涉及的距离很远,因而交通费用比较高、时间比较长。对旅游者来说,希望降低成本,尽量出去多呆几天,但时间仍然比较紧张,所以他们一般会选取级别高的景点出游。

(2)中尺度空间的旅游行为:包括省内、地区(市)内的旅游行为,兼有大尺度和小尺度空间的旅游行为特征,但是表现比较模糊。

(3)小尺度空间的旅游行为:一般为在县(市)内、风景区内的旅游行为。除了具有部分大尺度空间的旅游行为特征,它还有自身的特点:采用节点状路线旅游;旅游效果受旅游路线影响比较大。

Campbell(1967)按照目的地类型的差异,描绘了游憩与度假旅行模型,该模型将目的地类型分为大城市周边地区的放射状扩散游憩设施、区域性非线性度假群组,以及沿公路分布的零星度假服务基地3种,提出了出游旅行的空间模式(图7-1)。对于游憩者而言,旅游过程中的游览是主要因素,其选择的旅行路线可能随机散布在城市周围,构成了城市周边出游频率较高的游憩带;对于度假者而言,在目的地的停留则是其旅行的主要活动,其旅游线路多为线型(沿通往独家目的地的高等级公路);游憩度假者的行为则介于两者之间。

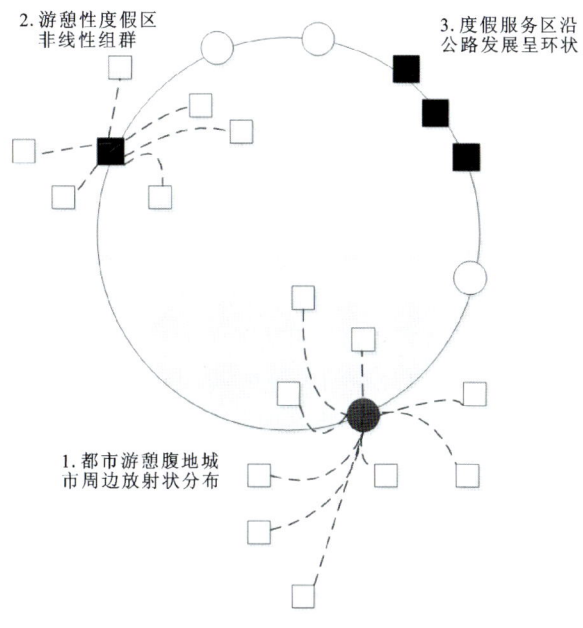

图7-1 游憩与度假旅行模型图

Steward 和 Vogt(1997)的多目的旅行模型：Steward 和 Vogt 在多目的地旅行模式的概念模型基础上，以到访美国密苏里州 Branson 旅游区游客的问卷式日记数据为基础，构造了 5 种类型的旅游线路模式，即区域游模式、旅行链条模式、单目的地模式、中途模式和营区基地模式(图 7-2)。

Lue(1996)提出了多目的地旅行模式。

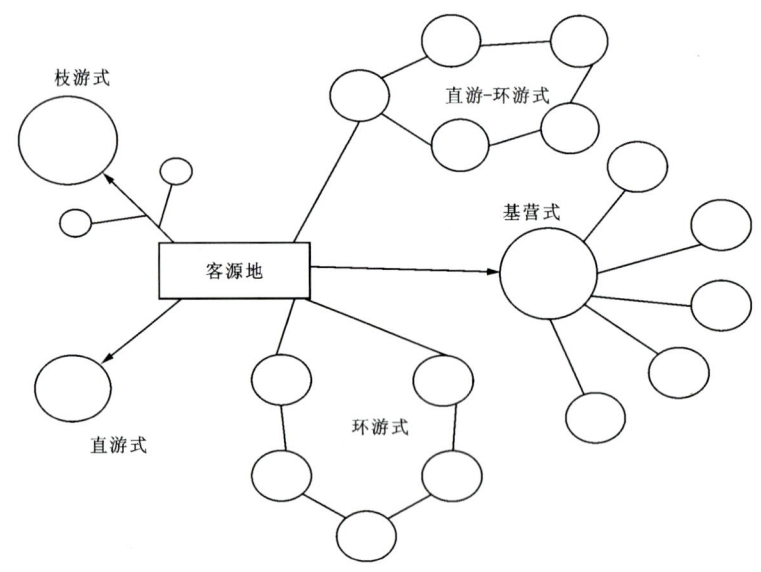

图 7-2 多目的地旅游模式图

(1) 直游式。旅游者从客源地出发前往一个目的地，然后原路返回，而不前往其他任何旅游地，即为直游式旅游空间行为。该模式是城郊旅游中最常出现的一种模式。

(2) 枝游式。旅游者在选择某一路径方向上的旅游目的地时，存在主次之分，虽然主要选择的目的地只有一个，但在达到主要目的地的过程中沿途会游览其他次要旅游地。

(3) 环游式。旅游者在一次旅行中，从客源地出发沿环状路线游览多个旅游地，游览路径完全不重复，并从另一方向返回客源地，即为环游式旅游空间行为。该模式一般出现在大尺度范围内，受最大效益原则影响，入境旅游者在我国境内主要采取环游式路线。

(4) 直游-环游式。旅游者从客源地出发抵达某一旅游目的地之后，以该目的地为中心，在其附近进行环式游览，最终按原路径返回客源地，即为直游-环游式旅游空间行为。该模式中部分为直游式，部分为环游式，主要表现在国内省际尺度旅游空间行为上。旅游者在进行省际旅游时，往往会选择该省知名度最大、区位条件最好的旅游城市作为首选目的地，再以此为中心进行环式游览。

(5) 基营式。旅游者在到达某一旅游目的地后，会选择周边一日游范围内的多个旅游点进行多次游览，即为基营式旅游空间行为。

Lundgren(1972)认为，随着旅游业规模扩大和交通设备及技术的进步，客源地与目的地之间的交通线路，以及旅行模式不断演进，据此，他将演进过程中的旅行模式分为普通列车旅行模式、特快列车旅行模式、早期汽车旅行模式、现代汽车旅行模式和航空旅行模式5种类型。

第二节 旅游交通

旅游交通是旅游流的实现途径,是旅游流的载体,是沟通旅游者和旅游资源的桥梁,旅游者需要通过旅游交通才能到达旅游目的地,实现旅游的目的。

一、旅游交通的定义及作用

旅游交通是指旅游者为实现旅游活动,从出发地到目的地,以及在目的地内部进行游览,整个过程所涉及的交通方式的总和。旅游交通从硬件来说主要包括旅游交通线路和中转站、旅游交通工具,从软件来说包含旅游交通实现过程中的服务等。

现代旅游业的产生发展与现代交通业的发展是紧密相连的,旅游交通便利程度不仅是开发旅游资源和建设旅游地的必要条件,还是衡量旅游业发达程度的重要标志。交通的跨越式发展为旅游业的发展提供了重要支撑。近年来我国高铁的快速发展,大大推动了旅游业的发展。交通运输品质的不断提升,进一步推动了自驾游、自助游的发展,加速了人们旅游方式的深度变革,带来旅行观念的变化。

二、旅游交通的特征

1. 游览性

旅游交通除了运输游客的功能外,还需要具有游览性特征。在旅游体验过程中,旅游运输是很重要的一部分。无论对于长途旅游者还是对于短途旅游者,交通运输过程中的游览性将对游客的整个旅途的评价产生重要影响。

旅游交通的游览性主要体现在以下几个方面:通过旅游交通工具可观赏沿途风光。旅游交通线路连接若干景点,沿途风景优美,游客可以欣赏到美和体会愉悦。部分旅游交通工具本身具有较强的游览性,如索道、游船、热气球等。这些交通工具本身对旅游者具有较强的吸引力,能够满足旅游者的好奇心,增强其旅游体验。旅游交通可通过合适的组合增强游览性。

2. 层次性

旅游交通具有较强的层次性。旅游交通的层次性取决于旅游市场与目的地之间的距离。国际尺度的旅游交通主要通过飞机和大型轮船实现,中转站一般是有国际机场的城市;国内尺度的旅游交通除了依靠飞机之外,还有火车、汽车等作为补充,中转站一般是交通便利的城市(地区)的机场和火车站等。除了宏观尺度的旅游交通外,微观尺度的旅游交通一般通过景区的步游道和电瓶车等实现。

3. 旅游交通服务的不可存储性

旅游交通服务由旅游交通相关部门提供，由游客消费，这一过程同时完成。旅游交通部门既不生产具体产品，也不出售具体商品，只转移了旅游者及其物品的位置。旅游交通供给开始，旅游者的交通消费也就开始；旅游交通供给结束，旅游者的交通消费也随之结束。

旅游交通商品出售的是使用价值和服务，具有不可存储性。某一条旅游线路在某一时刻提供的交通服务过剩，那么所提供服务的使用价值就消失了。正因为这个原因，预期的游客流量对于旅游交通服务提供者而言就显得格外重要。

三、旅游交通方式

旅游交通方式多种多样，游客可以选择一种或者几种不同种类的旅游交通方式出行，沟通旅游者与目的地的主要旅游交通方式有公路旅游交通、铁路旅游交通、水路旅游交通、航空旅游交通，另外景区也有一些特种旅游交通方式。

1. 公路旅游交通

公路旅游交通是最普遍、最重要的短途运输方式之一。

公路旅游交通的优点如下。

(1)出行便利。公路旅游交通汽车种类繁多、规格全、营运灵活，公路网里程长、密度大、四通八达，汽车站数量多、分布广、遍及城乡各地。因此，与其他交通方式相比，公路旅游交通更加灵活方便，可以把旅游者直接送到目的地，实行"门对门"的服务。而且，乘坐私人汽车旅游不受旅游时间和线路的局限，可以随时安排和调整旅游行程和目的地。

使用公路交通方式，旅游者不仅可以观赏沿途自然风光和城乡风貌，还可以直接抵达旅游景点，便于观光游览和参加动态旅游活动。乘坐汽车的旅游者，包括部分有组织的旅游团，都可以临时增减所要游览的旅游景点和参加的活动项目，延长和缩短旅游时间，从而游得尽兴，玩得开心。

(2)节省时间。公路交通可以免去提前预订座位、购买车票、托运行李和办理登机等一系列手续，而且可以在居住地与旅游目的地之间、目的地内各旅游活动场所之间进行直达旅行，不必考虑往返于居住地和机场（火车站、港口、码头）之间的换乘问题，因此在200km左右的近距离旅行中比其他方式更为省时。

公路旅游交通的缺点如下。

(1)舒适度偏低。汽车的速度为70～80km/h，高速公路最高车速也不超过120km/h，与火车和飞机的速度相比，较慢。虽然公路旅游交通不断改进，不断提高服务质量，甚至增加了卧车，但由于公路覆盖范围广，有些公路穿越不太平坦的山路，舒适度仍然偏低，不适合长途旅行。

(2)交通堵塞。随着家庭汽车保有量的不断增加，以及自驾游的兴起，在一些重大的节庆日，高速公路等都会出现一定程度的堵塞，而一些大型城市的市内交通也会因为外来车辆的增加而变得更加拥挤。在著名的旅游景点处，停车难已经成为景区治理的大难题。

(3)受气候变化影响较大。公路交通极易受到天气变化的影响。天气的变化会对路况,以及视线产生影响,从而影响到公路旅游交通。雨天公路路面变得湿滑,汽车制动能力减弱,在高速行驶时易发生交通意外;雾天汽车驾驶员的视线受到影响,汽车必须以较低的速度行驶才能够保证行驶的安全;其他天气也会对汽车的行驶产生不同的影响,因而公路旅游交通受气候影响较大。

(4)容易造成环境污染。小汽车在旅游地的大量聚集必然会对空气造成污染,汽车噪声的存在还会影响到当地居民的正常生活,同时也会加速当地道路的损耗,尾气的排放也会带来一些气体污染物。

近年来,国家大力倡导电动汽车,家庭购买电动汽车的比例也在增加,电动汽车具有无污染的特点,但缺点是需要提供大量的充电桩,目前还需要增加相应的配置。

2. 铁路旅游交通

铁路旅游交通是以铁道为交通线、旅客列车为交通工具、机车为动力的现代化交通运输方式。铁路长期以来在运输业中占据重要地位,特别是在中长途旅行客运中所占比例很大。

铁路旅游交通的优点如下。

(1)价格和费用较低。铁路旅客列车编组一般为15节车厢,多者可达20节车厢,平均每节车厢可乘坐近百名旅客,即一列客车可运载上千名甚至更多旅客,超过了飞机、汽车和近海、内河船舶的载客能力。由于客运量大,单位运输成本相应降低,旅游者支付的铁路交通费也较少。

(2)安全、正点。铁路旅游交通使用专用轨道,多采用电子计算机调度和控制技术,加之受气候因素影响小,所以不易发生交通事故,而且能够保证列车正点发车和运行,便于旅游者安排行程。此外,电气化和内燃化机车具有噪声小、污染少的特点。尤其是电气化铁路,直接利用电能,基本上无空气污染,已成为世界各国重点发展的交通方式。

(3)速度快。世界铁路交通正在向高速化发展,我国目前很多城市间有高铁开通,时速可以达到350km。目前在上海运营的磁悬浮列车,运行时速可达500km,是高速铁路的两倍多。

铁路旅游交通的缺点如下。

(1)成本高、灵活性差。铁路运输建设投资较大、占用土地较多、工程浩大、年限长,而且一旦投资,需要很长时间才能收回成本。铁路旅游交通需要购买机车和车辆、改进路基和轨道,需要花费巨额资金。另外,由于铁轨铺设的限制,铁路网络很难直接到达旅游者的目的地,灵活性较差。

(2)修建工期长。铁路修建是一个系统工程,涉及铁路轨道的修建、机车的购买、火车站的修建等,由于涉及社会经济的方方面面又会对地区社会经济产生重要影响,因而铁路修建从立项、论证、修建完工、试运营、最终运营会是一个漫长而又复杂的过程,铁路修建工期长是铁路交通运输的短板之一。

(3)受地形影响大。尽管技术的进步使得地形对铁路修建的影响越来越小,但是在地势陡峭的地区修建铁路必然带来成本的增加、施工难度的增加和修建工期的延长,对机车的性能也提出了更高的要求。

3. 水路旅游交通

水路旅游交通是利用自然和人工水域作为航线，以船舶作为主要交通工具载客的一种运输方式。根据航线的不同，水路旅游交通分为远洋航运、沿海航运和内河航运。用于旅游交通的船舶，按航行目的可分为游船、客船和客货船。游船就是专门运送旅游者、供旅游者欣赏沿途风光的船舶。水路旅游交通具有运载量大、票价低、耗能少、舒适等优点。从旅游角度看，水运是融旅与游于一体的运输方式。旅游者可在航行途中欣赏沿途风光，悠然自得，舒适安逸，回味无穷，这是其他交通方式无法比拟的。

水路旅游交通的优点如下。

(1)豪华舒适。现代远洋游船和内河豪华游船在很大程度上已超越了传统意义上的单一客运功能，成为集运输、食宿、游览、娱乐、购物等多种功能于一体的水上豪华旅游交通工具。7万吨级的巨型远洋游船，在波涛汹涌的大海中仍然可以平稳行驶，为旅游者提供迥异于陆地的浪漫环境，适于度假、游览和娱乐旅游。巨型游船庞大的运载能力和硕大的船体，为配备完善而豪华的旅游设施提供了可能，这是其他交通方式无法比拟的。例如，美国荷美航运公司的6艘豪华游船，载客量一般为1200人，平均每2人配备1名服务员，服务十分周到。船上有甲板观景台、夜总会、健身房、温泉浴室、游泳池、音乐酒吧间、赌场、图书馆、电脑工作间和免税商店等，设施齐备，极为奢华。

(2)价格低廉。水运交通由于多利用天然水道，而且载客量较大，降低了单位运输成本，价格低廉。水路运输的单位成本约为铁路运输的 $\frac{1}{4}$ 至 $\frac{1}{8}$。

(3)运力大、载客量多。水路运输的运力很大。欧洲莱茵河德国段的航运能力相当于19条铁路的运输能力，北美洲密西西比河的航运能力相当于11条铁路的运输能力，长江干流的航运能力相当于40条铁路的运输能力。现代远洋游轮一般载客量在500～700人，有的甚至超过1000人。

(4)投资少、成本低。无论是公路交通还是铁路交通，除了需要运载工具外，还需要与之匹配的道路。而水路交通则不需要，这样极大地降低了运输成本，以相同载运量的船舶和火车相比，船舶的造价也要低于火车。

水路旅游交通的缺点如下。

(1)受自然条件影响大。水路旅游交通方式虽然豪华舒适、价格低廉，但是只能在有水道的地方才能利用，而且对水深要求高。另外，风速大、雾大、封冻都会引致停航。可见，水运交通受自然条件的限制较大。

(2)速度较慢。水运交通航速较慢，作为长距离客运费时较长，比较适合时间充裕的旅游者。

(3)灵活性差。由于水运交通对水域的依赖性，在缺乏水域的地区，水运旅游交通便无法存在。在我国西北大部分地区，水域较少，水运旅游交通无法发挥其优势。

4. 航空旅游交通

航空旅游交通,特别是大型喷气式客机的使用,为进行远距离的国际旅游和国内大尺度的旅游提供了前所未有的条件。

航空旅游交通的优点如下。

(1)快捷。快捷是航空运输最主要的特征,也是航空旅游交通最主要的优势之一。尽管高铁的出现使得铁路运输的速度上升到了一个较高的层次,但是与航空运输相比,航空运输依然是节约时间的首选。而且高铁在行驶过程中需要停靠站点,受地形影响在部分地区需要减速行驶,而航空运输受这方面的影响较少。

(2)舒适。客机造价高昂,内部客舱宽敞,影音设施齐全。飞机在高空飞行,受气流影响较小,飞行平稳。

(3)可跨越各种天然障碍。航空旅游交通能够跨越各种天然障碍。由于铁路轨道、公路都建设于地表,因而地形地势对铁路、公路运输会产生重要影响。在部分地区,由于各种天然障碍的存在(如连绵的高山、滑坡泥石流高发区),铁路、公路交通无法进行有效的运输,而航空运输对地形地势的依赖较小,能够跨越各种天然障碍。

航空旅游交通的缺点如下。

(1)票价高。虽然目前航空公司采用各种促销手段,大大降低了机票的费用,但是相比较而言,航空运输的票价仍然是最高的。

(2)无法深入旅游区内部。由于飞机场占地面积大、噪声较大,因而大多数飞机场都建设在距离市区很远的郊区。从飞机场到达旅游目的地经常是从郊区进市内,再从市内转车到景点,这样来回的奔波极大地影响了游客的旅游体验。

(3)噪声污染严重。在飞机场附近,飞机的频繁起降会造成较大的噪声污染。尽管飞机内部的游客对飞机外的噪声感受不明显,但是噪声对飞机场附近的居民会产生较为严重的影响。

(4)受气候影响较大。航空运输极易受到天气影响,与公路运输相比,雨雪天气只是会导致汽车行驶速度受到影响、安全性降低,但是雨雪天气极易使得航班停运使游客无法按时到达目的地,从而使游客的行程安排彻底被打乱。

5. 特种旅游交通

特种旅游交通是指除人们常用的4种现代旅游交通方式外,为满足旅游者娱乐、游览的需要而产生的特殊交通运输方式。特种旅游交通形式多样,可将其归纳为两类:一类是传统型的特种旅游交通;另一类是现代型的特种旅游交通。

特种旅游交通可以分为以下几类。

(1)用于景点、景区或旅游区内的专门交通工具,如观光游览车、电瓶车等。

(2)在景区或景点内的某些特殊地段,为了旅客安全或节省体力而设置的交通工具,如缆车、索道、渡船等。

(3)带有娱乐、体育或辅助老、幼、病、残旅游者游览观赏性质的旅游交通,如轿子、滑竿、

马匹、骆驼等。

(4) 带有探险性质及在特殊需要下使用的交通工具,如帆船、热气球等。

四、游客对旅游交通选择的影响因素

1. 旅行的目的

差旅型旅游者的最大特点是,他们外出的目的是办理公务,在一定程度上不大考虑旅行费用问题。因而他们乐于选择的旅行方式是航空、高铁和小汽车,一般很少乘长途汽车和轮船。

消遣性旅游者外出的目的是度假消遣。由于这类旅游者对价格比较敏感,所以他们会选择价格较为低廉的旅行方式,有时可能会不选择商业性经营的交通工具,而采取徒步、骑自行车(也有不是因为经济原因,而是旅游者选一种别样的体验,没有选择其他更为省力的方式)或自驾车,以及免费搭顺路车的方式。

个人及家庭事务型旅行者的需求难以一概而论,但在以下两点上是共同的:第一,他们的出行目的地固定;第二,他们在具体的出行时间上有一定选择的余地。他们的标准一般是既高效、安全、又廉价。

2. 运输价格

人们的收入毕竟有限,对于大多数人来说,旅游度假都有一定的预算。人们会关注在预算之内,如何使旅游活动更充分、更有效率。据调查,价格和费用出现波动时,会影响旅游者对交通方式的选择。

3. 旅行距离

旅行距离通常涉及空间距离和时间距离两个方面。空间距离越大,完成所需要的时间距离也越多,然而人们外出的时间是有限的。为了更加有效地利用时间,人们必须尽量缩短用于交通方面的时间。据调查,长途旅行,人们一般会选择航空、火车、自驾等方式。短途旅行,人们则多选择汽车。另外还有比较特殊的方式,如地铁、公交、步行、自行车等。

4. 旅行偏好和经验

一个人和与其相关的人过去的旅行经验对其旅行方式的选择有影响。若一个人有恐高症,那其选择航空方式的可能性极小。

5. 天气、伴侣、政策等

除上述 4 种因素会影响到个人的出行方式选择外,天气、伴侣,以及国家政策也会对个人出行方式造成影响。例如,我国在重大节庆日对部分道路内的部分车型免收过路费,因而会吸引游客选择自驾游的方式。

影响到游客出行方式的因素有很多,游客最终旅游交通方式的选择是多种因素综合作用的结果。

第三节　旅游线路

一、旅游线路类型

旅游线路是旅游流的通道，是指旅游经营者根据旅游流的流向和流量，为旅游者设计的能够提供各种旅游活动的旅行游览路线。它按旅游者的需求，通过一定的交通线和交通工具与方式，将若干个旅游城市、旅游点或旅游活动项目合理地贯穿和组织起来，形成一个完整的旅游运行网络和产品组合。

根据旅游线路的概念，按照各种不同的分类标准，旅游线路有不同的类型。

1. 按空间和时间跨度分类

按空间跨度对旅游线路进行分类有两种方式：一是按空间尺度的大小来划分；二是按旅游线路所跨越的范围来划分。按空间尺度的大小，可以将旅游线路分为 3 种类型：大尺度旅游线路、中尺度旅游线路、小尺度旅游线路。大尺度旅游线路和中尺度旅游线路都属于远距离旅游线路。按照旅游线路所跨越的范围，可以将旅游线路分为 4 种类型：洲际旅游线路、国际旅游线路、国内旅游线路和区内旅游线路。

一般来说，洲际与国际旅游线路都是大尺度旅游线路；国内旅游线路为中尺度旅游线路；区内旅游线路多为小尺度旅游线路。

按照旅游日程长短，可以将旅游线路分为长期旅游线路、中期旅游线路和短期旅游线路。长期旅游线路是指行程在 15 天以上的旅游线路；中期旅游线路是指行程为 4～15 天的旅游线路；短期旅游线路是指行程为 1～3 天的旅游线路（表 7-1）。

表 7-1　不同尺度旅游线路特征

旅游线路类型	时间	线路	行程	组织者
大尺度旅游线路	长期旅游线路	洲际旅游线路	武汉—巴黎—罗马—佛罗伦萨—威尼斯—因斯布鲁克—新天鹅堡—瑞士小镇—琉森—法国小镇—巴黎—布鲁塞尔—阿姆斯特丹—巴黎—武汉	中国国旅（武汉）国际旅行社
中尺度旅游线路	中期旅游线路	国内旅游线路	武汉—扎染体验—洱海美拍—南诏风情岛—大理古城—雪山大索道—丽江古城—武汉	武汉中国旅行社
小尺度旅游线路	短期旅游线路		地质大学博物馆—东湖—植物园—地质大学	

2. 按旅游者活动行为划分

(1)周游观光性旅游线路。游客的目的主要在于观赏,线路中包括多个旅游目的地,同一旅游者重复利用同一线路的可能性小,其成本相对较高,在设计周期性旅游线路时应从单纯的周游性向线性转移。

(2)度假逗留性旅游线路。此种线路主要为度假旅游者设计。度假旅游者的目的在于休息或娱乐,不是很在乎景观的多样性变化,因此,度假逗留性线路所串联的旅游目的地相对较少,有时甚至可以是一两个旅游点,同一旅游者重复利用同一线路的可能性大。

3. 按旅游线路的结构划分

(1)环状旅游线路。该线路一般适用于大、中尺度的旅游活动。例如,我国以北京(入境)为起点的东线和西线串联合并而成旅游环状线路:东线主要有北京—南京、苏州—上海、杭州—广州、香港(出境);西线主要有北京(入境)—西安—成都、昆明—桂林—广州、香港(出境)。

这类旅游线路的特点:一是跨度大,主要由航空交通连接,铁路或公路交通主要用于连接站点相对密集的区段;二是所选各点均为知名度较高的精华旅游城市或风景旅游地;三是基本不走"回头路",境外游客的出入境地点一般安排在不同口岸。

(2)节点状旅游线路。该线路是一种小尺度的旅游线路。旅游者选择一个中心城市或自己的常居地为"节点",然后以此为中心向四周旅游点进行往返性的短途旅游。这类旅游线路在国内游客出游中较为常见。

原因在于:其一,节点多为旅游地或旅游点的依托城市,游客对中心城市有归属感,食、宿、行、购等条件较好;其二,节点的交通联系更为方便;其三,游览游程短,可以在短期内往返;其四,经济适用,多种因素促使游客宁愿走"回头路",而不选择环线。

4. 按旅游活动的内容划分

(1)综合性旅游线路。综合性旅游线路所串联的各点旅游资源性质各不相同,整条线路表现为综合性特色。例如,2016年由中国旅游局主办,中青旅遨游网承办,人民网、新华网协办的"中国十大精品旅游线路"为丝绸之路精品旅游线路、京杭运河精品旅游线路、长江精品旅游线路、黄河精品旅游线路、珠江精品旅游线路、北方冰雪精品旅游线路、香格里拉精品旅游线路、南海风情精品旅游线路、海上丝路精品旅游线路、长征红色记忆精品旅游线路,涵盖的景点众多。

(2)专题性旅游线路。专题性旅游线路是一种以某一主题内容为基本思想串联各点而成的旅游线路。全线各点的旅游景物或活动有比较专一的内容和属性,因而具有较强的文化性、知识性和趣味性,受到兴趣、爱好不同的游客欢迎。

5. 按照旅游组织的形式划分

(1)传统的包价旅游。旅游线路全程所需的所有行程及所需的服务都由旅行社负责安排。

（2）灵便式包价旅游。其中灵便式旅游线路又可分为：拼合选择式旅游线路——整个进程有几种分段组合线路，游客可以自己选择拼合，并可在旅游过程中改变原有选择；跳跃式旅游线路——旅游部门只提供旅程中几小段路线或大段服务，其余皆由旅游者自己设计。

（3）自助游。家庭出游或者亲戚朋友小范围的出游往往选择自由行。它是通常由团体内成员分工合作计划线路、安排宾馆和交通的出游方式。得益于互联网技术的普及和网上旅行社和宾馆等选择的增多，目前这种方式越来越普遍。

6. 按旅游者旅游目的划分

这类旅游线路可以划分为观光旅游线路、探险考察旅游线路、文化旅游线路、宗教旅游线路、度假旅游线路、民族风情旅游线路、节庆活动旅游线路、专项旅游线路等。

（1）观光旅游线路。观光旅游线路是指利用旅游目的地的自然旅游资源和人文旅游资源，组织旅游者参观游览及考察。观光旅游线路的内容包括文化观光、自然观光、民俗观光、生态观光、艺术观光、都市观光、农业观光、工业观光、科技观光、修学观光、军事观光等。

观光旅游线路一般具有资源丰富、可进入性大、服务设施齐全、安全保障强等特点。

观光旅游线路开发难度小，操作程序简易，使旅游者能在较短的时间内领略旅游目的地的特色，缺点是旅游者参与的项目少，旅游者对旅游目的地的感受不深。

（2）度假旅游线路。度假旅游线路是指组织旅游者前往度假地区短期居住，进行包括娱乐、休闲、健身、疗养等消遣性活动。度假旅游线路内容包括海滨度假、山地度假、湖滨度假、温泉度假、滑雪度假、海岛度假、森林度假、乡村度假等。

度假旅游线路要求度假地（区）具备 4 个条件：环境质量好、区位条件优越、高标准的住宿设施和健身娱乐设施、服务功能强。度假旅游线路所含的项目都是参与性很强的户外休闲、健身、娱乐运动等。度假旅游线路中的旅游者在旅游目的地的停留时间较长、消费水平较高且大多以散客的形式出行。度假旅游产品适应了散客旅游、自助旅游日益增多的潮流，是值得开发的旅游产品。

（3）专项旅游线路。专项旅游线路又称特种旅游线路，具有主题繁多、特色鲜明的特点。专项旅游线路包括探险旅游、烹饪旅游、保健旅游、考古旅游、漂流旅游、登山旅游、自驾车旅游、品茶旅游、书画旅游、朝圣与祭祀旅游等。专项旅游线路适应了旅游者个性化、多样化的需求特点，广受旅游者的青睐，是今后旅行社产品的开发趋势。专项旅游线路的缺点是开发难度大，操作程序多，需要多个政府部门、社会组织的协作，成本一般较高。

此外，按照旅游目的划分为公务旅游、休闲旅游（含观光和度假）、探亲旅游和专项旅游；按旅游活动的时间划分为一日游、多日游；按照产品的档次划分为豪华旅游、标准旅游和经济旅游；按旅游线路跨越的空间尺度划分为国际旅游线路、周边国家旅游线路、国内旅游线路、邻近省际旅游线路及区内旅游线路等。无论设计何种旅游线路，都是为了增强旅游活动组合的科学性，提高旅游组织的效能，方便游客，使其获得满意的旅游效果。

二、旅游线路设计的原则及步骤

1. 旅游线路设计的原则

（1）以需求为中心的市场原则。旅游线路设计的关键是适应市场需求。具体而言，就是它必须最大限度地满足旅游者的需求。旅游者对旅游线路选择的基本出发点是：时间最省，路径最短，价格最低，景点内容最丰富、最有价值。由于旅游者来自不同的国家和地区，具有不同的身份，以及不同的旅游目的，因而不同的游客群有不同的需求，总的来说分为观光度假型、娱乐消遣型、文化知识型、商务会议型、探亲访友型、主题旅游型、修学旅游型、医疗保健型等。旅游线路设计者应根据不同的游客需求设计出各具特色的线路，不能千篇一律。

（2）独一无二的特色性原则。特色是旅游产品的生命力所在。旅游线路的设计促使有关部门、单位，以及个人依托当地相当丰厚的旅游资源和自身条件，发挥聪明才智，精心打造与众不同、具有持久吸引力的旅游产品，从而推动旅游产品结构和旅游方式的完善。有的景区资源丰富，但缺乏特色产品，影响力小，在很大程度上是由于线路整合缺乏合理性、有效性。

在重点突出"人无我有、人有我特"主题的同时，还应围绕主题安排丰富多彩的旅游项目。世界上有些事物是独一无二的，如埃及的金字塔、中国的秦始皇兵马俑，这就是特色。由于人类求新求异的心理，单一的观光功能景区和游线难以吸引游客回头，即使是对一些著名景区和游线，游客通常的观点也是"不可不来，不可再来"。因此，在产品设计上应尽量突出特色，才能具有较大的旅游吸引力。

（3）旅游点结构合理原则。旅游景点之间的距离要适中，旅游线路中的景点数量要适宜；同一线路的旅游点的游览顺序要科学，尽量避免走重复路线，各旅游景点特色差异要突出。

一条好的旅游线路就好比一首成功的交响乐，有时是激昂跌宕的旋律，有时是平缓的过渡，都应当有序幕—发展—高潮—尾声。在旅游线路的设计中，应充分考虑旅游者的心理与精力，将游客的心理、兴致与景观特色分布结合起来，注意高潮景点在线路上的分布与布局。旅游活动不能安排得太紧凑，应该有张有弛，而非走马观花，疲于奔命。旅游线路的结构顺序与节奏不同，产生的效果也不同。

（4）旅游交通安排合理原则。交通选择以迅速、舒适、安全、方便为基本标准，要与旅程的主题结合，减少候车时间。完整的旅游活动空间移动分3个阶段：从常住地到旅游地、在旅游地各景区旅行游览、从旅游地返回常住地。这3个阶段可以概括为进得去、散得开、出得来。

没有通达的交通，就不能保证游客空间移动的顺利进行，会出现交通环节上的压客现象，徒步旅游也离不开道路。因此在设计线路时，对即便具有很大潜力，但目前不具备交通条件或交通条件不佳的景点、景区也应慎重考虑。否则，会因交通因素导致游客途中颠簸，游速缓慢，影响旅游者的兴致与心境，不能充分实现时间价值。

（5）旅游产品推陈出新原则。旅游市场在日新月异地发展，游客的需求与品位也在不断地变化与提高。为了满足游客追求新奇的心理,旅行社应及时把握旅游市场动态,注重新产品、新线路的开发与研究,并根据市场情况及时推出。推出一条好的新线路,有时能为旅行社带来惊人的收入与效益。一些原有的旅游线路,也可能因为与当前时尚结合而一炮走红。

(6)行程安排机动灵活原则。在设计旅游线路时,不宜将日程安排得过于紧张,应留有一定的回旋余地;在具体实施过程中,必须灵活掌握,以保证落实原计划旅游线路中的基本项目为原则,同时也预备局部变通和应付紧急情况。

2. 旅游线路设计的基本内容

旅游线路设计要考虑四类因子:旅游资源、与旅游可达性密切相关的基础设施、旅游专用设施和旅游成本因子。旅游线路是构成旅游产品的主体,包括景点、参观项目、饭店、交通、餐饮、购物和娱乐活动等多种要素。旅游线路设计包含以下两个方面的基本内容。

(1)确定线路名称。名称是线路性质、大致内容和设计思路等内容的高度概括,直接反映的是旅游产品的主题。线路名称应简短、突出主题和富有吸引力,如"95 中国民俗风情游"旅游活动系列就是依托风格独特的民俗节庆活动逐月展开,贯穿全年,基本涵盖了我国各个民族传统文化的特点,产品特点极为鲜明。

(2)策划线路的具体内容。从形式上看,旅游线路是以一定的交通方式将线路各节点进行合理的连接。节点是构成旅游线路的基本空间单元,一般是城市或独立的风景名胜区。策划旅游线路就是从始端到终端,以及中间途经地之间的游览顺序,在线路上合理布局节点。如"93 中国山水风光游"旅游活动推出了 14 条旅游线路,针对国际客源市场把全国的山水风光分为五大片,每大片有一个汇合点(黄山汇合点、黄果树汇合点、长白山汇合点、拉萨汇合点及桂林汇合点),其网络延伸点是张家界、天涯海角、华山、沙湖等。

3. 旅游线路设计的基本步骤

(1)确定目标市场的成本因子,它在总体上决定了旅游线路的性质和类型。这是在充分掌握市场信息的前提下作出的判断。

(2)根据游客的类型和期望确定组成线路内容的旅游资源基本空间格局,旅游资源的对应旅游价值必须用量化的指标表示出来。

(3)结合前两个步骤的背景材料对相关的旅游基础设施和专用设施(住宿等)进行分析,设计出若干可以选择的线路方案。

(4)选择最优的旅游线路方案(可以有几条)。其中,第三个步骤的工作最富经验性(技术性),设计中必须对第二个步骤给出的基本空间格局不断进行调整,以形成新的、带有综合意义的空间格局。

链接材料:

持续了两个月的 2019"畅游京郊"金秋旅游季京郊美食评选,40 款获胜美食在全聚德和平门店诞生。同时,10 条冬季京郊旅游线路也获得了隆重推荐,满足市民对温泉、滑雪、民宿和美食等方面的旅游需求。

评选与推荐活动由市文旅局、市商务局主办。其中,自 9 月启动的"游客心中最喜爱的

"京郊美食"网络评选活动历时两个月吸引了300多万市民的热情参与,共计有效投票近20万次,评选出宴席类、特色菜类、小吃类、面点类共计40种京郊美食菜品。延庆的柳沟豆腐宴、扒猪脸,密云的水库鱼、小锅饽饽,平谷的菊花宴、传统老豆腐,通州的小楼咯吱盒、酱肉等深受游客喜爱。

市文旅局还重点发布了10条温泉滑雪美食养生游主题冬季京郊游线路,10条线路涉及7个区的10个滑雪场,方便市民提早规划元旦出游计划。

温泉滑雪美食养生游十大线路

(1)延庆八达岭滑雪场—延庆柳沟火盆锅豆腐宴(栖柳园缸烤—世园海泉商务酒店温泉)—石光长城民宿石烹乡宴(荷府民宿/大隐于世民宿)。

(2)延庆石京龙滑雪场—延庆永宁镇上磨村"八八席"(柳沟火盆锅豆腐宴/栖柳园缸烤)—clubmedtan汤宫—延庆北京自游自在汽车文化主题民宿(左邻右舍民宿/原乡里三司民宿)。

(3)昌平静之湖滑雪泡温泉—小汤山虫乐农庄草莓采摘—百果庄园乡村酒店品农家宴。

(4)昌平军都山滑雪场—昌平印象山庄品美食—金隅凤山温泉度假村温泉+住宿。

(5)平谷北京渔阳国际滑雪场—平谷雕窝烤羊—平谷挂甲峪温泉—平谷无何有·梨花小院。

(6)密云云佛山滑雪场—密云水库鱼一条街—密云古北水镇长城下的温泉小镇—密云风林宿。

(7)密云南山滑雪场—密云乡志驿站水库胖头鱼—密云北京海湾半山温泉酒店—密云乡志·圣水鸣琴精品民宿。

(8)顺义北京莲花山滑雪场—顺义百福德秘制扒猪脸—顺义瑞麟湾温泉—顺义意大利农场。

(9)怀柔怀北滑雪场—怀柔虹鳟一条沟农家院—怀柔坚果艺术农场(岑舍,老木匠,渔塘)。

(10)房山云居滑雪场—房山云居仿生素宴—山区韩村河镇圣水莲庭(乡居庄园或周口店镇黄山店村"姥姥家"精品民宿群)。

(资料来源:李洋.北京文旅局发布10条温泉滑雪美食养生主题冬季京郊游线路.2019-12-14 旅游PLUS,北京日报)

思考题

(1)旅游流的定义和特征是什么?
(2)如何分析旅游流的时空特征?
(3)旅游交通方式主要有哪些?
(4)影响旅游交通方式选择的因素有哪些?
(5)简述旅游线路设计的原则和步骤。
(6)分析居民旅游动机及其冬季旅游路线设计需要考虑的影响因素。

第八章　城市旅游

学习目的：掌握城市旅游的主要概念、研究内容；学会分析城市旅游业发展的动力机制、旅游业对城市发展的影响；思考如何提升城市旅游的满意度。

第一节　城市旅游与发展

城市作为区域的政治中心、经济中心、交通中心、文化中心等，吸引着大量外来人口或是定居在城市，或是临时居住在城市，或是经过城市中转，因而也带来了大量的旅游客源。同时，城市又因为能够提供吃、住、行、游、购、娱等项目而成为了重要的旅游目的地。区域旅游的发展也依赖于区域内的重要城市，这些城市往往是旅游者先期到达的门户或者枢纽城市。

一、城市旅游的定义

"城市旅游"在目前国内外有限的研究中，仍没有大家公认的定义。Page(1995)指出，游客被城市所吸引，是因为城市提供的专业化功能与一系列的服务设施。宋家增(1996)以上海为例，提出"都市旅游"的概念，定义都市旅游是以都市风貌、风光、风物、风情为特色的旅游。

保继刚(1999)认为，城市旅游是以城市为目的地的旅游活动。张蕾(2005)认为，旅游城市作为城市旅游发展到一定阶段的空间产物，是指具备良好的旅游资源、旅游业比较发达、在国内或国际旅游市场中占据重要地位的城市。

二、城市旅游的发展

旅游是一种高层次的消费，是人们追求较高层次心理享受的休闲方式。在当代社会，旅游业已经发展成为对国民经济产生重要影响的产业之一，在我国许多地区，旅游业甚至已经发展成为这一地区的支柱产业。在传统旅游观念下，旅游与城市在现代工业化社会中实际上是相互背离的。

由于城市现代化速度加快使得生活和工作环境逐渐恶化，人们产生出回归自然、陶冶性情、寄情于山水的旅游动机。城市的旅游功能本来在工业、商业、交通和居住等城市基本功能之后，但随着后工业化的到来，城市综合实力增强，生存环境改善，各种配套服务设施更加完善，从而带来更多商务、会议、国内外交流的客人，使城市具有了旅游管理、接待、集散和辐射中心的功能，尤其是城市优良的人文环境，使得城市特别是大都市富有强大的吸引力，成为重要的旅游目的地。

城市旅游在我国兴起于20世纪80年代,是一种不同于传统旅游形式的新型旅游类型。城市旅游发展至今,对城市现代化建设,城市所在地经济社会发展作出了突出的贡献。城市既是当地居民的栖息地,也是外来旅游的休憩地。随着经济社会的发展和我国城镇化的向前推进,城市所能够提供的旅游资源和服务越来越丰富,城市越来越成为游客最为青睐的旅游目的地。

第二节 城市旅游研究的主要内容

一、城市旅游吸引物体系

城市旅游吸引物或称旅游资源,泛指城市中一切能引发游客的旅游兴趣并构成旅游产业的生产要素以满足游客需求的客观事物与现象(表8-1)。

表8-1 城市旅游吸引物

城市旅游主要载体	主要职能	旅游功能	使用者
博物馆、植物园	教育职能	了解当地历史文化、自然	居民与当地游客
大型商场	经济、休闲	休闲、购物	居民、游客
步行街、街道	经济、休闲	购物、休闲	居民
标志性建筑	文化、经济、形象	游览、体验	
体育馆、会展中心	体育、交流	游览、体验	
飞机场、火车站、汽车站点、地铁站、公交站点等	交通、形象	中转、体验	中转的人、游客
城市各类公园	环境、休闲、旅游	参观、休闲	本地居民、游客
大学	教育、学习、形象	参观、学习	居民、游客
宾馆、酒店、小吃店	经济、形象	住宿、饮食	本地居民、外地游客

城市是客源集中地,同时也是经济、文化、服务等中心,城市在执行这些功能的同时也集中了各种特色的旅游资源,这就为城市旅游提供了资源基础。城市旅游包含的主要内容除了城市旅游吸引物外,在城市中还集中了大量住宿、餐饮、娱乐、购物、交通等设施,都是旅游业发展的必要支撑。

城市旅游吸引要素也就是城市旅游的资源。彭华等(1999)认为,城市旅游吸引要素主要有以下几个类型。

(1)自然与文化遗产类。自然与文化遗产是传统意义上的旅游资源,是观光游览、休闲度假的基本载体和发展旅游的资源基础。例如城市中的5A和4A级景点等。

(2)公务(政务)类。一般城市都具有不同层次政治中心的功能,因而对其下属和邻区的各级政府机关、事业或企业的领导和办事人员具有必然的公务(政务)吸引力。具有较大影响的政治中心城市,在一般游客中也构成了神秘性,成为吸引物。

(3)经济类。城市是以相对发达的经济活动而得以发展起来的,因而城市大多是不同层次的区域经济中心,其良好的经济环境吸引游客前来进行商务、业务、购物等活动。经济的发达程度和经济活力对以商贸为主题的流通业及其吸引范围有着重要影响。

(4)文化类。城市文化特征与文化设施决定了城市旅游的特色,城市有别于乡村的文化形态,不同的城市也有自身不同的文化形态。文化作为旅游资源,除了蕴含于景观与活动项目之中的文化外,还包含了旅游地的服务文化、社区文化和环境文化,对游客决策起着深刻的影响。

(5)信息、科技类。在信息与科技领域中的领先地位使城市成为游客了解最新信息、领略最新科技或从事科技、信息交流的地方。

(6)环境类。建筑、装饰、园林、人文活动等市容、市貌、特色景观,是城市表现自己的一个窗口。良好的城市环境可以使游客获得一次更舒适的旅行。

(7)娱乐类。现代化游乐场、主题公园、步行街、电影院、歌剧院等都是城市的特色娱乐项目,是游客旅游决策的重要吸引要素。

(8)形象。上述各要素的有机整合,构成了城市的整体形象,即人们对城市的综合认知印象。

二、城市旅游的特征

(1)目的地和吸引物的同一性。城市既是客源地也是目的地,因此,城市中的很多设施除了为本地居民服务外,同时也为外地游客提供了便利。一般而言,在居民区附近的级别不高的小公园主要为城市居民服务,而级别和知名度高的景点则为城市居民和外来游客服务。

(2)活跃性。城市的职能很多,城市是第二产业和第三产业集中的地区,公司是产业的实体,也是经济中最有活力的经济实体,各类企业的经济活动及会议交流等使得城市充满了活力,也吸引了很多游客。同时城市也经常是交通中转站,部分旅客的目的地是该城市,另外一部分旅客则中转,大量流动的人口也带来了新的旅游者。

(3)在旅游业的六大要素中,城市旅游包含得最为齐全和多样,城市旅游中包含了吃、住、行、游、购、娱所有的旅游要素。而这些要素是伴随着城市的发展而发展起来的,所以城市发展旅游业的条件非常优越。其中吃对应的是旅游饭店、旅游酒店、旅游小吃街等;住对应的是各类酒店宾馆;行对应的是城市交通系统,包含城市火车站、汽车站、火车、公共汽车、出租车、私家车、地铁、轻轨等,还有小黄车和摩拜单车等。

(4)城市的等级决定了城市旅游人数。同时,城市的等级决定了旅游者来源。例如,国际性大都市国际旅游人口也多,国内的北京、上海外国人入境人数也多于其他级别较低的城市。

三、城市游憩商业区

城市游憩商业区(recreation business district,RBD),是城市空间形态的一种重要形式,最早由斯坦斯菲尔德(Stansfield)和里克特(Ricket)提出,为满足季节性涌入城市游客的需要,城市内集中布置饭店、娱乐业、新奇事物和礼品店的街区。

史密斯(Smith,1990)的定义为:建立在城镇或城市里,由各类纪念品商店、旅游吸引物、餐馆、小吃摊档等高度集中组成,吸引了大量旅游者的一个特定的零售商业区。

城市游憩商业区是城市旅游供给在地理空间上的反映。城市游憩商业区作为城市中一种新的功能区已逐渐成为城市新的空间要素,为游客和本地及周边地区的居民承担着提供旅游、休闲、娱乐、购物等功能,并作为城市游憩系统中的重要组成部分。

城市游憩商业区的主要类型为城市 RBD,主要包括大型的购物中心、特色购物步行街、旧城历史文化改造区。

(1)大型的购物中心。在城市的发展过程中,形成了一些大型的购物中心,不同规模的城市拥有的大型购物中心等级和数量都不一样,比较著名的有北京的西单、王府井购物中心等。这些购物中心既给本地居民提供服务,同时也吸引了大量的游客前来体验。

(2)特色购物步行街。步行街是近些年来发展起来的一种兼有购物、游憩、旅游等多功能的区域,步行街经过精心设计,它既提供给游客休闲、愉悦的游览氛围,同时也提供给游客一种远离汽车等机动车的步行体验。

(3)旧城历史文化改造区。历史街区是保存有一定数量和规模的历史遗存,具有比较典型和相对完整的历史风貌,融合了一定的城市功能和生活内容的城市地段。其主要有以下特点:有历史遗迹、历史遗存;其次,空间上具有为居民服务的特点,例如北京的南锣鼓巷(图 8-1)、新城文化旅游区等。

图 8-1 南锣鼓巷

南锣鼓巷:北起鼓楼东大街,南止地安门东大街,全长786m,宽8m。南锣鼓巷建于1267年,与元大都同期建成,在元大都"左祖右社,前朝后市"的城市格局中,南锣鼓巷就是后市的组成部分。元代,南锣鼓巷属昭回坊。明代,以南锣鼓巷为分界线,东侧地区属昭回坊,西侧地区属靖恭坊。清代,乾隆年间属镶黄旗,光绪末年至宣统年间属内左三区。民国时期属内五区。

南锣鼓巷明代称锣鼓巷,在元大都初建时,沿用了"里坊制"建筑思想,其架构以南锣鼓巷为轴线,两侧各对称分布着8条平行胡同,显"鱼骨状"。它是我国唯一完整保存着元代胡同的院落机理、规模最大、品级最高、资源最丰富的棋盘式传统民居区。

1990年北京市提出《旧城危房改造规划》,对其中属于南锣鼓巷历史街区的菊儿胡同作为第一批五片危改区中的一片进行了改造,由清华大学建筑学院规划设计,将老旧四合院改建为新式楼房四合院,并获得"联合国人居奖";2006年北京大学城市规划中心编制了《南锣鼓巷保护与发展规划》,制定了保护与发展策略,推动了南锣鼓巷历史街区的再生。规划提出"大都之心,元生胡同,民居风情,创意空间"的功能定位,对其业态进行引导,提倡在历史街区中发展文化创意产业。

经过数年的建设与发展,目前南锣鼓巷已成为北京市十大特色风情街之一,主街两侧有店铺200余家,主要以特色餐厅、酒吧、手工艺品、服饰店、小吃饮品店等为主,此外还有大量文化演出机构进驻。独具特色的景观风貌及规模化的文化创意产品吸引了国内外大量游客,南锣鼓巷已成为老北京传统文化与现代文明交融的重要城市旅游景点。

四、滨水休闲空间

自然的生态景观是人们所向往的景观形式,在城市的工业化进程中,城市中人工建筑物越来越多,而城市中最具有自然特征的区域之一就是滨水空间。在中国古代园林中,水成为了园林最生动而美丽的风景,现代生活节奏的加快使得人们越来越远离自然,因而,城市人口也越来越渴望能亲近自然,城市滨水区应运而生(图8-2)。

(1)城市滨水区。城市滨水区是城市中一个特定的地段,泛指濒临河流、湖泊、海洋等水体区域的城市空间,是陆域和水域相连的一定区域的总称。城市滨水区由水域、水迹线、陆域等组成,具有自然生态、空间开放、功能混合等特征,是自然生态系统和人工建设系统相互融合的城市公共空间。

城市滨水区的功能演化基本遵循能源供给—农业运输—工业生产—休闲旅游的演变路径。城市滨水区开发的主要目的是通过滨水环境的改善,吸引休闲、旅游、商务、办公和居住等业态集聚,以最大限度地保障大多数人可以公平、公正地享受滨水品质与公共福祉。

(2)休闲空间。休闲空间是为人们提供可供休息、观赏、娱乐、运动、游玩,以及交往等活动的公共空间,它为人们在自由时间里自发的休闲活动提供基本场所,并能使人产生愉悦感、安全感和归属感。休闲空间是一个由实体空间和社会空间耦合而成的空间体系。就实体层面而言,休闲空间是由有形的休闲设施和相关建筑设施共同组成的环境空间,是一个由各种要素相互作用、相互联系而构成的具有一定层次、结构、功能和动态的复杂空间系统。就社会层面而言,一方面,休闲空间是休闲者通过休闲活动在空间所留下的无形但客观存在

图 8-2 武汉江滩(2019 年 9 月)

的投影束;另一方面,它也是游憩资源的创生与管理、保护所要求的抽象空间,是景观功能兼容公共土地其他功能的一种综合性空间。

(3)城市滨水区带状休闲空间特征。根据距离水的远近,城市滨水区可以分为水域—步行道—绿带—主干道—建筑群。水域的主要功能是生态、航运和游船旅游,例如上海的外滩和南京的秦淮河都有游船,游客可以乘坐游船享受周边的美景。步行道的主要功能是供游人欣赏水景、休闲,其间会有一些休息地。绿带主要是生态功能和欣赏功能,其中会有一些不同颜色的花木点缀,游客可以在一些地方停留欣赏。主干道一般就是通往外部区域的道路,游客来去的通道。建筑群一般是比较有特色的一些建筑,例如巴黎的塞纳河畔有很多古建筑,包括巴黎圣母院。上海外滩也有许多民国年间留下的建筑。秦淮河畔有夫子庙、贡院等,都是当时的历史遗存。也有些建筑是现代建筑,例如外滩的东方明珠塔等。

第三节 城市旅游发展的影响因素

一、支撑环境的影响

(1)自然环境状况。自然环境是各种自然因素的总和,如大气、水、其他物种、土壤、岩石矿物、太阳辐射等,包括自然的条件、温度和湿度方面,还包括空气质量、水环境质量、土壤环境质量、植被覆盖率等方面。部分城市旅游发展状况良好是因为自然环境得天独厚,例如我国著名旅游城市广西桂林就是因其美丽如画的山水风光而受到游客的青睐。同时也有部分旅游城市由于自然状况不佳,其旅游业受到影响。例如重庆市是我国著名的火炉城市之一,夏天重庆市高温难耐,其城市旅游受到较大影响。

(2)社会经济环境。社会经济环境包括经济发展水平、交通运输情况、信息水平发展情况,以及教育科技发展水平等。城市经济越发达,同时,投资能力越强,有更多的城市公园、主题公园,以及各种休闲娱乐设施等,越能产生更多的旅游需求。交通运输状况主要包括外部运输能力和内部运输能力,多样性的运输方式,以及舒适度等。近些年来,城市中高铁和机场的修建大大提高了城市的运输能力,也使得游客或者商务旅行者能够便捷且高效地往来于城市之间。地铁和轻轨的普遍修建也大大提高了游客的便捷度。信息发展水平包括城市通信信息水平及智慧景区建设情况。目前智慧城市的建设使游客在了解信息、安排住宿、购买景区门票等方面非常便利,大大提升了旅游满意度。教育科技水平包括城市的教育及科技实力。城市中的大学及科研院所一方面成为了城市旅游的重要吸引物,另一方面,科技水平和科技实力也提升了城市的形象,更加促进智慧城市的建设,增加了城市的吸引能力,促使更多的就业人员和游客来到这个城市。

(3)旅游政策环境。旅游政策环境主要是指旅游管理部门的重视程度和制定的支持旅游业或者景区发展的政策。如果城市管理部门重视旅游业,就会出台相应的政策支持旅游业发展、加强旅游对景区的管理、打击不良的破坏旅游环境和影响城市形象的行为。

二、核心产业的影响

(1)住宿接待业的发展。住宿接待设施包括星级饭店、精品酒店、家庭旅馆、汽车营地等。住宿设施的数量决定了能够接待游客的数量,但并不是越多越好,而应该是跟当地的游客量相匹配,如果住宿设施过多,会造成浪费。

旅游饭店是指能够以夜为时间单位向旅游客人提供配有餐饮及相关服务的住宿设施,按不同习惯也被称为宾馆、酒店、旅馆、旅社、宾舍、度假村、俱乐部、大厦、中心等。我国规定用星的数量和设色表示旅游饭店的等级。星级可分为5个等级,最低一星级,最高五星级。

旅游饭店的等级也应该跟游客需求量配套,同时,在同等星级和价位的情况下,应该提高服务质量,以更好地满足游客需求。

2018年,我国各省份高星级饭店总体数量总体排名呈现了东多西少的格局。其中五星级饭店数量排名前三位的省份为广东、江苏和浙江,分别为106家、85家和78家。四星级酒店中,数量排名前三位的是浙江、江苏、山东,分别有168家、152家和139家。西藏、宁夏、青海等西部省份高星级酒店较少,其中五星级酒店数量均不超过3家,四星级酒店的数量分别为14家、33家和37家(表8-2)。

表 8 - 2 2018 年各省份五星、四星级饭店数量　　　　　　　　　　单位：家

省份	五星级	四星级	省份	五星级	四星级
北京	61	121	河南	19	86
天津	15	34	湖北	22	83
河北	18	96	湖南	19	66
山西	15	49	广东	106	133
内蒙古	9	35	广西	10	84
辽宁	23	67	海南	23	36
吉林	3	34	重庆	28	48
黑龙江	6	45	四川	28	103
上海	72	65	贵州	6	53
江苏	85	152	云南	19	74
浙江	78	168	西藏	2	14
安徽	23	107	陕西	15	45
福建	49	123	甘肃	3	70
江西	16	100	青海	1	37
山东	33	139	宁夏	0	33
新疆	12	51			

(2)旅行社的发展。对于旅行社(travel agency)，世界旅游组织给出的定义为：零售代理机构向公众提供关于可能的旅行、居住和相关服务，包括服务酬金和条件的信息。旅行组织者或制作批发商或批发商在旅游需求提出前，以组织交通运输，预订不同的住宿和提出所有其他服务为旅行和旅居做准备的行业机构。我国《旅行社管理条例》中指出：旅行社是指以营利为目的，从事旅游业务的企业。其中旅游业务是指为旅游者代办出境、入境和签证手续，招徕、接待旅游者，为旅游者安排食宿等有偿服务的经营活动。旅行社的营运项目通常包括各种交通运输票券(例如机票、巴士票与船票)、套装行程、旅行保险、旅行书籍等的销售，与国际旅行所需的证照(例如护照、签证)的咨询代办。最小的旅行社可能只有一人，最大的旅行社则在全球都有分店。从旅行社衍生的职业有领队、导游、票务员、签证专员、计调员(旅游操作)等。经营旅行社必须持有当局发出的有效牌照，并且必须是某指定旅行社商会的会员才能经营旅行团，带团旅行。

旅行社经营合法、规范、人性化、价格合理、服务优质才能吸引更多的客户参与旅游。

由表 8-3 中可以看出，2018 年区域旅行社分布不均匀，东多西少。东部旅行社数量远远大于中部地区、西部地区和东北部地区的旅行社之和。

表 8-3　2018 年各省(区、市)旅行社总数　　　　　　　　　　　　　单位:家

省份	旅行社总数	省份	旅行社总数
北京	2782	黑龙江	775
浙江	2781	四川	773
江苏	2364	江西	765
山东	2303	陕西	737
福建	2242	甘肃	618
上海	1639	吉林	615
辽宁	1489	广西	598
河北	1382	重庆	581
云南	1264	天津	465
湖北	1199	青海	464
河南	1137	贵州	392
安徽	1104	海南	389
湖南	1049	新疆	349
广东	1006	西藏	324
内蒙古	992	宁夏	127
山西	790		

三、旅游需求影响

旅游需求受到很多因素的影响,城市旅游需求通过旅游接待总人次、旅游接待总人次增长率,以及旅游总收入增长率来表现。

2016 年,全国 15 个副省级城市①旅游接待总人次的平均值为 10 268.37 万人次,比 2015 年增加 884.22 万人次,增幅为 9.43%,其中 5 个城市达到或超过平均水平,分别是武汉、成都、西安、杭州、南京,其中武汉、成都接待人次突破 2 亿。同年,入境旅游接待人次远远低于国内旅游接待人次,入境人次占比均值为 3.6%。

2016 年全国 15 个副省级城市总收入均值为 1 568.34 亿元,有 5 个城市达到或超过平均水平,其中广州旅游总收入迈入 3000 亿元,领先于其他各市,成都、武汉、杭州紧随其后,收入超过 1500 亿元。从旅游总收入构成来看,2016 年副省级城市旅游总收入的绝大多数来自国内旅游收入,入境旅游收入占比均值仅 7.22%,但比入境旅游接待人次占比要高。其中,深圳、厦门占比超过 20%,排位靠前,广州超过 10%,其余城市占比均在 10% 以下。从旅游收入占 GDP 的比例来看,2016 年副省级城市旅游总收入占 GDP 的比例平均为 17.11%,

---

① 15 个副省级城市包括沈阳、大连、长春、哈尔滨、南京、杭州、宁波、厦门、青岛、武汉、广州、深圳、成都、西安、济南。

除深圳外,其余14个城市占比均超过10%,其中厦门、长春、杭州、武汉、成都五市占比超过20%,深圳占比最低,仅为7.02%。

从旅游总接待人次增长率来看,2016年全国15个副省级城市旅游接待总人次增长率平均为9.43%,较2015年下降了3.06%;全国15个副省级城市旅游总收入增长率的平均值为14.87%,与2015年的14.84%相比变化不大,其中厦门、长春和宁波的增长率较高,均超过20%,而武汉、深圳的增长率较低,低于10%。旅游总收入平均增长率高于旅游接待人数平均增长率,表明副省级城市旅游业发展呈现内涵式增长态势。

从人均花费水平来看,2016年全国15个副省级城市入境游客人均花费的平均值为764.74美元/人,较2015年提高124.16美元/人,增幅为19.38%①。

2018年,旅游总收入排名前五的省份主要集中在东部地区,排在最后五名的省份主要集中在西部地区,接待旅游总收入排在前五名的依次是江苏、广东、山东、四川和浙江;排在后五名的依次是宁夏、青海、西藏、海南和甘肃(表8-4)。

表8-4 2018年各省旅游总收入、接待国内游客人数和国内旅游人均消费水平②

省份	旅游总收入/亿元	接待国内游客人数/亿人次	国内旅游人均消费水平/(元·人$^{-1}$)	省份	旅游总收入/亿元	接待国内游客人数/亿人次	国内旅游人均消费水平/(元·人$^{-1}$)
江苏	12 851.30	8.14	1 578.78	陕西	5 788.75	6.26	924.72
广东	12 254.99	4.53	2 705.30	北京	5 556.20	3.07	1 809.84
山东	10 461.20	8.60	1 216.42	辽宁	5 254.80	5.62	935.02
四川	10 012.70	7.00	1 430.39	上海	4 477.15	3.40	1 316.81
浙江	9834	6.80	1 446.18	吉林	4 210.87	2.22	1 896.79
贵州	9 471.03	9.69	977.40	重庆	4 199.24	5.93	708.13
云南	8 991.44	6.81	1 320.33	内蒙古	3924	1.29	3 041.86
湖南	8 255.10	7.50	1 100.68	天津	3 840.89	2.27	1 692.02
河南	8 120.21	7.86	1 033.11	新疆	2497	1.48	1 687.16
江西	8 095.80	6.86	1 180.15	黑龙江	2 207.8	1.81	1 219.78
河北	7 580.20	6.80	1 114.74	甘肃	2 058.3	3.02	681.56
广西	7 436.08	6.78	1 096.77	海南	898.14	0.62	1 448.61
安徽	7030	7.21	975.03	西藏	473.74	0.33	1 435.58
山西	6 699.50	7.00	957.07	青海	463.91	0.42	1 104.55
湖北	6 344.33	7.27	872.67	宁夏	300	0.34	882.35
福建	6 032.98	4.51	1 337.69				

---

① 数据来源于《2018中国旅游业发展报告》。
② 数据来源于《中国国内旅游发展年度报告》。

接待游客量最多的依次是贵州、山东、江苏、河南和湖南;接待游客量最少的依次是西藏、宁夏、青海、海南和内蒙古。国内旅游人均消费水平前五名依次是内蒙古、广东、吉林、北京和天津;国内旅游人均消费水平后五名依次是甘肃、重庆、湖北、宁夏和陕西。

四、城市旅游形象

(1)城市功能、城市定位和整体形象。城市在世界城市体系(国家城市体系、区域城市体系)中的功能和地位对城市旅游的影响甚大。城市在世界城市体系中具有什么功能和特色,就会吸引这类型的人前来旅游。城市定位影响着城市的功能,进而影响到城市整体形象。例如瑞士的日内瓦,它是很多国际组织的所在地,同时也以银行、钟表业和旅游业闻名,因而,吸引了很多的会议在此召开,同时也有众多旅游和购买钟表的游客前来。例如北京的定位是政治中心、文化中心、国际交往中心、科技创新中心,北京市政府部门围绕着城市定位打造城市功能和整体形象,对吸引国际旅游者和国内旅游者都具有很强的促进作用。城市旅游具有复合性、整体性,需要城市经济、社会、文化、环境的全面协作和相互配合,塑造整体形象,以整体形象构成吸引力。

(2)城市主题与特色。城市主题是突出城市个性、强化吸引力和让游客记忆深刻的基本要求,每一个城市都应具有各具特色的主题。明确城市个性,一是要突出最具地方特色的方面,从城市个性化形象、景观、气氛和生活方式体现差异性;二是要利于吸引游客,引发游客的兴趣,因此要寻求资源与目标市场的结合点。通过核心要素表现主题,同时也便于组织旅游与提高旅游效率。其主要包括以下几个方面:标志性建筑与代表性区域,如北京的天安门广场、鸟巢、水立方等;特色性项目,独特性、参与性强的项目,使游客身临其境、尽情享受并留下美好的印象;购物与餐饮等,通过特色餐饮和购物给游客留下深刻的印象。

链接材料:

2020年5月全国城市旅游人气指数TOP20发布。

6月20日,文旅产业指数实验室发布2020年5月全国城市旅游人气指数TOP20榜单。旅游人气指数是衡量城市、景区等旅游目的地影响力的重要指标,由关注度、吸引力和美誉度3个一级指标构成。关注度是指人们对旅游目的地的感兴趣程度,主要通过网络调查和网络搜索指数来计算;吸引力是指旅游目的地吸引游客前来游览和消费的能力;美誉度是指旅游目的地获得公众信任、好感、接纳和欢迎的程度。

通过对2020年5月全国各城市的旅游关注度、吸引力和美誉度的综合评价,全国城市旅游人气指数TOP20排序为广州市、深圳市、北京市、上海市、成都市、重庆市、西安市、武汉市、东莞市、杭州市、苏州市、南京市、天津市、长沙市、郑州市、合肥市、青岛市、济南市、无锡市、佛山市。本期全国城市旅游人气指数榜单共包括4项,分别为综合人气指数、关注度指数、吸引力指数和美誉度指数(表1)。

全国城市旅游人气指数研究由中国旅游报社、中国社会科学院中国舆情调查实验室和阿里巴巴集团共同组建的文旅产业指数实验室主导,联合清博大数据、抖音、问卷网等新媒体与大数据联盟成员机构共同实施。

表 1　2020 年 5 月全国城市旅游人气指数榜单一览表

排名	综合人气指数	关注度指数	吸引力指数	美誉度指数
1	广州市	深圳市	广州市	北京市
2	深圳市	广州市	东莞市	上海市
3	北京市	成都市	深圳市	广州市
4	上海市	重庆市	佛山市	深圳市
5	成都市	北京市	苏州市	武汉市
6	重庆市	上海市	北京市	成都市
7	西安市	西安市	上海市	天津市
8	武汉市	东莞市	杭州市	重庆市
9	东莞市	武汉市	西安市	杭州市
10	杭州市	杭州市	郑州市	南京市
11	苏州市	天津市	无锡市	西安市
12	南京市	南京市	成都市	长沙市
13	天津市	郑州市	南京市	济南市
14	长沙市	金华市	天津市	青岛市
15	郑州市	苏州市	惠州市	郑州市
16	合肥市	无锡市	济南市	福州市
17	青岛市	长沙市	廊坊市	厦门市
18	济南市	合肥市	武汉市	东莞市
19	无锡市	南通市	长沙市	沈阳市
20	佛山市	青岛市	中山市	合肥市

一、综合人气指数

全国城市旅游综合人气指数评价维度由关注度、吸引力和美誉度 3 个指标构成,权重分别为 30％、30％、40％。通过对 2020 年 5 月全国各城市的旅游关注度、吸引力和美誉度进行综合评价,前四名为广州市、深圳市、北京市、上海市,即中国的一线城市,接下来依次为成都市、重庆市、西安市、武汉市、东莞市、杭州市、苏州市、南京市、天津市、长沙市、郑州市、合肥市、青岛市、济南市、无锡市、佛山市,除无锡市和东莞市外,均为 2020 年度的新一线城市(图 1)。

二、关注度指数

城市旅游关注度指数的评价维度和数据来源主要分为两个方面:一是网民在互联网的搜索量,以城市为关键词,科学分析并计算出各关键词在网页和社交媒体中的搜索频次;二是针对网民对各城市的认知和感兴趣程度进行在线调查获得的数据。由搜索指数和认知度构成的关注度指数代表着网民对某一城市的关注程度。

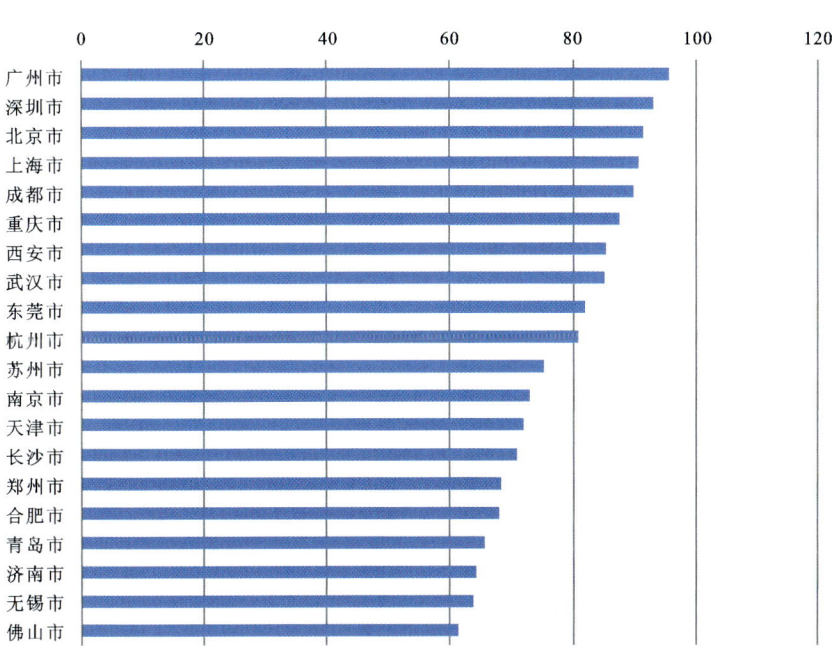

图 1　2020 年 5 月全国城市旅游综合人气指数 TOP20

综合 2020 年 5 月全国各城市的搜索与调查数据可以看出，旅游关注度指数居 TOP20 的城市可以分为 3 个阵营：第一阵营 4 个，分别为深圳市、广州市、成都市、重庆市；第二阵营 6 个，分别为北京市、上海市、西安市、东莞市、武汉市、杭州市；第三阵营 10 个，分别为天津市、南京市、郑州市、金华市、苏州市、无锡市、长沙市、合肥市、南通市、青岛市（图 2）。

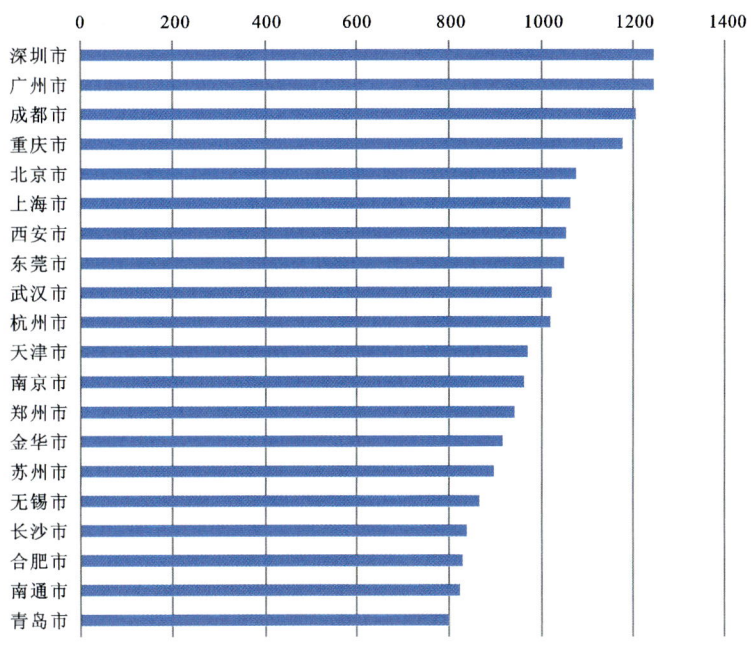

图 2　2020 年 5 月全国城市旅游关注度指数 TOP20

三、吸引力指数

城市旅游吸引力指数是衡量城市吸引外来人口游览和消费能力的重要指标,数据主要来源于各地的高德地图迁入指数,即当天到达该城市且常驻地不在此城市的人,视为迁入。高德成立于2002年,是中国领先的数字地图、导航和位置服务解决方案提供商,现月活用户超4亿,居行业第一。

从2020年5月全国城市旅游吸引力指数TOP20榜单来看,前四位均在广东省,分别是广州市、东莞市、深圳市、佛山市,加上后边的惠州市和中山市,广东省占了3成,这和广东省在疫情后复工复产水平高于其他地区密切相关。除珠三角外,长三角地区的城市占比也很高,苏州市、上海市、杭州市、无锡市、南京市纷纷上榜(图3)。

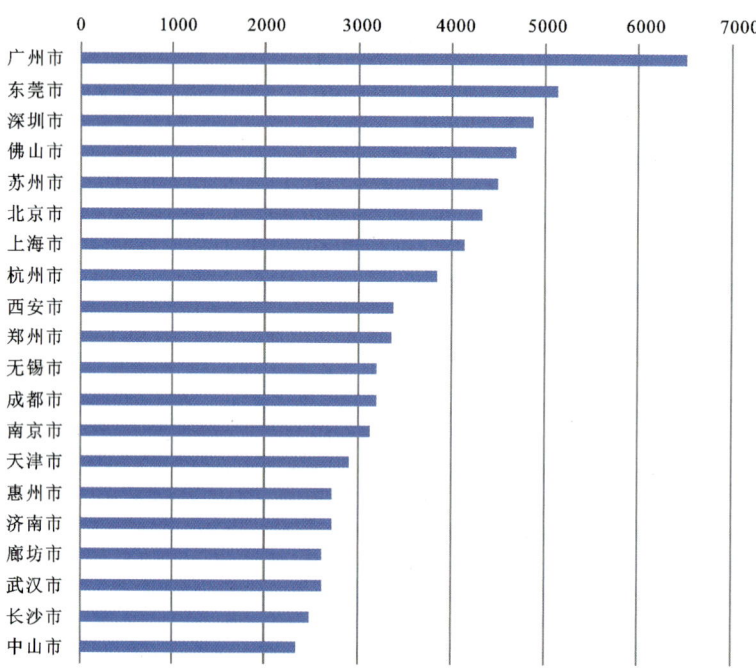

图3 2020年5月全国城市旅游吸引力指数TOP20

四、美誉度指数

城市旅游美誉度指数是指通过对问卷调查和网络舆情数据的内容分析来计算公众对该城市的信任、好感、接纳和欢迎程度。其中,网络舆情数据主要来源于微博、微信、网页、论坛、客户端、报刊等。综合对各项数据的评价分析,城市旅游美誉度指数TOP20的排序为北京市、上海市、广州市、深圳市、武汉市、成都市、天津市、重庆市、杭州市、南京市、西安市、长沙市、济南市、青岛市、郑州市、福州市、厦门市、东莞市、沈阳市、合肥市(图4)。

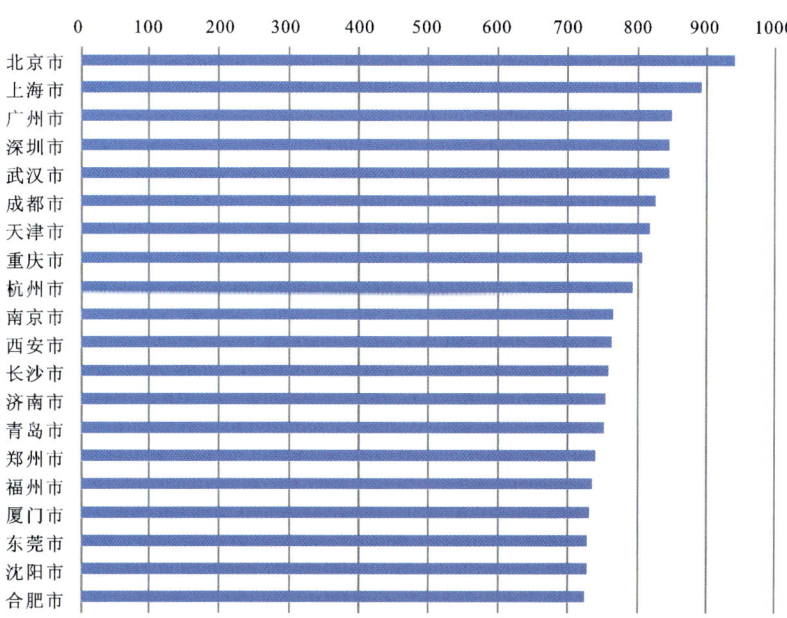

图 4　2020 年 5 月全国城市旅游美誉度指数 TOP20

思考题

(1) 城市旅游业兴起的主要推动因素是什么？

(2) 城市旅游的吸引物体系主要包含哪些？

(3) 城市游憩商业区的主要概念及其特点是什么？

(4) 根据材料分析，城市旅游该如何提升水平和质量？

第九章　乡村旅游

学习目的:掌握乡村旅游的概念、乡村旅游的类型及其开发模式;学会分析乡村旅游存在的主要问题,能够为乡村旅游可持续发展提出自己的建议。

第一节　乡村旅游发展现状

乡村旅游起源于工业革命后的欧洲,19世纪以后开始大规模发展,目前在欧美等发达国家已经进入比较规范化的规模发展阶段。中国的乡村旅游从20世纪90年代中后期开始,在生态旅游观念的推动、国际旅游的示范和脱贫致富政策的促进等多方作用下,一些都市区域的旅游市场开始导入乡村旅游模式,并快速发展,地域范围也逐渐扩散至远郊乡村地区。

一、乡村旅游定义

莱恩(1994年)指出,很难为乡村旅游提出一个适用于所有情况的综合定义,主要有如下原因:城市旅游或度假旅游不局限于城市地区,而是扩散到乡村地区;乡村地区本身很难界定,不同国家使用的标准相差很大;并非所有发生在乡村地区的旅游都是严格意义上的乡村旅游——它可能形式上是"城市旅游"而只是发生地点在乡村地区。从历史上看,旅游一直是城市概念:绝大多数旅游者生活在城市地区。旅游可能是城市化对乡村地区产生的影响,推动了文化经济发展及新的建设。

由于各个国家国情不同,学者们对乡村旅游概念的界定不完全一致,中国学者有如下观点。

(1)强调从事的旅游活动的。杜江和向萍(1999)认为,乡村旅游是以农业文化景观、农业生态环境、农业生产活动,以及传统的民族习俗为资源,融观赏、考察、学习、娱乐、购物、度假于一体的旅游活动。何景明(2006)认为,乡村旅游是指在乡村地区,以具有乡村性的自然和人文客体为旅游吸引物的旅游活动。刘德谦(2006)认为,乡村旅游的核心内容应该是乡村风情(乡村的风土人情);乡村旅游就是以乡村地域及农事相关的风土、风物、风俗、风景组合而成的乡村风情为吸引物,吸引旅游者前往休息、观光、体验及学习等的旅游活动。

(2)强调旅游主体的。唐代剑和池静(2006)认为,乡村旅游是一种凭借城市周边,以及比较偏远地带的自然资源和人文资源,面向城市居民开发的集参与性、娱乐性、享受性、科技性于一体的休闲旅游产品,它的本质特征是乡土性。

(3)综合的。郭焕成和韩非(2010)认为,乡村旅游是指以农村社区为活动场所,以乡村田园风光、森林景观、农林生产经营活动、乡村自然生态环境和社会文化习俗为吸引物,以都市居民为目标市场,以领略农村乡野风光、体验农事生产劳作、了解风土民俗和回归自然为旅游目的的一种旅游形式。

从以上定义来看,乡村旅游的内涵应该有以下几点。

(1) 从地理角度来看,乡村是一个空间概念,与城市相对,是指以从事农业生产为主的劳动人民所居住的地方。

(2) 从乡村资源来看,它不仅包括乡野风光等自然资源,还包括乡村建筑、聚落、民俗、文化、饮食、服饰、农业景观和农事活动等。

(3) 乡村旅游的特色是乡土性和地域特征,要让旅游者体验到与城市不一样的生活。

通过对乡村旅游定义的研究可以发现,乡村旅游有以下特征。

乡村性:乡村旅游的活动内容有别于城市旅游,它是以浓重的乡村性来吸引广大游客的。在现代社会,随着生活节奏的加快和工作压力的增大,人们逐渐怀念起农村的恬静与惬意。无论美丽的自然风光,还是各具特色的民俗风情,抑或味道迥然的农家菜肴、风格各异的居民建筑,以及充满情趣的传统劳作,都具有城镇所缺乏的优势和特色,为游客提供了返璞归真、重归自然的机会。

参与性:区别于城市旅游等偏向纯观光的旅游方式,乡村旅游具有很强的参与性。游客到达目的地后,除了欣赏农村优美的田园风光外,更可以参与到一系列的活动中。在农家乐中,游客可以参与茶农采茶、炒茶和泡茶的全过程,也能上山下地进行农耕、采摘蔬菜瓜果等;在渔家乐中,游客可进行垂钓、划船等活动,通过这些活动,游客能更好地融入乡村旅游的过程中,对农家的生活状态、乡土民情有更深入的了解,而不是作为旁观者纯粹欣赏风景。因此,参与性、体验性是乡村旅游的很大特点。

差异性:乡村旅游的差异性着重体现在地域和季节两个方面。在地域方面,由于气候条件、自然资源、习俗传统等的不同,不同地方乡村旅游的活动内容体现出很大的差异性。在季节方面,农业活动在很大程度上依赖于季节,因此,随着季节的转变,各乡村旅游的内容也体现出明显的季节性。

目标市场是城镇居民:乡村旅游的特点就在于其浓重的乡村气息,因此这种旅游形式对于生活在农村的人并不具有吸引力。但是,对于生活在高度商业化的大都市的居民而言,钢筋水泥的建筑、繁重的工作压力,以及浑浊的空气都让他们对乡村旅游充满了幻想和憧憬。

费用低:乡村旅游的经营主体是农民,旅游资源也大多依赖于现有的农业资源,不用进行大量的投资就可投入使用而获得经济收益,因此属于投资少又见效快的旅游方式。也正因为成本较低,游客在进行消费时所支出的费用也相对较低,无论住宿、餐饮,还是交通,都比城市旅游的开支低得多。

二、乡村旅游的类型及开发模式

1. 乡村旅游的类型

国内外学者从不同角度提出多种分类法。从吸引物角度,可把乡村旅游划分为乡村自然风光游、农庄旅游或农场旅游、乡村民俗旅游和民族风情旅游3类;从空间特征上,可划分为城郊、景郊和村寨型3种类型;从旅游项目和活动类型上,主要划分为观光型、参与型和度假型;从乡村旅游所依托的产业上,可划分为耕作农业型、林果业型、牧业型、渔业型、混合型等类型。

总体而言,按乡村旅游活动的功能分为观光型、休闲型、度假型、体验型(参与型)、求知型、购物型、综合型等。

观光型乡村旅游:通常是以良田、特色蔬菜、花卉苗木、乡村农舍、溪流河岸、园艺场地、绿化地带、产业化农业园区、特种养殖业基地等自然、人文景观为主要内容,主要满足游客回归自然、感受大自然的自然美、在山清水秀的自然风光和多彩多姿的民族风情中放松自己的需求,从而获得一种心灵上的愉悦感。它主要包括田园观光、水上观光、建筑观光、遗址观光、生产观光、农业观光、文化观光、手工观光等。

休闲型乡村旅游:以乡村风景为背景,以宁静、舒适的乡村氛围为依托,提供棋牌、歌舞、观光采风等休闲娱乐活动服务。也有人将乡村居民的生产和生活场景、器皿工具、房屋建筑、屋内陈设、饮食、服饰、礼仪、节庆活动、婚恋习俗,以及民族歌舞和语言等方面的传统特色纳入休闲型乡村旅游中。主要类型包含水上休闲、田园休闲、乡村休闲等。

度假型乡村旅游:利用乡村美丽的生态环境,让游客呼吸着清新的空气,听着泉水韵律,望着流星明月,感受"天人合一"的审美境界,吸引游客来此度假。乡间散步、爬山、滑雪、骑马、划船、漂流等乡村度假健身、娱乐活动也属于这一类型。主要类型有特色住宿、健康饮食、乡村养生、健身等。

体验型乡村旅游:主要与当地的民俗文化、农业生产和农副产品相结合,通过参与民俗活动、种花栽树、修剪花草、除草施肥、挖地种菜、采摘瓜果蔬菜、捕鱼捞虾、放养动物、水磨米面、水车灌溉、石臼舂米、学做乡村风味小吃、木机织布、手工刺绣、简单农具制作、陶制品制作等活动体验乡村生活的质朴淡雅,体验耕种收获的喜悦,是一种"房归你住,田归你种,牛归你放,鱼归你养,帮你山野安个家"的整体体验方式。它还包括花卉食品、花粉食品、野生植物食品、水果食品、特色风味小吃、珍稀禽畜水产佳肴等乡村丰富的土特产品尝。主要类型包括文化体验、农事体验、手工体验、竞技赛事、乡间文艺等。

求知型乡村旅游:这种类型一方面以长期生活在城市的人们,特别是少年儿童为对象,普及农业、农科知识,使他们了解乡村的民风与民俗,如广州市郊和番禺一带的科技农场、沈阳新市民的中小学生实践基地,它们或由企业投资建成,成为青少年科普教育基地;或由教育系统自行投资建设,作为中小学生农业和自然实习基地。另一方面,以特殊兴趣的人为对象,以考察研究先进农业、特色农业或农业文化、学习农业技艺为主,通过农村留学、参观考察、教育培训等多种形式,开展农业文化考察、特色农业考察、农业技术培训、花木栽培装饰培训、工艺品制作培训、农业知识学习等研修型乡村旅游活动,发挥乡村农业的教育功能。主要类型包括生物认知、农业科技馆、自然教室、绿色教室等。

购物型乡村旅游:是以洁净新鲜的特色蔬菜瓜果、稀有的禽畜和名贵水产、美丽的花卉、别致的盆景、风味独特的土特产、工艺精湛的手工艺品、古朴雅致的农民书画、设计独特的旅游纪念品为资源而开展的旅游活动。主要类型包括民间艺术工坊、农产品展等。

2. 乡村旅游空间模式

乡村旅游迅速发展,逐渐呈现出产业的规模化和产品的多样化。根据当地资源,以及交通区位优势的不同,乡村旅游在空间布局模式上主要分为单核组团、组团联合、轴带串联、核心放射等。

单核组团:有核心吸引物,与主城区有一定距离,环境优美,周边有高端度假需求的客群。其中以泰国清迈四季度假酒店为代表,以四季酒店为核心,周边环绕优美乡村景观,以及其他乡村原始文化娱乐设施布局。

组团联合:周边交通便利,具有农业产业化发展的基础,适宜依托现有村落或者镇区发展。例如,北海道中富良野富田农场,以花卉产业为主导的农业庄园组团联合发展,同时组团内各自独立接待、管理设施既相互区分,又相互依存。

轴带串联:以交通线路或者河流等,依托周边便捷的交通,以及优美的环境,依托近郊村镇发展。例如我国台湾的田尾乡花都,沿道路布局,形成以花卉为主题的休闲与经营相结合的主题度假园区。

核心放射:位于主城区边缘,依托主城区发展主题产业链。其中以格拉斯为代表,中心城区周边环状布局香水销售、制造、休闲娱乐设施等。

3. 乡村旅游业的发展阶段

我国的乡村旅游产品发展大致经历了以下阶段:第一代是观光型乡村旅游产品,以农家乐为载体,以欣赏乡村田园风光、人文遗迹为表现形式,如北京门头沟爨底下村、安徽西递宏村、江西婺源等;第二代是体验型乡村旅游产品,以农业生态园、果林采摘园、农业科技园为载体,以体验农事活动、参与果蔬采摘、学习农业科技等为主要内容,如成都五朵金花等;第三代是乡村旅游产品,以满足游客多元化需求为特点,如艺术写生、康体疗养、运动拓展、商务会议等。

三、发展历程

乡村旅游始于法国,其最初的发展是欧美度假旅游发展的一种空间选择。最开始,一群贵族到乡村度假,品尝野味,乘坐独木船,与当地农民同吃同住。通过这些活动,他们重识了自然,加强了城乡居民之间的交往。后来,各国相继有了乡村旅游。至20世纪80年代后,欧美乡村旅游已走上规范发展的轨道,显示出极强的生命力和越来越大的发展潜力。

20世纪70年代,在我国的许多乡村展开了一些政治性接待活动,这些政治性接待活动并不是现代意义上的乡村旅游,但那时的这些乡村接待活动是我国乡村旅游的雏形。我国真正意义上的乡村旅游开始于改革开放后,当时的改革前线深圳为招商引资在乡村地区举办了首个"荔枝节",由于此种形式的新颖性,活动取得了较好的效益,之后各地看到了这种方式的新颖性,纷纷在各自的乡村地区开展类似活动。1998年"华夏城乡游"成为当年的旅游活动主题,以此为标志,我国的乡村旅游进入发展的快车道。

进入21世纪,随着经济社会的发展,交通拥堵、噪声污染、空气污染等各种城市问题开始出现,城市的宜居性受到各类城市问题的影响。而此时的乡村由于城市化程度较低,城市问题并没有在乡村出现,乡村旅游越来越受到城市居民的欢迎,乡村旅游作为既古老又新颖的旅游活动逐渐从旅游活动的背景走向旅游活动的前台,在旅游业发展中发挥着越来越重要的作用。有旅游专家指出,近年来,我国乡村旅游发展迅速,特别是随着《国民旅游休闲纲要》的实施、旅游功能配套设施的不断完善,越来越多的游客利用闲暇时光,离开城市的喧嚣,回归自然本真,体验乡村旅游的独特魅力,乡村旅游正逐步成为我国国内旅游的主战场和居民消费的重要领域。

我国乡村旅游是在旅游需求日趋丰富的情况下,在农业发展模式急需调整的情况下应运而生的,是市场与时代结合的产物。与欧美发达国家相比,我国乡村旅游业起步虽然比较晚,但是发展非常迅速。我国乡村旅游不仅满足了城市居民多样化的旅游需求,还促进了农村农业经营模式的创新,改善了农村劳动力剩余状况,促进了农村经济的发展。

第二节 乡村旅游体验

一、乡村旅游体验化趋势

体验化是旅游业发展的一个大趋势,更是乡村旅游的发展趋势。旅游本身就是一项非常注重体验的活动,但是不同的旅游形式对体验的重视程度不同,体验经济时代更是赋予不同的旅游形式以新的体验内涵。在体验经济时代,传统的满足视觉感受的旅游产品已经无法满足旅游者的需求,旅游者追求新奇的参与性体验,渴望从旅游中获得非同一般的感受。在体验经济时代,旅游者的需求已经发生了本质的变化,这是旅游发展的必然趋势,也必将会对乡村旅游发展产生重大影响。

二、乡村旅游体验影响因素

(1)当地居民对游客欢迎的程度。乡村旅游发生在农村,游客的到来必然会使用部分农村的资源,同时也会对农村其他居民的生活产生影响,如汽车噪声与尾气对农村居民生活的影响。当地居民对外来旅客的欢迎程度将直接影响到游客在当地的旅游体验。游客在乡村旅游过程中,必然会和当地居民产生联系,比如问路等。如果游客的到来对当地居民的正常生活产生影响,居民对这群外来游客并不欢迎,在与外来游客交往过程中将会保持一种冷漠的态度,这会对游客的心理造成极大的负面影响。纵使乡村环境、乡村特色美食、乡村娱乐活动等让游客很满意,但是这种极为负面的交往活动会极大地影响外来游客的旅游感受或者体验。

(2)现有住宿设施的标准与质量。乡村旅游发生地与城市旅游发生地在住宿设施上存在明显的差异。任一城市都有着层次不一的酒店和旅馆为外来游客提供住宿,游客可以根据自己的经济情况和偏好选择最适合自己的下榻地。但是我国目前乡村旅游地住宿设施不健全,大多是当地居民在家中为游客提供住宿,由于缺乏相关的标准与管理,住宿环境没法得到有效的保证。住宿环境的优劣甚至会对游客的身体健康产生影响，许多游客一直以来对住宿环境有着自己的要求，住宿环境的优劣将会对乡村旅游体验产生重要影响。

(3)游览时的天气状况。游览时的天气状况也会对游客的旅游体验产生重要影响。首先，天气会影响人的心情，糟糕的天气会直接影响到游客的心情，尽管这与乡村旅游所能提供的服务无关，但确实会影响到游客的心情。其次，乡村旅游的娱乐活动多在户外，下雨天户外道路泥泞不堪，基本的通行都会受到影响。在城市旅游中，下雨天可以进行逛商城或者看电影等一些室内活动，但是乡村旅游活动受天气影响明显，天气状况将直接决定一些户外活动能否展开，从而影响到游客的旅游体验。

(4)乡村环境的整洁程度。城市居民参与乡村旅游的一个很重要的因素是期望感受乡村清新的空气与干净的环境。尽管我国的广大乡村地区受工业污染影响较小，但是这也并不意味着乡村地区环境就一定强于城市。由于乡村地区缺乏完善的生活垃圾处理机制，在大多数农村，生活垃圾都是由村民自己解决。不仅如此，在一些地区，动物的排泄物也没有得到及时的处理。在一些经济不发达的农村地区，卫生设施设备缺乏，卫生观念落后，一些偏僻的乡村人畜同饮、旱厕朝天、蚊蝇肆虐、垃圾遍地，使旅游者望而却步。古建筑群中，与古建筑不协调的新建筑拔地而起，强电弱电线穿街过巷，破坏了古建筑、古村落的古朴风格，形成强烈的视觉反差。有些对外开放的民居，住宅、游览、购物功能"三合一"，室内陈设杂乱无章，商品摊位占地过大，妨碍观光。尽管这些因素对环境影响较小，也不会像工业废水、废气一样对人的身体健康产生影响，但是却会直接影响到"乡容"，直接影响到游客的心理感受，从而对乡村旅游体验产生影响。

三、发展对策

随着中国城市发展过程中各类城市问题的大量出现，中国乡村旅游获得较为迅速的发展。但是这种快速发展只是规模的扩张，乡村旅游所能够提供的服务与体验并没有发生本质上的变化。在快速的扩张过程中也存在着较多的问题，比如产品单一，参与性有限，未形成品牌等。就旅游体验而言，乡村旅游活动依然没有认识到体验的重要性，旅游产品多以提供视觉与听觉享受为主，忽视了让游客真正参与到活动中的重要性。在体验经济时代，乡村旅游若不能适应这个新的旅游发展趋势，乡村旅游的市场份额将会逐渐被其他重视旅游体验或者旅游体验做得比较好的旅游形式所侵占。针对目前乡村旅游在旅游经济时代存在的问题，可以从以下几个方面进行改进。

(1)明确主题。主题不清是我国旅游业中许多特色旅游共同存在的问题，乡村旅游也不例外。主题不清就必然导致特色不鲜明，没有特色的乡村旅游就会陷入同质化竞争，同质化竞争进而会对价格异常敏感而更加忽视体验的重要性，从而陷入恶性循环。这既不利于我国乡村旅游的发展，也无法满足游客的旅游需求。由于乡村旅游缺乏明确有价值的主题，我国目前乡村旅游产品形式单一，缺乏特色与个性，旅游活动存在较强的相似性。在体验经济时代，要提供独特的旅游体验，明确而又独特的体验主题极其重要。主题的选择应该与当地的特色密切相连，这样既有助于凸显其特色，又容易形成自己独特的旅游品牌。

(2)完善乡村旅游活动。乡村旅游活动是乡村旅游的重要组成部分，对游客获得好的旅游体验具有极其重要的作用。我国目前乡村旅游活动主要包括农村风光欣赏、民族歌舞表演,以及农家饭品尝。这些活动的互动性较弱,特色也不够明显,缺乏趣味性和参与性,无法为游客提供独特的旅游体验。乡村旅游活动在设计上应该紧密结合乡村特色,使游客在旅游活动中获得难以忘怀的体验。首先,旅游活动应该充满娱乐性。参与乡村旅游的游客到乡村旅游的很大一部分动机就是为了离开城市与繁忙的工作,放下生活负担,放松是他们参与旅游活动的一个很重要的目的,因而旅游活动在设计上应该富有娱乐性。其次,活动的设计要强调体验的重要性。在旅游经济时代,活动的设计不能忽视体验,要强调互动与参与,不能只提供视觉盛宴,还要让游客主动参与到活动中去。最后,旅游活动的设计应该重视文化因素。旅游活动如果只注重娱乐放松,而忽视了文化因素,那么这种旅游活动只可能是低层次的旅游活动。只有加入适当的文化元素,才能够对旅游活动进行升华,提高旅游的档次。

(3)改善乡村卫生面貌。乡村卫生面貌对城市游客对于这一乡村的第一印象有着重要的影响,乡村卫生面貌的改善对城市居民的旅游体验有着重要意义。乡村旅游地应该重视乡容建设,完善生活垃圾处理体系,注重对动物排泄物的处理,注重乡村卫生条件的提高。改善乡村卫生面貌不仅有助于乡村旅游业的发展,同时也改善了原居民的生活环境。

(4)注重乡村旅游体验的真实性。在乡村旅游发展过程中,部分农户为了能够在同行竞争中获得优势,投入大量资金改善硬件设施,以较高的标准建设客房,再大规模地扩张住宿楼房,增添大量的高端娱乐设施,以期待能够获得较高的经济回报。这种发展模式忽视了乡村旅游的核心竞争力在于它和城市旅游环境的差异性,一旦乡村旅游环境建设彻底向城市看齐,那么游客为何不直接选择在城市旅游?乡村旅游应该注重游客的旅游需求,参与乡村旅游的游客大多是为了逃避其惯常的城市环境而选择生动有趣的乡村旅游,乡村旅游服务提供者应该注重乡村旅游的真实性,在保证安全卫生的情况下,提供最接近乡村生活的旅游体验。

链接材料:

乡村旅游转型升级的动力是什么?难点在哪里?

"国民对休闲的重视程度越来越高,休闲甚至已成为国民日常生活不可或缺的组成部分。"去年年底,在对2020年中国国民休闲状况进行调查时,几家研究机构根据1.2万份网络问卷得出了这样的结论。日前在山东东营举办的2021中国休闲度假大会上,主办方发布的《2021中国休闲度假产业发展趋势报告》(以下简称报告)也印证了这一观点。

报告称,在疫情防控常态化下,国内休闲度假产业正成为承接境外旅游消费回流的"主力军",并有望成为国内旅游业率先恢复振兴的"先行军",带动旅游业早日走出低谷。报告特别提出,在中短途旅游支撑旅游业复苏的情况下,乡村度假成为满足城乡居民基本旅游需求的一个"压舱石"。在这一过程中,中国休闲度假产业出现节点性变化和趋势性特征,值得行业关注。

一、"乡愁"推动需求"下乡"

报告显示,疫情防控常态化下,乡村度假因为活动区域相对开阔、人流密度相对较低,正在成为城市居民重要的休闲度假方式。特别是在中长距离旅游受限的情况下,乡村度假更是成为短距离休闲度假的重要选择。据全国乡村旅游监测中心测算,2021年一季度,全国乡村旅游接待总人次为9.84亿,比2019年同期增长5.2%;全国乡村旅游总收入3898亿元,比2019年同期增长2.1%。

对此,世界旅游城市联合会首席专家、中国旅游协会休闲度假分会会长魏小安在接受中国旅游报记者采访时表示,受新冠肺炎疫情冲击,传统观光旅游遇到很大阻碍,城市休闲与乡村度假随之兴起。其中,乡村旅游逐步升级。"从市场表现来说,2020年以来,高端乡村度假产品的效益比较好,这说明了一个很重要的需求转向,即海外度假需求回流,推动乡村度假需求显著提升,预计海外旅游消费需求回流可能会延续几年,几年时间足以影响人们的消费习惯。由此,乡村度假市场迎来了好时机。"

"下乡"度假正在成为更多城市人的频繁选择。在北京联合大学特聘教授、《旅游学刊》执行主编张凌云看来,这与"乡愁"有关。他说,"乡愁"是人们对童年的记忆,随着工业化的发展,人们需要构建一个环境去怀旧、寻根,而乡村恰恰成就了这份"情思",成为人们的心灵寄托。到乡村过几天慢生活,成为越来越多城市人一解"乡愁"的首选。

爱上乡村度假生活的人群正在扩大。报告显示,一些细分市场的休闲消费潜力值得关注。首先是老年休闲市场。老年旅游占旅游市场总额的20%左右,需求旺盛且增长迅速。值得关注的是,六〇后的收入水平和消费观念与五〇后、四〇后有很大不同。随着六零后群体进入退休年龄,未来国内老年休闲度假市场的消费频次和水平都将有大幅提升,这也给相关产业提供了新机遇。其次,亲子休闲是最具增长潜力的休闲度假市场。数据显示,以求知与探索为需求的小学生成为亲子游市场的主力军。最后是巨大的单身群体休闲市场。单身群体可支配时间多,追求娱乐至上,有更强的社交意愿,同时喜欢定制化和专属于自己或小群体的乡村休闲旅游产品。

二、"分化"明显、挑战升级

乡村度假市场迎来了前所未有的发展机遇,同时也面临着不少挑战。

报告显示,休闲度假市场消费"分化"现象十分明显。一方面,受经济下行影响,中低收入群体可用于休闲度假的支出有所减少;另一方面,民众对大众化休闲度假产品价格的高敏感性,加剧了市场竞争。据美团提供的信息,尽管休闲度假消费频次在增多,但是其平台上此类产品的单价却在下降。高频次、低单价导致休闲度假市场"旺丁不旺财"的现象比较突出。

对此,魏小安认为,遵循消费引领供给、供给促进需求的市场规律,乡村度假市场同样具有大众消费的普遍性。从拉动消费的角度来说,各地区首先要扬长避短,其次要研究如何化短为长。

"现在,高频次、短距离、低单价、大众化是一种发展趋势,形成长短结合、高低俱全的分工体系,是市场成熟的表现。有一部分业者认为,低端市场的发展前景不够好,这是不对的。消费需求本身就有低、中、高端3个层次,供给也必然是这3个层次,它们长期并存是符合经济规律的。因此,只要有效益能挣钱,无论哪一个层次都是有发展前景的。一个产业的成熟一定是体系化的,切勿用一种倾向压倒另一种倾向,更不能一谈到高品质发展就只想到高端层次的供给,而忽略了大众消费端的供给。经济循环涉及流量与流速,流量越大,流速越快,作用越大,旅游休闲的内循环、大循环也是一样的概念。"魏小安说。

在魏小安看来,乡村度假产业仍然存在一些问题,比如政策问题、管理问题,以及外来投资者和当地居民的关系问题。这几个主要问题不解决,乡村旅游度假市场依旧会出现起伏。作为乡村度假产业项目的投资方,中景信旅游投资开发集团有限公司总经理助理方言颇有感触。在方言看来,乡村投资项目涉及面特别广,需要协调的工作特别多,投资方必须是一个多面手,既要对环境、土地等方面的法律政策了如指掌,还要有对项目从规划到建设再到运营的深度把控,具有处理与当地居民邻里关系和利益分配等问题的能力,同时,还要面对项目本身回报周期较长的现实。

人才缺乏也是困扰乡村度假产业项目投资方的一个难题,招不到合适的人才和不断提高的用工成本让很多投资方感到"挠头"。有业者表示,乡村年轻劳动力流失问题依然严重,他们更愿意去大城市寻找就业机会。

三、整合资源凸显特色

如何正确看待乡村旅游向休闲度假转型升级过程中所遇到的问题?什么才是最好的解决方案?业界在边实践边思考。

谈到乡村度假产品,"同质化"是经常被提及的问题。文化和旅游部"十四五"规划专家委员会委员、北京第二外国语学院教授厉新建认为,需要分两个层面来看待这个问题:一是并非所有的"同质化"都是不好的现象,要科学、理性地评判。比如,在乡村旅游的发展过程中,在同一区域面对相似的自然环境和文化背景,开发出相似度较高产品的可能性比较高,但如果大家瞄准的目标市场不一样,有区隔地提供重复性产品,那也是可以的。因此,要认清同质化现象的内在必然性和一定的合理性;二是当乡村度假产品面对的是同一市场时,要想让产品凸显出特色来,就需要开发者调整对已有资源的认识。比如,产品开发者都想让旅游者能够像当地人一样生活,那么,蕴含在每个地方老百姓身上的生活习惯、言谈举止、饮食起居就有很大的挖掘价值。"同时,我们也可以根据市场的需求变化,建立起一个供求动态匹配或适配的机制,形成有地方特色的文旅产品供给创新。这就需要产品开发者要有留白的概念,在项目投入时,适当留一点空间,以便在一段时间后,需求发生变化时形成新的供给来满足新的需求。这样,供求动态适配的能力就会有所提高,同质化的问题也会得到解决。"他说。

在厉新建看来,乡村休闲度假产业发展需要处理好具体产品和平台角色扮演之间的关系。在乡村旅游的发展过程中,民宿是非常重要的抓手,但是民宿要扮演的角色,一定不是简单住宿产品的供应商。民宿应该是乡村多元化资源整合的平台,应通过产品组合,让游客走出住宿空间,到更广泛的乡村空间中去。

目前来看,一些具有竞争力的休闲度假企业正在尝试以品牌为载体,围绕细分领域,通过开发增量资源或整合存量资源,不断提升更加专业化的服务能力,来解决我国休闲度假的品牌集中度总体不高的问题。

魏小安认为，打造度假综合体很有可能是乡村度假产业的发展趋势。"既然要做乡村度假综合体，那么，内容、功能、游客体验都需要综合。乡村的优势在于拥有当地丰富的特色文化，如果度假综合体能够很好地与当地文化结合在一起，突出自己的差异性和特色化，这可能是个好趋势。"

正在打造国际乡村度假旅游目的地的浙江莫干山，初步谋划了3个"区"：打造民宿高质量发展的样板区，把"控量、提质、优服务"作为关键词；打造产业融合示范区，突出差异化、个性化、在地化、国际化的旅游度假产品，与体育、文化、农业、科技深度融合，构建生态旅游度假产业链；打造国际乡村未来社区，把包含在度假区内的10个核心村打造成10个农旅综合体，通过主客共享空间，让游客更好地体会"旅游是一种生活方式"。

莫干山国际旅游度假区管委会党工委委员、副主任沈耀腾表示，人才振兴是乡村振兴的关键与核心。如果没有人才，一切都是空谈，莫干山在发展过程当中也是主要依托人才来推动乡村旅游、乡村度假产业的发展。"我们一是引入外来人才，二是引导在外人才返乡创业。年轻人有学识，有知识，也有抱负，他们的回归，让乡村有了活力。"

（资料来源：王玮.向休闲度假升级：乡村旅游站在新风口.中国旅游报，2021-06-06）

根据以上材料分析乡村旅游发展的主要方向。

思考题

(1) 什么是乡村旅游？
(2) 乡村旅游体验的影响因素有哪些？
(3) 乡村旅游如何带动地区经济发展？
(4) 乡村旅游如何保持可持续发展？

第十章 主题公园

学习目的:掌握主题公园的概念、类型及影响其布局的主要因素,学会分析主题公园布局的选址要求、经济要求和市场要求,并能够对主题公园成功与否、是否能够可持续发展提出自己的观点。

第一节 主题公园概念及类型

一、主题公园的起源

主题公园的产生和发展体现了一个游乐行业动态发展的变化过程,其由最初的一种流动性的街头娱乐活动过渡到具有固定地域的专门化娱乐场所的娱乐活动,随后又发展成为游乐园,最后逐步演变为旅游主题公园(周向频,1995)。主题公园作为一种文化旅游的形态,本质上仍是一种吸引顾客的娱乐形式,娱乐性是其脱不开的内核。从这个意义上说,其思想起源在西方,可追溯至古希腊、罗马时代的集市杂耍(吴承照,1998)。市集上的街头艺人通过音乐、舞蹈、魔术等表演形式,以及占卜、博彩等游戏活动营造出一种热闹的氛围,达到愉悦公众、吸引顾客的目的,最终完成商品的交易活动或取利谋生。17世纪初,娱乐花园(pleasure ground)开始在欧洲盛行,其特征是在相对固定的绿地、广场、花园等场所中开展音乐、表演、展览等文娱活动。

然而,中国具有类似功能的场所,最早可以追溯到商周时期的囿、圃、苑,以西周的灵囿、秦汉的上林苑为主要代表。这些园林由皇家帝王营造,主要用于满足他们的狩猎、训练、娱乐、通神等需求,可以看作另一种有着复合功能的主题公园。到了魏晋南北朝时期,随着私家园林、寺观园林的兴起,逐渐形成了三大园林并存的格局。此时园林的主体功能转向游览、观赏、休憩、消遣、娱乐,注重景观美学的追求和山水感知的享受。无论欧洲的娱乐花园,还是中国的古典园林,都已经表达出了一种明显的娱乐性主题,因此可以认为它们是主题公园的物质原型。

18—19世纪,工业革命的发展带来了社会生产方式的改变,重复单一的大机器工业劳动代替了忙闲有致的农业劳动,单调乏味的生活刺激了人们对新的娱乐活动的迫切需求。而主题公园的前身——游乐园(amusement park)就是适应人们的这种心理需求而产生的。它让人们在体验游乐设施的时候可以短暂忘却现实生活的烦恼,获得精神上的满足。这一类以旋转木马、摩天轮、过山车等刺激性游乐设施为主体的游乐园蔚然成风。但随着世界大战、经济大萧条的到来,人们的娱乐选择受到动摇,机械化的游乐园的经营受到影响,开始逐步走向衰落。

1955年7月17日,华特·迪士尼在美国加利福尼亚州兴建了全球第一家迪士尼乐园,它将以往制作动画电影所运用的色彩、魔幻、刺激、娱乐等特性和游乐园的特性相融合,使游乐以一种戏剧性、舞台化的方式表现出来。迪士尼乐园孕育了新的游乐方式,使得主题公园作为一种成功的商业模式和文化形态被世界传扬,从这个意义上说,迪斯尼乐园是第一家现代意义上的主题公园(保继刚,1993)。随后,这种美国式主题公园的概念逐渐推广到世界上的其他国家,并结合各国的文化传统、自然特色和经济状况产生了许多新的类型(张芳,2006)。在这一过程中,"主题"的概念不断被扩展与延伸,其精神内核也不断被丰富和充实,从而造就了现在种类繁多、形式多样的主题公园。

二、基本概念

自1955年第一个真正意义上的现代主题公园迪士尼开创以来,美式主题公园的概念迅速扩散到世界上的其他国家,并得到长足发展。这一模式的成功,引起了学者们的广泛关注。但由于主题公园无论内容还是形式始终处在一个动态发展的过程,使得对其主题概念的解读变得十分困难,因此世界上还未形成一个较为统一的主题公园(theme park)定义。

美国国家娱乐公园历史协会(National Amusement Park History Association, NAPHA),以及"主题公园在线"(Theme Parks Online)两者在概念上的表述较为类似,它们都是围绕一个较为宽泛的"主题"概念,将其表述为围绕某种或多种主题设有乘骑设施、吸引物、建筑、表演的娱乐化空间。美国马里奥特公司(Marriott Corporation)给出的定义则是"以特定的主题或历史区域为导向,将具有连续性的服装和建筑结合起来,利用娱乐和商品提升幻想氛围的家庭娱乐综合体(Fyall,2005)"。Shaw和Williams认为,主题公园营造了一种全新体验,游客在非真实的时间和地方陷入科学幻想和神话之中。而日本学者根本佑二认为,主题公园是围绕特定主题创造的非日常性娱乐空间,并且这种空间具有强烈的排他性(保继刚,1995)。

我国在很长一段时间内将主题公园等同为"人造景点""人造景观"或"微缩景观"。近年来,随着理解的加深,在国内的研究和实践中,"主题公园"的概念才逐渐取代了"人造景观"的概念(米冰,2006)。保继刚(1999)认为,主题公园是具有特定的主题,由人创造而成的舞台化的休闲娱乐活动空间,是一种休闲娱乐产业。董观志(2000)将主题公园定义为"为了满足游客多样化休闲娱乐需求和选择而建造的一种具有创意性游园线索和策划性活动方式的现代旅游目的地形态。"李志飞(2000)给出了一个更为详尽的定义,他认为"主题公园是现代旅游业在旅游资源开发过程中产生的新的旅游吸引物,是自然资源和人文资源的边际资源,是信息资源与旅游资源相结合的休闲度假和旅游活动空间,是根据一个特定的主题,采用现代科学技术和多层次空间活动的设置方式,集诸多娱乐活动、休闲要素和服务接待设施于一体的现代旅游目的地"。张安民(2008)将前人的概念归纳为3种模式:要素观、产业观,以及空间观。李焕杰(2011)则提出主题公园本质上是一种娱乐项目而非旅游项目,他把主题公园定义为:为满足旅游者的娱乐休闲需求,围绕既定的主题,利用科技、文化等表现手法,通过人工建造的吸引物以营造一系列有特别的环境和气氛的大型现代休闲、娱乐场所。

基于以上观点，主题公园可以被认为是一种主题化的人造娱乐空间，它应该具备以下几点功能。

(1) 娱乐功能。主题公园是为了满足旅游者的多样化休闲娱乐需求而建造的，娱乐性是其最基本的内核，其最基本的功能应该是通过园内的各种设施和活动，使游客得到视觉上和精神上的双重愉悦。

(2) 产业功能。主题公园作为一种旅游产品，是旅游产业中一种重要的类型和补充，其具有明显的溢出效应和边际效益，带动性强，对完善和提升区域功能、调整旅游产业结构、驱动旅游资源的市场价值转化等方面具有实质性作用，可以极大地带动当地经济的发展。

(3) 形象功能。主题公园带给旅客的是高强度、全方位、综合性的休闲娱乐感受和全新的生活体验，能够在游客间营造出特定的旅游目的地形象。其营造的这种富含文化的形象特征可以融于目的地文化之中，提高旅游目的地的文化品位，增强文化辐射力，扩充旅游的文化内容和文化想象。

三、类型划分

主题公园的类型可以从多视角进行划分，比较经典的是从主题内容、吸引力范围和规模大小中的某一个或几个维度对其进行划分。但考虑到主题内容的复杂性，以及主体功能在地域上的差异化发展特色，因此也有可能会有其他一些划分标准。

1. 以主题内容划分

石崎肇士等(1991)将日本主题公园的类型按主题归纳为：①以花卉园艺为主题；②以私铁沿线开发新世界为主题；③以保存文化、历史为主题；④以异国地理环境、动植物特征为主题；⑤以博览会、博物馆为主题；⑥以童话幻想、科学、宇宙为主题。

保继刚把中国已建的主题公园按主题内容分为：①以传统文化、民族文化为主题，如深圳锦绣中华、中国民俗文化村，昆明云南民族村，珠海圆明新园等；②以童话幻想、科学、宇宙为主题，如广东中山宇游科幻城；③以动物观赏为主题，如深圳野生动物园、广州番禺香江野生动物园；④以异国地理环境和文化为主题，如北京世界公园、无锡世界奇观欧洲城、天津杨村小世界、深圳世界之窗、成都世界乐园、广州世界大观等；⑤以文学文化遗产为主题，如北京大观园、无锡三国城、无锡水浒城、河北正定西游记宫；⑥以影视文化为主题，如无锡唐城、广东南海影视城。

李志飞(2000)将主题公园以呈现内容与展示方式划分为：①历史再现型；②名胜微缩型；③文化表现型；④风情展示型；⑤科技娱乐型；⑥绿色生态型。

2. 以吸引范围划分

威特(Witt)、莫蒂纽(Moutinho)，以及吴承照(1998)将主题公园以吸引力大小划分为3种类型：①具有国际吸引力的主题公园，其标准是年游客量1000万人次以上，有10 000~20 000名固定员工，初期投资超过15亿美元；②具有区域吸引力(美国概念)或国家吸引力(欧洲概念)的主题公园，其标准是年游客量100万~400万人次，有100~300名固定员工，旺季增加 300～700 名临时工,初期投资 5000 万～1 亿美元,年营业收入 1500 万～3000 万美元;③具有地方吸引力的主题公园,其标准是年游客量 10 万～50 万人次,拥有 50～100 名员工,初期投资 500 万～1500 万美元,年营业收入 200 万～5000 万美元。

3. 以规模大小划分

根据投资和占地规模可将主题公园划分为大型主题公园和小(微)型主题公园。美国将投资在 8000 万美元、占地约 0.81km² 以上的主题公园称为大型主题公园;将投资为 1000～2000 万美元的主题公园称为小(微)型主题公园。

比照国外标准,参照深圳锦绣中华和中国民俗文化村的现状,在我国可将投资在 8000 万人民币、占地 0.2km²(不包括停车场和附属设施,国外包括这部分面积)以上的主题公园称为大型主题公园;将投资在 2000 万人民币以下、占地规模相对较小的主题公园,如西游记宫称为小(微)型主题公园。

4. 其他分类方法

从主题公园的概念出发,结合我国自然保护地体系,可将主题公园划分为自然保护地体系下的主题公园和非自然保护体系下的主题公园。

(1)自然保护地体系下的主题公园。按照自然生态系统的原真性、整体性、系统性及其内在规律,依据管理目标与效能并借鉴国际经验,我国将自然保护地按生态价值和保护强度高低依次分为 3 类,即国家公园、自然保护区和自然公园。截至 2017 年 12 月,我国自然保护地体系下的主题公园数量及占地面积见统计表 10-1。

国家公园是指由国家批准设立并主导管理,以保护具有国家代表性的大面积自然生态系统为主要目的,实现自然资源科学保护和合理利用的特定陆地或海洋区域。国家公园是最重要的自然保护地类型,处于首要和主体地位,是构成自然保护地体系的骨架和主体,是自然保护地的典型代表,是支撑整个自然保护地体系的四梁八柱。与其他自然保护地相比,它生态价值最高,保护范围更大,生态系统更完整,原真性更强,管理层级最高。一些国家把国家公园视为保护和游憩兼顾的二类自然保护地类型,而中国特色的自然保护地体系是把最应该保护的地方纳入国家公园,由国家直接管理,禁止开发建设,实行最严格的保护措施,让其成为最重要的自然保护地。

自然保护区是指对有代表性的自然生态系统、珍稀濒危野生动植物物种的天然集中分布区、有特殊意义的自然遗迹等保护对象所在的陆地、陆地水体或者海域,依法划出一定面积予以特殊保护和管理的陆地、陆地水体或者海域。它主要保护典型和具有特殊意义的生物多样性、具有代表性的自然生态系统和具有特殊意义的自然遗迹,以现有未纳入国家公园的各类各级自然保护区为主,作为国家公园的补充。

自然公园是指除国家公园和自然保护区以外的,具有典型性的自然生态系统、自然遗迹和自然景观,与人文景观相融合,具有生态、观赏、文化和科学价值,在保护的前提下可供人们游览或者进行科学、文化活动的区域。它主要保护具有重要生态价值但未纳入国家公园和自然保护区的森林、海洋、湿地、水域、冰川、草原、生物等珍贵自然资源,以及所承载的景观多样性、地质地貌多样性和文化价值,包括森林公园、湿地公园、草原公园、沙漠公园、地质公园、海洋公园、冰川公园、风景名胜区、水利风景、自然保护小区等专业自然公园,作为国家公园和自然保护区的补充,实现自然资源的有效保护和合理利用,是生态文明建设基地,是体现"绿水青山就是金山银山"的场所,也是促进当地居民生活水平改善的手段,体现了"保护自然、服务人民、永续发展"的自然保护地功能。

表 10-1 我国现有的自然保护地类型（2017 年底）

序号	类型	数量/个（国家级）	总面积/万 km²	占国土面积比例/%
1	国家公园（体制试点）	10	21.654 9	2.3
2	自然保护区	2750(474)	147	15.31
3	风景名胜区	981(244)	19.37	2.02
4	地质公园	485(207)		
5	森林公园	3505(881)	20.281 9	2.11
6	湿地公园	979	3.195 1	>0.33
7	沙漠公园	55	0.297 3	0.03
8	国家沙化土地封禁保护区	61	1.543 8	0.16
9	海洋特别保护区	67	6.9	0.72
10	水产种质资源保护区	523	12.8	1.33
11	水利风景区	2500(778)	—	—
12	全国重点饮用水水源保护区	618	—	—
13	城市湿地公园	37		
14	重点保护野生植物保护点	154		
15	自然保护小区	约 50 000	1.5	0.16
国际层面				
1	世界自然与文化遗产	52	6.8	0.71
2	生物圈保护区	32	7.3	0.76
3	国际重要湿地	49	4.0	0.41
4	世界地质公园	37	—	—

(2)非自然保护地体系下的主题公园。对于不在自然保护地体系下,但又具备主题公园典型特征的如游乐园、纪念馆、影视公园等可以统称为非自然保护地体系下的主题公园,这一类主题公园是由不断出现的技术产品推动产生的,带有强烈的现代化色彩。在此体系下,又可以按照主题的性质,将其进一步细分为专业性主题公园和游乐性主题公园两大类。

专业性主题公园的典型特征是注重知识性、功能性和纪念性。园内除了要有既定的典型主题,还需要为这一主题配备特定的专业内容或表现形式。早期的动物园、植物园、历史名园、文化公园、音乐公园、雕塑公园、非遗公园等都属于此类。除了大类专业的主题公园外,其也可以细分到某一个精细化专题领域,成为非常专精的专业性主题公园,例如纪念特定人物的名人主题公园——中山公园(北京、南京、广州、中山等地)、鲁迅公园(上海、青岛)和行知公园(上海、安徽歙县)等;再如以某一专类植物为主的植物主题公园——上海桂林公园、洛阳牡丹公园、成都和深圳杜鹃公园等;以及展示中国各个历史朝代的文化主题公园——西安大唐芙蓉园、开封清明上河园等。

游乐性主题乐园是在某个主题情境下以各类游乐项目体验为主要内容的主题公园,其特点是依据新颖、独特的文化主题创意进行合理的分区规划,并配有寓教于乐的项目营造新奇独特的体验。园内设计体现了强烈的娱乐性,能够将静态景观展示、动态表演娱乐和动态活动参与进行很好的整合,从而使游客获得欣赏、娱乐、参与等不同层次的心理满足,主要代表包括迪士尼乐园、欢乐谷等。

第二节　影响主题公园布局的因素

一、国家保护地政策及主体功能区划

国家政策、指南以权威形式标准化地规定在一定的历史时期内,应该达到的目标、遵循的原则,以及工作方式和具体措施。主题公园的布局、规划必须依照相关政策和指南。随着社会的不断发展,新的社会问题不断涌现,在"实践—认识—再实践"的过程中,人们对同一事物的理解不断变化,在认识的动态变化中形成了不同的适应当时的主题公园建设指南。其中要求最为严格、影响最为深远的要数自然保护地体系下的主题公园。

1. 国家的保护地政策及世界组织的保护地行动纲领

下面以地质公园和湿地公园为例来说明政策对主题公园建设的主导作用,以及对主题公园空间布局的影响。

(1)地质公园。中国是世界上地质遗迹资源最丰富、分布地域最广阔、种类最齐全的国家之一。1987年7月,原地质矿产部以地发〔1987〕311号印发《关于建立地质自然保护区规定(试行)的通知》,正式对保护地质遗迹作出规定。1995年5月,原地质矿产部第21号令发布《地质遗迹保护管理规定》,明确将建立地质公园作为地质遗迹保护的一种方式。1999年12月,原国土资源部在山东威海召开"全国地质地貌保护会议",部署建立地质公园的工作。2000年8月,原国土资源部以国土资厅发〔2000〕68号印发《关于国家地质遗迹(地质公园)领导机构及人员组成的通知》,同时成立了国家地质遗迹(地质公园)评审委员会;同年9月,以国土资厅〔2000〕77号印发《关于申报国家地质公园的通知》,对国家地质公园的条件和要求、申请程序和申报材料、评审要求和标准等都作出了系统而完善的规定。2001年3月,原国土资源部以国土资发〔2001〕76号批准云南石林岩溶峰林等11个首批国家地质公园。

2009年5月,原国土资源部以国土资厅发〔2009〕50号印发《关于加强国家地质公园申报审批工作的通知》,开始对国家地质公园实行资格授予和批准命名分开审核的申报审批方式。截至2019年9月,我国共拥有正式命名的国家地质公园219处、授予资格的国家地质公园51处、省级地质公园300余处。

20世纪90年代后半期以来,在联合国教科文组织(UNESCO)地学部主持下,国际地球科学计划(IGCP)科学执行局会议多次讨论地质遗迹保护的科学意义和社会效益。1997年11月,联合国教科文组织第29次大会决定"建立具有特殊地质特色的全球地质景区网络",第156次执行局会议更进一步要求"选择地质上有特色,同时兼顾景观优美,有一定历史文化内涵的地质遗迹建立地质公园"。2001年6月,联合国教科文组织执行局通过(161 EX/Decisions,3.3.1)"联合国教科文组织支持其成员国提出的创建具有独特地质特征区域的自然公园(也称地质公园)"的特别动议。2002年1月,联合国教科文组织地学部再次提出建立世界地质公园网络的计划,并于2002年5月正式发布《世界地质公园网络工作指南》。2004年2月,经联合国教科文组织世界地质公园专家评审会审议通过,中国的黄山、庐山、云台山、石林、丹霞山、张家界、五大连池、嵩山8家地质公园入选首批世界地质公园。2004年6月,联合国教科文组织与国土资源部联合在北京召开"第一届世界地质公园大会",黄山等8个世界地质公园与欧洲17个世界地质公园共同发起创立世界地质公园网络(GGN),联合国教科文组织决定将"世界地质公园网络办公室"设在中国北京。2015年11月,联合国教科文组织第38届大会批准"国际地球科学与地质公园计划(IGGP)",世界地质公园正式成为"联合国教科文组织世界地质公园"。截至2019年,我国共拥有39处世界地质公园,数量居全球之首。

2018年3月,中共中央印发《深化党和国家机构改革方案》,提出将地质公园等管理职能整合,组建国家林业和草原局。2018年5月,联合国教科文组织世界地质公园事务的中国官方机构变更为国家林业和草原局。《国家林业和草原局各司(局、室)职能配置、内设机构和人员编制规定》中明确,自然保护地管理司内设地质遗迹与地质公园管理处。

(2)湿地公园。2004年,国务院办公厅下发了《关于加强湿地保护管理的通知》(国办发〔2004〕50号),标志着我国湿地公园正式开始试点起步。之后,广东省林业厅批准建立了我国第一个湿地公园。2005年,国家林业局出台了《关于做好湿地公园发展建设工作的通知》(林护发〔2005〕118号),批准了2个试点国家湿地公园。这些文件的出台,为湿地公园的发展提供了政策依据和行业指导。2007年,我国批准了12个试点国家湿地公园。从此,我国掀起了建设湿地公园的高潮,湿地公园进入了一个快速发展阶段。2007—2013年,全国共批准国家湿地公园423个,年均批准国家湿地公园60.4个,是试点起步阶段年均2个的30.2倍。这一阶段国家湿地公园发展迅速,除了2010年略有下降外,总体上呈现快速上升趋势。同时,为了保障国家湿地公园的健康有序发展,国家林业局下发了一系列规程规范,并且于2011年开始对试点国家湿地公园开始验收。2014年以后,尽管国家湿地公园的发展速度依然迅速,但是加强了对已批建的国家湿地公园的管理。规范其建设行为,保障其健康持续发展成为了重点。《国家林业局办公室关于进一步加强国家湿地公园建设管理的通知》(办湿字〔2014〕6号),对国家湿地公园规范建设、提质和规范管理等做出了明确要求。2015

年,国家林业局取消了四川彭州浦江国家湿地公园试点资格,这是国家湿地公园建设以来取消试点资格的首例。2017年,为加强国家湿地公园的建设和管理,促进国家湿地公园健康发展,有效保护湿地资源,国家林业局出台了《国家湿地公园管理办法》(林湿发〔2017〕150号),这一规范性文件现仍在使用。截至2017年底,全国共建立湿地公园1699处,其中国家湿地公园898处。

为保护全球湿地,以及湿地资源,1971年,一百多个国家的政府代表在伊朗的拉姆萨尔城召开了保护湿地生态环境的会议,共同签署了《关于特别是作为水禽栖息地的国际重要湿地公约》(简称《湿地公约》),作为缔约国及国际保护和善用湿地的基本规范,公约于1975年正式生效。中国自1992年成为《湿地公约》缔约方以来,国内具有生态系统典型性和独特性的湿地陆续被认定为国际重要湿地,截至2020年9月,国家林业与草原局公布了64个中国国际重要湿地。

2. 主体功能区划

2000年,国家发展和改革委员会(以下简称国家发改委)做了一个关于规划体制改革的意见,提出空间协调与平衡的理念。政府在制定规划时,不仅要考虑产业分布,还要考虑空间、人、资源、环境的协调。此后,国家发改委针对这一构想开始大量研究。2003年1月,国家发改委委托中国工程院研究相关的课题,在课题中提出增强规划的空间指导、确定主体功能的思路,功能区的概念也在这时开始清晰。在"十一五"规划纲要建议中,中央提出功能区的概念,并最终将其列入"十一五"规划纲要。2011年6月8日,中国政府网全文刊载了我国首个全国性国土空间开发规划《全国主体功能区规划》,明确了未来国土空间开发的主要目标和战略格局。主题公园的建设不能违反主体功能区划。

二、经济及交通要素

(1)经济要素。区域经济发展水平通过两方面影响主题公园的发展:一方面是投资规模;另一方面是游客的消费水平。

主题公园是一种高投入的旅游项目。一般而言,作为企业行为的主题公园开发,只有在区域经济比较发达的地区才具备较大规模的投资能力,否则只有引进外资,或是政府行为代替企业行为,将有限的财政收入集中起来进行高投入。左冰等对主题公园区位分布影响的因素进行了实证检验,发现经济基础对主题公园分布具有最显著的影响,其中区域经济水平(GDP)是主题公园建设与发展的必要条件。

区域经济发展水平还影响着居民的收入和游客的消费能力。深圳与昆明相比,1993年,深圳全职工人均工资7947元,昆明为3803元(约相当于深圳的47.85%);深圳人均城乡居民年底储蓄余额为1.99万元,昆明为2336元(约只有深圳的11.74%)。游客消费能力的大小直接关系到主题公园的经济效益,深圳中国民俗文化村和云南民族文化村两个主题公园的主题、投资规模和开业时间都差不多,但经济效益却有天壤之别。1993年前者接待游客311.53万人次,而后者为113.17万人次(约相当于前者的36.33%);前者营业收入1.538亿元,后者仅691万(只约及前者的4.49%)。深圳欢乐谷1998年开业,2005年接待游客302万人次,经营收入超过3亿元,创1997年后全国主题公园年度接待量新高。2008年成都欢乐谷开业,占地面积和投资金额皆超过深圳,但经营业绩却远不能和深圳抗衡。主要原因在于目前深圳欢乐谷的客源市场范围大致在车程1h内,即公园的客源市场结构发生了变化,本地游客支持力度加强,门票价格占游客人均月收入的比例下降。2007年深圳居民年人均可支配收入2.49万元,成都为1.48万元。因此,虽然成都欢乐谷门票价格低于深圳,但门票占人均可支配收入的比例却要大得多,这限制了游客在主题公园的消费。

(2) 客源市场。娱乐性质的主题公园要求选址在经济发达、流动人口多的大城市和特大城市,以保证有良好的客源市场。据美国华盛顿城市土地研究所的研究(Smart et al., 1989),一个大型主题公园的一级客源市场(1h汽车距离内)至少需要有200万人口,二级客源市场(3h汽车距离内)也要有200万人口以上,之外的三级客源市场虽也很有帮助,但不能对其过分依赖。据估计,美国主题公园75%的游客来自241km半径范围内(Lyon,1987);深圳世界之窗的游客抽样调查结果显示,深圳市游客占17.21%,深圳除外的珠江三角洲游客占39.10%,香港游客占5.20%,三者之和为61.51%,也就是一级、二级客源市场占了61.51%。

(3) 交通条件。在交通对旅游目的地发展的影响方面,许多学者都认为交通是一个旅游项目开发的基本要素,对任何一种旅游目的地发展的思考都必须包括交通因素的规划与思考,其在旅游目的地发展中起着重要作用。旅游者可用于旅游的余暇时间总是有限度的,如果克服空间距离所占用的时间超过一定的限度,旅游者则会改变对旅游目的地的选择,甚至会取消旅游计划,所以区域交通方式的便捷程度也是影响主题公园选址的重要因素。

旅游产品不能迁移,旅游者必须亲自抵达旅游目的地才能实现旅游产品的价值,因此,旅游目的地的可进入性至关重要。比如,随着自驾车旅游的兴起,道路畅通的地区迅速成为旅游产业集聚的首选之地,在杭州市通往黄山的交通干道上,沿途的富阳、桐庐、建德、淳安各县域的旅游产业得到快速发展。敦煌景区虽然拥有世界文化遗产莫高窟等景物,旅游和文化价值很高,但是直到2019年年游客量才首次突破千万人次,旅游经济发展不景气,很大一部分原因是交通区位闭塞。

近年来,我国高铁事业不断发展,高速铁路网的建成是交通条件的一种突变,也是旅游系统要素空间关系的一种突变,对主题景区的布局产生了重大影响。由于出行时间成本的显著减少,原有的"圈层结构"将全部放大和变形,甚至完全看不出"圈形",原有各市场圈的边界被打破,旅游目的地和旅游产品有更大机会争取全国市场。例如,武汉市场的4小时活动圈沿着高铁网伸展至京津、长三角、珠三角,以及西安、太原和重庆市区,活动范围呈网格状展开。

三、目的地形象及游客偏好

形象是能够引起人的思想或感应活动的事物和内容的综合表现。目的地旅游形象是一个综合概念,它反映的是整个目的地作为旅游产品的特色和综合质量等。一般来讲,每一个旅游目的地对旅游者都有一个趋于一致的旅游感知形象,这种感知形象是目的地在其形成和发展过程中,通过人类行为和自然相互作用所形成的与目的地自身职能和性质相关的目的地外部形象和内在特征相统一的独特风格。就像一谈起北京,旅游者就会想起长城、故宫、颐和园、天安门等;提起广州,旅游者首先感应出的是到高第街等地购物,而陈家桐、光孝寺、越秀公园等都退居其次;说起深圳,就会想到一座座高楼林立的现代化城市……

目的地形象,主要影响的是大、中尺度旅游者的决策行为,像北京这样的城市,大、中尺度旅游者首先选择的是国家级的旅游点。对北京一些旅游点的游客结构进行调查后发现,故宫、颐和园、八达岭、动物园等几个公园游览区都属于在全国首屈一指或者独一无二的国家级公园,是一般外地游客特别是第一次来北京的游客都要去的地方。因此,外地游客在这几处公园游览区的比例都高于本地人,其中以故宫最为突出,外地游客平均88.15%,非节假日则高达94.79%,颐和园77.4%,八达岭76.5%,动物园74.6%。而北海、中山公园、陶然亭、密云水库、十渡则以本地游客为主,外地游客占比分别为41.4%、26.1%、5.8%、6.0%、0%(邢道隆,1986)。因此,像北京这样人文景观已非常丰富且级别很高的地区,游客已有较为固定的旅游感知形象,新建主题公园对大尺度游客特别是第一次到北京的游客吸引力较小,其目标市场应主要是小、中尺度(即本地及附近城市)游客及多次到北京已游览过上述国家级旅游点的大尺度游客。

保继刚等研究发现,目的地旅游形象个性特征很强的城市,如北京,新建主题公园引起轰动效应并很快成为城市的旅游形象标志的困难很大,同时对大尺度游客特别是第一次出游的游客吸引力较小;目的地旅游形象个性特征尚在变化之中或不明显的城市,如深圳,新建有特色的主题公园能成为城市旅游形象的新标志,引起轰动效应,对大、中、小尺度游客都有吸引力。近年来,这一观点依然得到验证,但这种影响已经开始消减。因为经过多年的发展,现在的高等级/大型主题公园拥有比以往更强的资金实力和更丰富的营销经验,品牌化能力更强,产业链更完善,知名度也更高。如华侨城集团,在全国各地投资建设了多个主题公园,品牌形象突出,若继续在新的地区建设主题公园,则无论在旅游形象个性特征很强的地区还是空间集聚不明显的地区,企业自身的品牌效应都会为其带来一定的客源市场和经济效益。未来,目的地形象和空间集聚对高等级/大型主题公园的影响将进一步减弱。

游客偏好对主题公园的布局同样具有一定的影响。卞显红(2003)研究表明,多中心型的旅游者对目的地表现出极大兴趣的是旅游吸引物聚集体,而不是旅游设施;自我为中心型的旅游者表现出极大兴趣的是旅游设施,而不是旅游吸引物聚集体。多中心型的旅游者的内在偏爱将驱使旅游流空间分散;而自我中心型的旅游者将促进目的地的空间聚集发展以便能提供较为完善的旅游服务设施。吴必虎、保继刚分别从游客的年龄、学历与职业等方面对游客偏好进行抽样调查得出了有意义的结果,如年龄对偏爱的影响,以北京为例,17岁以下儿童对游乐场最感兴趣,17~40岁对郊野风景区最感兴趣,40~50岁对皇家园林、郊野风景区、八达岭长城最感兴趣,50~60岁对八达岭长城和皇家园林最感兴趣,60岁以上老人对古典园林最感兴趣。外地游客与本地游客的旅游偏好也有很大的不同,外地游客偏好集中在国家级名胜,最喜爱的是八达岭长城、皇家建筑、古典园林和动物园,而对一般性的风景区兴趣不大,突出表现在对郊野风景区和游乐场这两种北京人比较喜欢的旅游地热情不高。吴必虎等研究表明,中国城市居民的出游目的地,城市多于风景名胜区。

四、决策者行为

决策者行为关系到两个层次：一个是投资者的决策行为；另一个是政府的决策行为。

投资者的决策行为首先是宏观区位的选择，在此基础上从两方面影响主题公园的发展：一是投资规模；二是主题选择。投资规模与投资者的经济实力和经营方针战略联系在一起，同时与主题选择密切相关，有些主题投资巨大，如类似高科技未来世界项目；有些主题则相对较小，如微缩景观类。在一定的客源市场、交通条件、区域经济发展水平等背景下，主题公园开发成功与否的关键是主题的选择。深圳东方神曲经营不景气，而世界之窗开业仅半年深圳居民参观率就超过开业1年的野生动物园，其中很重要的原因是主题内容的吸引力（保继刚，1997）。主题内容的选择与投资决策者的文化背景、偏好关联很大。迪斯尼的理想是"希望人们在乐园里找到快乐和知识"（鲍勃·托马斯，1992）；中国主题公园的开创人马志民先生的理想是"让世界了解中国"（锦绣中华）、"让世界认识我们的民族"（中国民俗文化村）、"崛起的中国正在走向世界，开放的中国需要了解世界"（世界之窗）。

目前，各地政府都将旅游业摆在发展第三产业的重要位置，因此各级政府对旅游投资都给予扶持和优惠政策，甚至在基础设施方面给予配套，这对主题公园的经营成本有很大影响。左冰等通过实证发现，政府的治理能力和工作绩效对主题公园的建设具有与经济发展水平同等程度的影响，凸显出在政府主导型发展经济中，营商环境对于推动企业投资意愿的重要性。以法国迪斯尼为例，20世纪80年代初期，迪斯尼公司决定在欧洲开设一个迪斯尼乐园，就在欧洲成立公司专门负责此事，当时许多国家都努力争取这个项目。到了1987年，迪斯尼公司终于选择了法国，除了迪斯尼公司看上法国本身已有的客源外，这也是法国政府极力争取的结果。法国政府在合同中表示愿意以7.9%的利息借给迪斯尼乐园投资总额的1/5，约为44亿法郎，并且将郊区地铁延长到迪斯尼乐园设立地巴黎东部郊区，还计划在高速公路系统中开辟多条道路，以便游客前往。

近年来，学者们对主题公园布局的影响因素进一步细化，并基于案例提出影响主题公园布局的新因素。如邓冰等（2004）认为，旅游吸引物的上下游产业也是影响其集聚和分布的重要因素，主题公园的区位选择还应考虑产业链的作用；冯维波（2000）提出，地价与环境的作用将导致大部分主题公园位于城市郊区；刘振宾（2003）认为，气候条件也是重要影响因素，没有足够的旺季时间难以运作文化类主题公园；傅军（1999）认为，主题公园布局还应考虑目的地既有旅游资源的影响；董观志和孟清超（2006）将主题公园选址因素分为市场因素、投资环境、自然条件、文化因素4个大类，在保继刚研究的基础上新增地理特征、社区居民态度、地方政府态度等因素的影响；张凌云等（2013）通过计算世界大型主题公园的区位指数，提出居民购买力、消费规模、经济密度、企业经营环境等新变量；张亚辉（2010）在对东京迪斯尼乐园的分析中强调政府政策倾斜与资金扶持的作用；曹超轶等（2011）对泛长三角地区主题公园的研究表明，产业融合与创新也是重要的影响变量；辛欣（2013）以开封清明上河园为例，强调游客体验价值和产业链的作用。

链接材料：

主题公园要敢于对"野蛮资本"说不｜旅游投资热中的冷思考

近年来，随着我国交通基础设施条件改善、居民收入水平不断提高、休闲旅游市场需求持续增长，主题公园进入了高速发展阶段。过去，国内主题公园运营商只有华侨城、长隆、华强方特等少数几家，近年来，恒大、保利、世茂、佳兆业等多家房企纷纷进军该领域，地方政府也为主题公园创造了很多便利条件。

随着国家连续出台主题公园建设的相关政策及意见，主题公园开始走上规范化、理性化道路。主题公园的关键是给人"主题"的感受，讲好故事。期待更多的中国故事被挖掘出来。

日前，佳兆业集团在深圳打造的主题公园金沙湾国际乐园项目引发了业界关注，尤其是迪士尼前高管加盟佳兆业集团，掌舵金沙湾国际乐园项目，更是在主题公园界掀起关注热潮。

金沙湾国际乐园基于《山海经》和深圳在地文化，通过"景区＋游乐""景区＋演艺""景区＋服务"的模式将IP落地，涵盖游乐场馆、沉浸纵情体验、度假酒店等多功能业态。对于初次涉足主题公园的佳兆业来说，落地这样的项目并不容易，但佳兆业却愿意在主题公园项目上倾注心血。

佳兆业相关负责人表示，文旅板块是佳兆业多元化板块的亮点之一。在消费变革升级的当下，旅游成为佳兆业转型的重要方向之一。主题公园是复合发展的产品，有广阔的市场前景。

与佳兆业这个"新秀"相比，华强方特算是主题公园的"资深前辈"。早在2007年，华强方特就率先提出了"文化＋科技"的理念。在此后的发展过程中，华强方特不断寻找科技与文化的结合点，致力于以现代高新技术讲好中国故事，独树一帜地创建出一批具有中国文化特色的文化科技主题公园。

华强方特执行总裁陈辉军介绍，目前华强方特已推出"方特欢乐世界""方特梦幻王国""方特水上乐园"，全新打造"美丽中国"三部曲首个项目"方特东方神画"和以东盟文化为主题的"方特东盟神画"，共计五大品牌20余座主题公园。

近年来，中国主题公园发展迅猛，投资方兴未艾。数据显示，预计到2020年，59个主题公园、5个水上乐园将建成运营，总投资额达238亿美元。在业内看来，如此大规模投资源于企业对中国旅游消费前景的看好。

华东师范大学工商管理学院旅游系教授楼嘉军表示，中国大众旅游、国民休闲全面崛起，随着消费升级，人们更愿意在旅游休闲上花钱，带动了主题公园的建设热潮，为主题公园的发展奠定了厚实的市场基础。

事实上，无论传统主题公园运营商的布局，还是房企资本的涌入，都是看到了主题公园巨大的发展空间。

笔者建议，主题公园发展应该对"野蛮资本"说不了。主题公园开发商需要冷静分析市场风险与未来趋势，转换商业模式，着力推动主题公园向主题化与精细化发展。

首先，主题公园应积极学习借鉴成熟主题公园的发展经验，并将其融入主题公园设计、建造和运营的各方面，注重产业链的延长和产品体系的完善，总结输出主题公园发展模式，积极改进管理与服务，优化主题公园收入结构，规避巨额投资的风险。

其次，企业应深度挖掘主题公园的主题内涵。主题公园的主题必须对游客有吸引力，对竞争者来说又是独一无二、难以模仿、不可替代的。中国主题公园品牌要在中国文化元素IP方面实现重大突破，积极借用中国传统的优秀文化元素融入主题公园的主题开发与服务提供，坚守中国传统文化领地。

再次，着力推动产品精细化发展。在投资冲动时代，大量非旅游行业资金大规模进入主题公园行业，投资商缺乏旅游行业经营经验与长期经营旅游业的耐心，很容易导致失败。主题公园应该做好市场细分与精确定位，深挖特色主题潜力，积极主动地适应细分化、个性化的旅游需求趋势。未来主题公园的开发应注重养老、研学、红色、体育等潜在需求，差异化开发主题公园附加产品，以形成企业市场区分度，增强品牌竞争力与国际影响力。

最后，相关部门要加强对主题公园的审批与监管。管理部门应积极制定并完善主题公园发展的项目规划、用地环评、行业标准规范等事项的规定，运用新技术手段搭建监管平台，加强对行业的指导与运营监测，及时纠正行业不良行为，严控主题公园市场发展，防止其变形走样。

主题公园是文化与旅游融合的重要形式，是满足人民美好生活需要的一部分，承担着文化供给、塑造本土文化品牌、建设文化强国的重要使命。我国主题公园经历30年发展已渐成气候，建设规模、游客数量、市场需求等指标均预示着我国主题公园发展仍然有很大潜力，但要警惕过热发展带来的地产泡沫化、市场竞争加大、同质化发展、生命周期短等风险与问题。主题公园依托主题，需要文化沉淀与提炼，在消费转型与高质量发展的背景下，政府与企业应该相互配合形成组合拳，激发我国主题公园市场迸发新的活力，促进市场健康、可持续的高质量发展。

（资料来源：邹统钎，黄鑫，吕敏.主题公园要敢于对"野蛮资本"说不|旅游投资热中的冷思考.中国旅游报，2019－05－29）

根据上面的材料分析如何使主题公园能够在获得良好的经济效益、社会效益的同时，保持可持续发展。

思考题

(1)什么是主题公园？它有哪些分类原则？
(2)影响主题公园布局的主要因素是什么？
(3)查阅资料归纳、统计我国目前的自然公园数量、面积及分布省区。
(4)对比分析自然保护地体系下的自然公园与城市旅游体系下的游乐型公园的异同点。

第十一章 全域旅游

学习目标：了解全域旅游的基本概念、发展背景、基本思路框架，深入领会全域旅游理念，提出发展全域旅游面临的主要问题及解决对策。

第一节 全域旅游的概述

全域旅游是指在一定区域内，以旅游业为优势产业，通过对区域内经济社会资源尤其是旅游资源、相关产业、生态环境、公共服务、体制机制、政策法规、文明素质等进行全方位、系统化的优化提升，实现区域资源有机整合、产业融合发展、社会共建共享，以旅游业带动和促进经济社会协调发展的一种新的区域协调发展理念和模式。

全域旅游是将一定区域作为完整旅游目的地，以旅游业为优势产业，进行统一规划布局，公共服务优化、综合统筹管理、整体营销推广，促进旅游业从单一景点景区建设管理向综合目的地服务转变，从门票经济向产业经济转变，从粗放低效方式向精细高效方式转变，从封闭的旅游自循环向开放的旅游＋转变，从企业单打独享向社会共建共享转变，从围墙内民团式治安管理向全面依法治理转变，从部门行为向党政统筹推进准备，努力实现旅游业现代化、集约化、品质化、国际化，最大限度地满足大众旅游时代人民群众消费需求的发展新模式①。

一、全域旅游的研究进展

国外没有全域旅游这一表述。2016年1月19日，国家旅游局局长李金早在全国旅游工作会议上对"全域旅游"解释为将一个区域作为旅游目的地来建设和运作，以旅游业带动和促进经济社会协调发展。因此，全域旅游概念与国际上的旅游目的地概念相似，都是指在一定空间区域内，旅游目的地的发展。

Haugland等(2011)从旅游目的地的潜能、协调能力和关联度3个方面构建了旅游目的地发展的理论构架。Ness等(2014)运用案例分析的方法，体现行政部门、行业部门、服务业等领域在旅游目的地建设中的关联和作用，以此探索旅游目的地发展的联系。

一些国家和地区也进行着全域旅游实践探索。美国佛罗里达州通过打造世界邮轮之都、主题公园之都、世界游艇之都、奢华海滩之都、海上运动之都五大旅游之都形成网络化格局，完善教育、文化、养老、艺术等全域全民共享旅游服务配套系统，满足游客休闲生态、沙滩

---

① 2017年6月12日，《全域旅游示范区创建工作导则》。

游玩、艺术文化、邮轮度假等多元化旅游需求，打造"全域空间""全域产品""全域配套"的阳光旅游半岛。瑞士通过资源联合、产业融合、品牌聚合，打造全域多彩体验，完善公共服务保障、生态保障、体制保障，打牢全域旅游服务基础。新加坡把建设"花园城市"作为基本国策，将各地绿化带呈点、线、面结合布局，将生态系统与休闲旅游相结合，并且把城市公共资源纳入旅游资源范畴，建立全域便捷、主客共享的旅游服务设施。

国内研究方面：2010年，胡晓苒指出，全域旅游战略最根本的就是在不同区域内打造各自的旅游吸引物和服务业态；2013年，厉新建等首次系统地对全域旅游进行详细界定，包含全域旅游的概念、内涵、体系等。他们认为全域旅游不仅仅体现在旅游人次的增长上，而是更加注重提升旅游质量、提升游客感官体验。全域旅游范围内的一切旅游吸引物都应该被开发，并从资源观、产品观、产业观、市场观4个方面，从全要素、全行业、全过程、全方位、全时空、全社会、全部门、全游客8个层面阐述全域旅游理念的"四新""八全"。2014年，吕俊芳提出"大城小镇嵌景区"的全域旅游发展模式，他认为全域旅游是一种区域各方面发展都服务于旅游发展大局的现代整体发展观念。2015年，魏小安提出从空间、行业、消费、时间、社会、发展6个全域维度促进全域旅游发展，对全域旅游进行了全面的论述。2016年，石培华认为全域旅游是旅游业发展到现阶段的必然产物，从发展意义上对全域旅游进行界定；杨振之认为全域旅游区域内，旅游资源富集，区域经济以旅游业为引导或主导，旅游规划是区域的顶层设计。2016年3月，李金早在《全域旅游大有可为》一文中，详细阐述了全域旅游的概念、价值、发展途径，他指出发展全域旅游是旅游业贯彻新发展理念的重要体现，是促进旅游业升级发展和可持续发展的必然选择，是推进我国新型城镇化和新农村建设的有效载体，是全面提升我国旅游业的国际竞争力的有效途径。

二、全域旅游的发展历程

1. 全域旅游在地方的发展阶段

自2008年浙江绍兴市委市政府首次提出"全域旅游"发展战略以来，全国各地纷纷开始探索全域旅游发展新模式，并做出了多种有益性、创新性尝试，形成了众多发展典范。

2010年，大连市提出"全域城市化"战略，提出打破城市旅游接待格局，在不同区域打造具有地方特色的旅游吸引物，强调打破固有的旅游功能和产业布局，推行泛旅游产业的差异开发（胡晓苒，2010）。

2011年，杭州"十二五"旅游休闲业产业规划提出了全域化旅游战略，包括旅游空间全域化、旅游产业全域化、旅游受众全民化，优化全域化旅游休闲空间，拓展全领域产业融合体系，丰富全域化休闲产品体系，实现城市旅游的不断升级。

2012年，桐庐提出"造城、添景、兴镇、美村"的全域旅游工作思路，优化旅游空间格局，提升旅游服务体系，夯实旅游工作保障。

2013年，浙江省桐乡市乌镇开展"镇区景区化、景区全域化"工作，推进旅游业与现代农业、现代服务业、新型工业、新型城镇化相互融合、相互促进。

2014年,浙江省海盐县以"绿色、生态、休闲"为特色,将全域旅游与城镇化相结合,培育多产业融合发展,走出了"就地城镇化"的路子,引发全国关注。

2. 全域旅游进入国家层面的新阶段

2015年8月,原国家旅游局《关于开展"国家全域旅游示范区"创建工作的通知》提出了"全域旅游"创建考核指标。自此,全域旅游进入了快车道。

2016年2月5日,原国家旅游局公布,262个市县成为首批国家全域旅游示范区创建单位。

2016年3月4日,原国家旅游局李金早局长在《人民日报》发表文章,全面阐述全域旅游价值和途径。

2016年11月,国家旅游局公布了238个"第二批国家全域旅游示范区"名单。各地政府也纷纷将全域旅游发展写进各地"十三五"发展规划纲要,全域旅游迎来了全国大实践、大探索阶段。

2017年6月12日,原国家旅游局召开新闻发布会,正式发布《全域旅游示范区创建工作导则》,成为全域旅游示范区创建工作提供行动指南。

2018年3月9日,《国务院办公厅关于促进全域旅游发展的指导意见》印发并实施。

2019年3月18日,文化和旅游部制定了《国家全域旅游示范区验收、认定和管理实施办法(试行)《国家全域旅游示范区验收标准(试行)》,决定开展首批国家全域旅游示范区验收认定工作,并下发关于开展首批国家全域旅游示范区验收认定工作的通知。

2019年9月,文化和旅游部公示关于首批国家全域旅游示范区名单的公告,通过了首批71个国家全域旅游示范区。

第二节 全域旅游主要空间结构类型

一、景城分离型

景区与城区距离较远,景区和城区之间有旅游公路连接,乡村旅游主要围绕龙头景区发展起来(兼有城郊发展起来的乡村旅游业态)。这种类型的地区发展模式主要就是通过打造龙头景区的品牌来带动乡村和城郊发展。需要重点打造景区与城区的交通,树立良好的景区品牌形象和效应。通过景区的辐射效应,带动周边地区的发展。如图11-1所示,景区知名度高,在一系列景区的带动下,周边形成了为景区提供服务的乡村旅游集聚带,由于景区和城区便利的交通,外来游客通过城区中转,可以在城区住宿,景区提供旅游吸引物、城区提供中转和住宿服务,带动旅游整体发展。

二、景城融合型

龙头景区在县城(区)内或县城(区)基于龙头景区而发展起来,乡村旅游则多发育于县

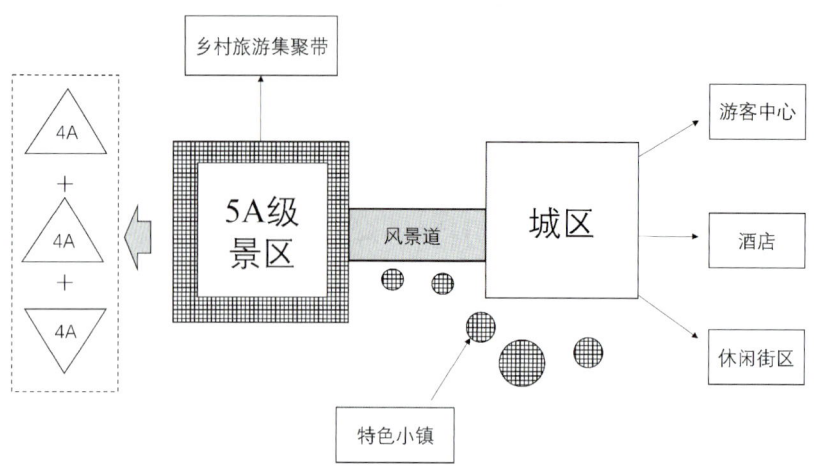

图 11-1 景城分离型结构示意图

城(区)周边,风景道则主要联通城区与乡村旅游集聚区或沿龙头景区建设。

龙头景区位于县城内,旅游景点和服务设施主要分布在县城内,依托城内旅游,乡村地区为城区提供一些农产品、土特产品等,同时也通过提供一些特色旅游产品,例如农家乐等,从而通过城市景区的发展带动城市和乡村地区的发展(图 11-2)。

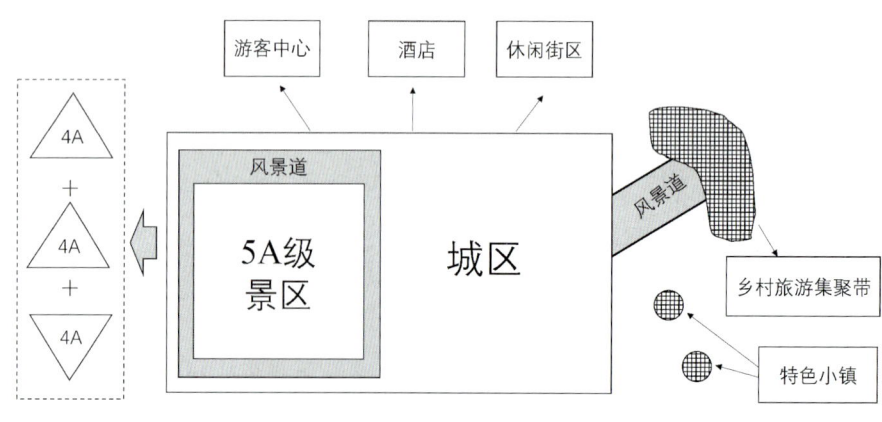

图 11-2 景城融合型结构示意图

三、城市中心区型

全域均为城区,无乡村旅游培育,景区较分散地分布于城区中,风景道则主要沿水系、景区等建设。旅游景区分散在城区,城区还有休闲街区、星级酒店、车站等为游客提供多种服务。城区的服务已经能够满足景区,因此,乡村旅游不发达(图 11-3)。

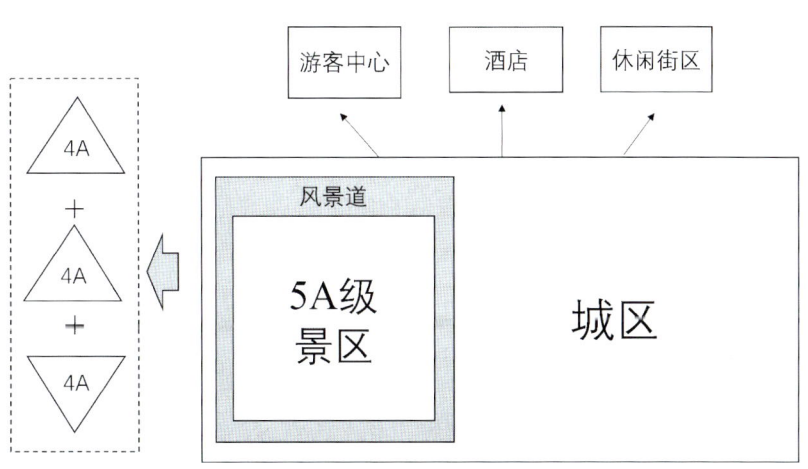

图 11-3 城市中心区型结构示意图

四、城郊型

县城(区)面积较大(通常占全域面积比例在一半以上),但乡村旅游发展相对发达,乡村旅游集聚区多围绕县(城)区发育而成,风景道则较多联通乡村旅游集聚区或环绕乡村旅游带建设。景区主要分布在城郊,带动郊区的乡村旅游发展较快,乡村旅游集聚区通过风景道和城区结合,休闲街区、星级酒店也主要分布在城郊(图 11-4)。

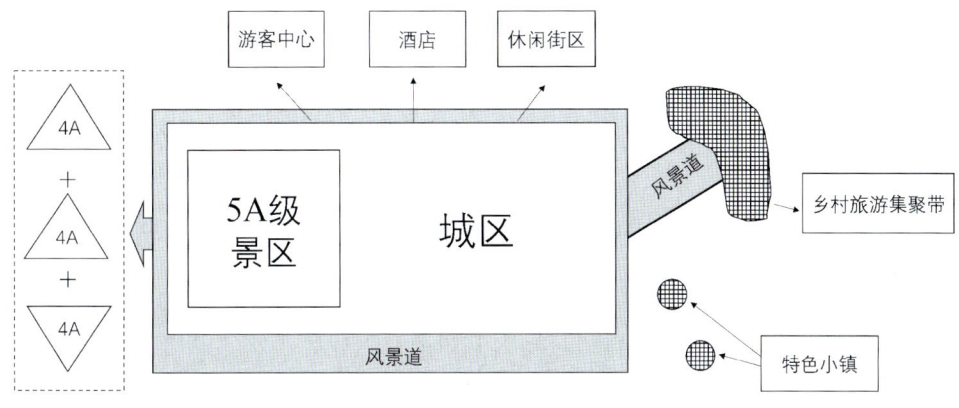

图 11-4 城郊型结构示意图

五、全域融合型

全域旅游发展较突出,县城(区)与乡村融为一体,全域可实现游客接待和旅游服务。区域旅游整体发达,一系列旅游景区带动城区和郊区的发展,旅游服务设施完善,乡村旅游发达,通过风景道和城区连接,整体发展较好(图 11-5)。

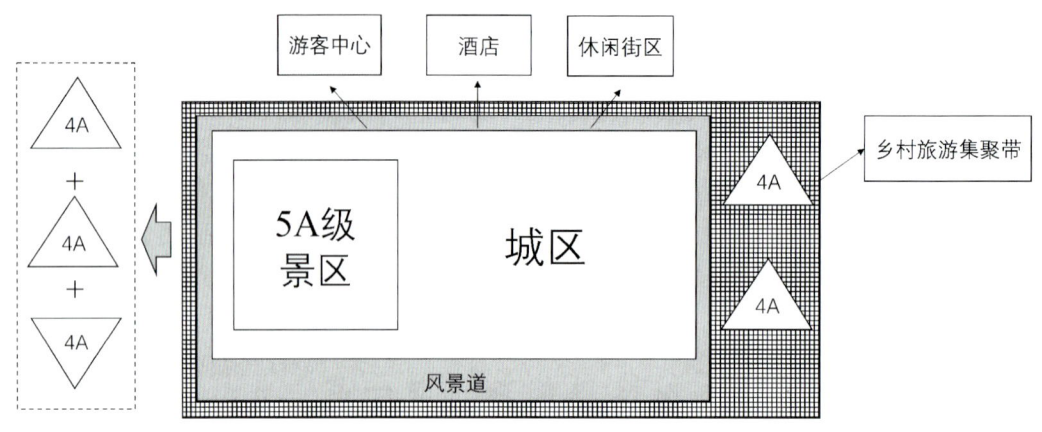

图 11-5　全域融合型结构示意图

第三节　全域旅游的创建任务

一、创新体制机制，构建现代旅游治理体系

建立党政主要领导挂帅的全域旅游组织领导机制，加强部门联动；探索建立与全域旅游发展相适应的旅游综合管理机构；推动公安、工商、司法等部门构建管理内容覆盖旅游领域的新机制，切实加强旅游警察、旅游市场监督、旅游法庭、旅游质监执法等工作和队伍建设；推进政策创新，加大财政支持，加大对基础设施和公共服务设施建设投入力度，鼓励统筹各部门资金支持全域旅游建设，并强化旅游用地保障，在年度用地指标中优先支持旅游项目用地政策。

二、加强规划工作，做好全域旅游顶层设计

将旅游发展作为重要内容纳入经济社会发展、城乡建设、土地利用、基础设施建设和生态环境保护等相关规划中。城乡基础设施、公共服务设施和产业发展中的重大建设项目，在立项、规划设计、竣工验收等环节，可就其旅游影响及相应旅游配套征求旅游部门的意见。完善旅游规划体系。编制旅游产品指导目录、制定旅游公共服务、营销推广、市场治理、人力资源等专项规划和实施计划或行动方案，形成包含总体规划、控制性详规、重大项目设计规划等层次分明、相互衔接、规范有效的规划体系。加强旅游规划实施管理。全域旅游发展总体规划及重点项目规划应报请人大或政府批准，提升规划实施的法律效力，并建立旅游规划评估与实施督导机制。

三、加强旅游设施建设，创造和谐旅游环境

推动"厕所革命"覆盖城乡全域。构建便捷畅达的交通网络。完善集散咨询服务体系；

规范完善旅游引导标识系统;合理配套建设旅游停车场等。

四、提升旅游服务,推进服务人性化、品质化

充分发挥标准在全域旅游工作中的服务、指引和规范作用,完善旅游业标准体系,扩大旅游标准覆盖范围。按照旅游需求个性化要求,实施旅游服务质量标杆引领计划,鼓励企业实行旅游服务规范和承诺,建立优质旅游服务商目录,推出优质旅游服务品牌,开展游客评价为主的旅游目的地评价,不断提高游客满意度。推进服务智能化。建立地区旅游服务线上"总入口"和旅游大数据中心,形成集交通、气象、治安、客流信息等为一体的综合信息服务平台。完善旅游志愿服务体系。建立服务工作站,制定管理激励制度,开展志愿服务公益行动,提供文明引导、游览讲解、信息咨询和应急救援等服务,打造旅游志愿服务品牌。

五、坚持融合发展、创新发展,丰富旅游产品,增加有效供给

旅游+城镇化、工业化和商贸。突出中国元素、体现区域风格,建设美丽乡村、旅游小镇、风情县城、文化街区、宜游名城,以及城市绿道、骑行公园等慢行系统,支持旅游综合体、主题功能区、中央游憩区等建设。利用工业园区、工业展示区、工业历史遗迹等因地制宜开展工业旅游,鼓励发展旅游用品、户外休闲用品和旅游装备制造业。完善城市商业区旅游服务功能,开发具有自主知识产权和鲜明地方特色的时尚性、实用性、便携性旅游商品,提高旅游购物在旅游收入中的比例,积极发展商务会展旅游。

旅游+农业、林业和水利。大力发展观光农业、休闲农业和现代农业庄园,鼓励发展田园艺术景观、阳台农艺等创意农业和具备旅游功能的定制农业、会展农业、众筹农业、家庭农场、家庭牧场等新型农业业态。因地制宜的建设森林公园、湿地公园、沙漠公园,鼓励发展"森林人家""森里小镇"。鼓励水利设施建设融入旅游元素和标准,充分依托水域和水利工程,开发观光、游憩、休闲度假等水利旅游。

旅游+科技教育、文化、卫生和体育。积极利用科技工程、科普场馆、科研设施等发展科技旅游。发展红色旅游、开展国情教育、夏(冬)令营等研学旅游产品。依托非物质文化遗产、传统村落、文化遗迹及美术馆、艺术馆等文化场所,推进剧场、演艺、游乐、动漫等产业与旅游业融合,发展文化体验旅游。开发医疗健康旅游、中医药旅游、养生养老旅游等健康旅游业态。积极发展冰雪运动、山地户外、水上运动、汽车摩托车运动等体育旅游新产品。

旅游+交通、环保和国土。建设自驾车房车旅游营地,打造旅游风景道和铁路遗产、大型交通工程等特色交通旅游产品,推广精品旅游公路自驾游线路,支持发展邮轮游艇旅游、开发多类型、多功能的低空旅游产品和线路。建设生态旅游区、地质公园、矿山公园,以及山地旅游、海洋海岛旅游、避暑旅游等旅游产品。

提升旅游产品品质。深入挖掘历史文化、地域特色文化、民族民俗文化、传统农耕文化等,提升旅游产品文化含量。积极利用新能源、新材料、现代信息和新科技装备,提高旅游产品的科技含量。大力推广使用资源循环利用、生态修复、无害化处理等生态技术,加强环境综合治理,提高旅游开发的生态含量。

丰富品牌旅游产品。增强要素型旅游产品吸引力,深入挖掘民间传统小吃,建设特色餐

饮街区,进一步提升星级饭店和绿色旅游饭店品质,发展精品饭店、文化主题饭店、经济型和度假型酒店、旅游民俗、露营、帐篷酒店等新型住宿业态,打造特色品牌。提升园区型旅游产品品质,强化A级景区、旅游度假区、旅游休闲区、旅游综合体、城市公园、主题乐园、大型实景演出和博物馆、文化馆、科技馆、规划馆、展览馆、纪念馆、动植物园等园区型旅游产品配套设施,实现节约、集成和系统化发展,打造整体品牌。发展目的地型产品,按照村、镇、县、市、省打造具有国际影响力的目的地品牌。

推动主体创新。培育和引进有竞争力的旅游骨干企业和大型旅游集团,促进规模化、品牌化、网络化经营。支持旅游企业通过自主开发、联合开发、并购等方式发展知名旅游品牌。发展旅游电子商务,支持互联网旅游企业整合上下游及平行企业资源。促进中小微旅游企业特色化、专业化发展,建设发展产业创新、服务创新、管理创新、技术创新的特色涉旅企业。构建产学研一体化平台,提升旅游业创新创意水平和科学发展能力。

六、实施整体营销,凸显区域旅游品牌形象

制订全域旅游整体营销规划和方案,拓展营销内容,实施品牌营销战略。建立政府部门、行业、企业、媒体、公众等参与的营销机制,充分发挥企业在推广营销中的作用,整合利用各类宣传营销资源和方式,建立全域旅游营销格局,创新全域旅游营销方式。

七、加强旅游监管,切实保障游客权益

加强旅游执法,加强旅游投诉举报处理,强化事中事后监管,加强旅游文明建设。

八、优化城乡环境,推进共建共享

加强资源环境生态保护,推进全域环境整治,强化旅游安全保障,大力促进旅游创业就业,大力推进旅游扶贫和旅游富民,营造旅游发展良好社会环境。

链接材料:

两批168个国家全域旅游示范区是怎么分布的?

近日,文化和旅游部正式公布了第二批97个国家全域旅游示范区名单,这是文化和旅游部贯彻党的十九届五中全会精神,落实党中央、国务院关于推动旅游业高质量发展决策部署的阶段性成果,将对今后推进全域旅游、大众旅游发展产生积极的示范作用。

按照党中央、国务院统筹推进新冠疫情防控和经济社会发展的决策部署,为有序推进旅游业恢复发展,发挥旅游业在助力实现"六稳""六保"中的积极作用,文化和旅游部于今年7月启动了第二批国家全域旅游示范区验收认定工作。在各地初审验收的基础上,文化和旅游部采取会议评审和第三方暗访检查的方式,坚持"高标准、严要求"原则组织了验收认定工作。经过公示,全国共有97个创建单位被认定为第二批国家全域旅游示范区。

据介绍,第二批97个国家全域旅游示范区在创建方式、创建路径、创建成果上各具特色,为更多示范区创建单位创新发展提供了诸多有价值的、可复制可推广的经验做法,特别是在文旅融合发展、旅游扶贫富民、城乡统筹、生态依托、景城共建共享、休闲度假、资源转

型、边境开发开放等方面进行的实践探索,对各地深化全域旅游发展具有学习借鉴意义。

文化和旅游部立足新发展阶段,坚持新发展理念,将创建国家全域旅游示范区作为加快推进供给侧结构性改革和需求侧改革的有力抓手,持续推进全域旅游、大众旅游发展,充分发挥旅游业在促进经济社会发展、满足人民美好生活需要等方面的重要作用,助力构建以国内大循环为主体、国内国际双循环相互促进的新发展格局。截至目前,文化和旅游部发布了2批共168个国家全域旅游示范区(图1)。

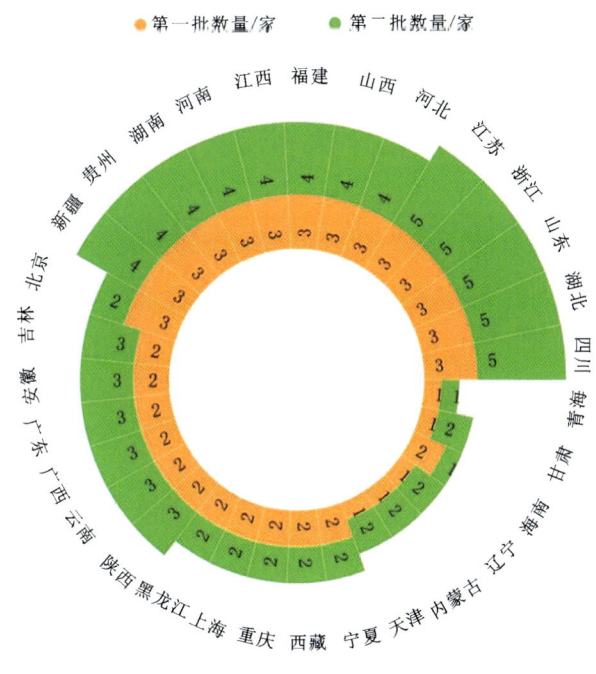

图1 国家全域旅游示范区分布图

(资料来源:中国旅游报,2020-12-17)

根据上述材料分析截至目前,全域旅游示范区在我国的分布规律及特点。

思考题

(1)什么是全域旅游?

(2)全域旅游产生的背景是什么?

(3)全域旅游的主要空间结构类型是什么?

(4)全域旅游的主要创建任务是什么?

第十二章　旅游影响与旅游环境

学习目标：了解和掌握旅游环境的概念、旅游对环境的影响，掌握旅游环境容量的定义、特征与分类；学会对旅游区的旅游环境容量进行量测。

第一节　旅游活动对环境产生的影响

旅游环境，即旅游地理环境。它是由旅游环境各组成要素相互联系、相互作用并通过历史过程而形成的旅游综合体，亦可称为自然环境和人文环境。自然环境是自然界的客观存在，由地貌、水体、气象、气候、植物和动物等组成。人文环境是人类社会发展的历史产物，是人类为生存发展的需要有意识地利用自然所创造的地理景观，是人类在改造自然的过程中逐步建立的，如城镇、农村、沙漠中的绿洲、深山中的古刹等。人文环境既受到自然规律的制约，也决定了不同制度下人们对自然利用、改造的程度和方式。

一、旅游活动对自然地理环境的影响

世界旅游组织第三任秘书长安东尼奥·恩里克斯·萨维尼亚克说过："旅游业可以在许多方面为旅游环境保护提供帮助，特别是它可以通过提供经济刺激的手段，来保护那些无法通过其他途径获得财政收入的资源，如珍奇动物种群、独特的自然景区和文物"。旅游对自然环境的有利作用表现在以下方面(图12-1)。

(1)旅游对生物的影响。一个地区要发展旅游业，就需要提供优美的自然环境，优美的自然环境是吸引旅游者的重要原因之一，这个地区也可以通过旅游业所获得的经济收入来美化当地的自然环境。

旅游业发展有利于保护野生动植物及其生存环境。坦桑尼亚于1961年独立后，世界上很多专家估计在没有欧洲的控制下，非洲的野生动物将受到摧残。但事实是，坦桑尼亚和其他东非国家的国家公园数量大大增加了。政府逐渐认识到，发展旅游可以赚取外汇，发展旅游必须保护好吸引游客的旅游资源，对于非洲来说，就是要保护好野生动物。

同时，旅游的发展也对生物带来了不利的影响。它主要表现为：旅游者对植物的采摘、踩踏等导致植物的死亡进而影响到植物的种类；旅游者对植物的踩踏会影响到生长植物的土壤，致使其变硬，从而导致植物的死亡；有些森林火灾是旅游者不小心引起的；旅游者不合理的垃圾堆放也会导致土壤营养状态的改变。砍伐树木建宾馆会毁坏大量树木和幼木，改变森林的树龄结构，只剩下少量的幼木长大成熟覆盖地面。北京香山饭店在香山静宜园内选址建造，虽然尽量保护古树名木，但最终还是砍掉176棵百年古树。

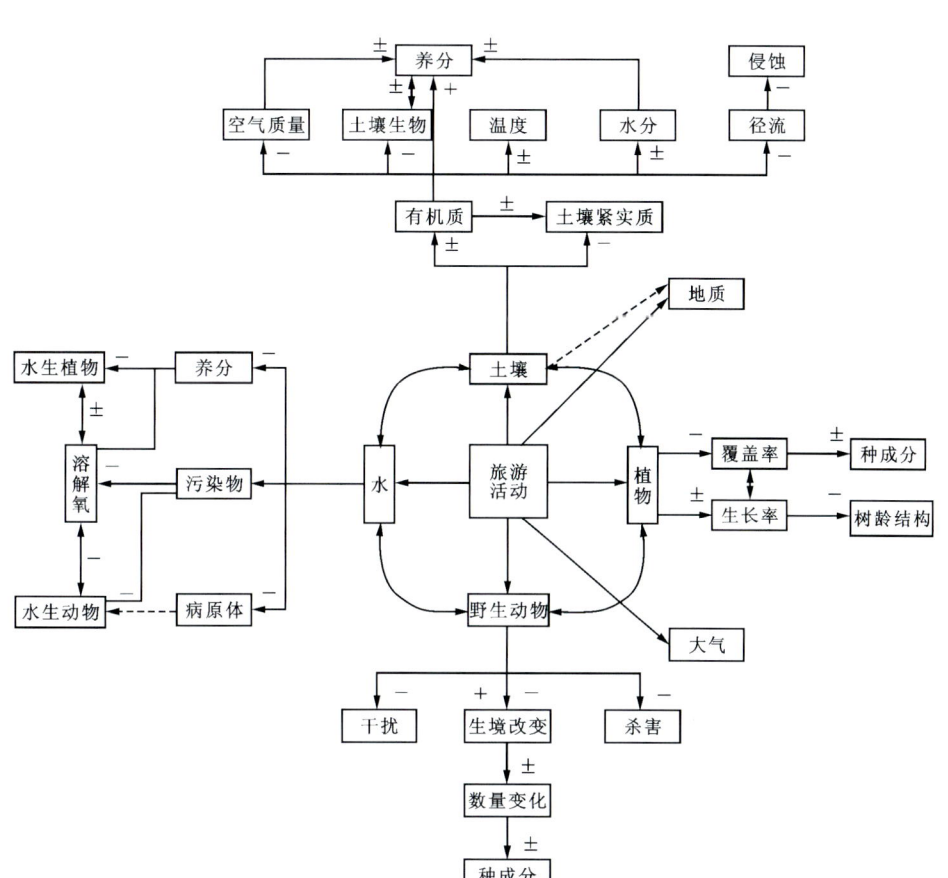

+. 有利影响；—. 不利影响；……. 不确定性。

图 12-1　旅游活动对自然环境影响的内部关系

(引自 Mathieson 等，1984)

旅游对动物的不利影响主要有：不加选择的狩猎和钓鱼使得野生动物数量下降；旅游区的建设可能占用野生动物活动空间，进而影响到野生动物的捕食和繁衍规律；让野生动物表演等行为对野生动物产生不利影响；游客的随意投食或者景区的喂食等影响到食肉动物和被食肉动物之间的关系。

(2) 旅游对水质量的影响。水是景区重要的组成部分，包括海洋、河流、湖泊、湿地、水库、泉水、瀑布等，旅游的过程对水的影响主要有以下几个方面。

大量未经过适当处理的生活污水进入海滩、湖泊、河流等水环境中，对使用这些资源的游客的健康是一个潜在的危害。过多的营养物质进入水体会加剧其富营养化的过程。过量的杂草生长将影响水中溶解氧的含量；反过来，溶解氧含量的变化将制约鱼的数量、种类和生长速度。

氧的供给和分布变化对水生动植物产生影响。水体中不断增加的油物质，例如油轮泄露、游艇排放，对氧的供给产生严重危害，威胁到水生动植物的生存，同时降低了游客游玩的满意度。

(3) 旅游与大气环境。旅游意味着游客需要使用汽车、轮船、火车、飞机等交通工具，所有这些交通方式都会对大气产生污染，另外，在旅游中烧烤等也会对大气造成污染。

(4) 旅游与地质。旅游对地质的影响主要有对特定景观的破坏，例如，在喀斯特溶洞中，过多的游人呼出的二氧化碳会对洞穴中的景观造成一定破坏。有些景区的珊瑚礁或者奇石容易被盗走等。游客的踩踏行为也会造成土壤板结，不利于植物生长等。

二、旅游对地区经济的影响

旅游业是一个关联性很强的产业，它的发展可以带动很多关联产业的发展。与旅游业直接相关的产业包括交通运输业、餐饮酒店业、娱乐业、旅游特色商品销售业、旅行社等。其间接的影响还包括对农业的影响和对工业的影响。

旅游对地区经济的影响也受到目的地经济规模和发展水平、旅游消费量、旅游产业与区域经济的关联程度等的影响。

区域经济规模与水平：经济学理论认为，在其他方面因素相同的情况下，经济规模越大，发展水平越高，注入经济系统的额外消费所引起的各轮经济效应的综合也就越大；反之，越小。旅游者的消费属于注入本地的额外消费，旅游地的经济规模越大、经济发展水平越高，则一定的旅游消费给当地带来的经济效益就会越大；反之，越小。

旅游目的地所处的经济发展阶段意味着目的地在满足旅游者多重需要方面的能力大小。处于起步阶段的旅游目的地，各种功能设施较少，为旅游者提供的服务项目有限，旅游在该目的地的消费水平就可能很低，在经济方面对当地的影响就相对有限。如果旅游目的地是一个能提供综合服务功能的城市，旅游者在这样的目的地的消费水平就要高得多。

旅游消费量：旅游消费量决定着对旅游产品和服务的需求量，游客量增加，提高旅游产品和服务的利用效率，并增加旅游产品的供给量，必然增加旅游产业的收入，同时，向旅游业提供产品和服务的其他部门也会相应地发展，从而推动经济的发展。

旅游产业与区域经济的关联程度：在旅游消费总量和区域经济规模和水平既定的情况下，旅游产业与区域经济关联程度对旅游产业经济效应的影响有着至关重要的作用。旅游产业所涉及的设备、产品等如果来自本地生产，则会为本地带来更多的收入和更大的影响；如果都从外部购入，则影响较小。

旅游收入的流向：关于旅游业经营者获得的收入是用来储蓄或者消费，是在本地消费还是在异地消费，旅游收入的流向是旅游业发挥经济影响作用的另一因素。旅游收入在分配的过程中将产生乘数效应，随着被重新分配的轮数增多，乘数效应越来越大。如果旅游业经营者把旅游收入用来储蓄，即意味着这部分收入不会被重新分配，那么旅游业为当地带来的经济影响就仅限于旅游者在旅游地的最初花费。

旅游发展对经济的积极影响如下。

(1) 增加经济收入，改善投资环境。旅游企业和部门为旅游者提供物质产品和服务产品而得到旅游销售收入，由于乘数效应，这些收入中有部分会用来消费，从而刺激其他部门收入的增加，如此循环，会带来地区收入的增加。世界旅游理事会（WTTC）公布的世界旅游收入与总产出的增值关系的资料表明,全世界旅游乘数效应达2.5倍,即每1元旅游收入创造的国民经济增量为2.5元。另外,为了促使旅游业进一步发展,相关部门会大力改善当地的基础设施等相关配套。

(2)增加外汇收入,平衡国际收支。外汇储备量是衡量一国经济实力和国际支付能力的重要指标。除了通过对外货物贸易取得外汇收入外,通过旅游等服务贸易也是取得外汇的重要渠道。比起货物贸易更具备优势的是,旅游服务和产品不需要运输,降低了成本,创汇率更高,且销售旅游服务与产品不会受到国外关税壁垒的影响。

(3)创造就业机会,促进社会和谐。旅游业是第三产业,也是关联性很强的产业,与农业、交通运输业、餐饮业等很多部门都有关联,旅游业的发展也能带来很多就业岗位。根据世界许多地区的经验,旅游业直接就业人数同其所带来的其他行业相关就业人数之比为1:5,旅游业创造就业机会的潜力巨大。

(4)平衡区域差异,缩小城乡差别。旅游意味着财务在不同地区的再分配。国际旅游是将客源国的财富转移到接待国,起到了财富再分配的作用。国内旅游可以把国内财富从一个地区转移到另一个地区,起到将国内财富在有关地区间进行再分配的作用。当经济发达地区的游客到落后地区旅游时,给落后地区带来收入,缩小了区域贫富差异。

旅游发展对经济的消极影响如下。

(1)引起物价上涨。旅游开发会带来政策的支持和基础设施的改善,会引起旅游目的地区位和交通条件的变化,导致地价与物业的升值,从而推动物价上涨。另外,由于外来旅游者的支付能力通常高于旅游目的地居民,加之在外旅游消费心理的影响,他们往往愿意并且能够出高价购买其所需的商品和服务,因此也会引起旅游目的地物价上升。物价上升后会给当地居民带来直接经济利益的损害,会对当地居民产生挤出效应,容易出现旅游地"空心化"现象。

(2)产业结构单一化。在旅游业高度发达的地区,许多产业和就业人口都与旅游业有直接的关系或间接的关系,即产业"旅游化"。第一产业的大批劳动力抛弃了农耕而转入旅游服务的行列,另一部分则进行产业结构调整,形成符合旅游需求的旅游农业或观光农业,导致农副产品产出能力下降。第二产业由于旅游的需要,大部分被关停或搬迁。在旅游地产业中,大部分是围绕游客需求的旅游服务产业。

(3)旅游产业依赖症。旅游是波动性很强的产业,容易受到自然因素或者人为因素的影响,当地区过度依赖于旅游业之后,也容易受到旅游业的影响。例如2003年,受非典的影响,很多地区游客量大大减少。2019—2020年,由于新型冠状肺炎的影响,航空业、旅游业等很多产业受到了重大损害。

三、旅游活动对社会文化的影响

旅游发展对区域社会文化的影响具有复杂性和综合性。当旅游者和当地居民接触时会对旅游地产生直接的社会文化影响,且因游客数量、游客类型、游客停留时间、旅游地居民参与程度等因素而对旅游地的社会文化产生不同程度的影响。

(1) 社会发展的引导效应。旅游产业发展对接待地社会发展具有引导效应。首先,旅游业的发展,促进了当地基础设施、生活服务设施、文化休闲设施,以及为旅游者服务的相关设施的建设,客观上也促进了当地居民的社会生活环境的改善,提高了居民的生活质量。其次,旅游业的发展不但改变了当地居民的生活方式,而且还改变着当地社会的结构。随着旅游开发的深入,旅游地居民的商品意识、竞争意识增强,安于现状、知足常乐的价值观受到冲击(蒋艳和李祝舜,2003);原来不受经济法则制约的生活领域逐渐变得商业化和商品化;原有社会组织基础的瓦解,使得社会分层结构也相应地发生变异(周霄,2002),从而促进新的社会阶层出现,如从旅游业获益而壮大起来的中产阶级逐渐成为与传统地方精英相制衡的社会控制力量。旅游业的发展,使得旅游地变成区域社会经济发展的极核,带来了大量旅游移民。旅游移民一方面促进了旅游地的繁荣,另一方面也稀释了当地的文化特色。

(2) 旅游者的示范效应。旅游者带来的强势文化与旅游地相对弱势文化接触时,当地的弱势文化会更多地受到旅游者强势文化的影响。随着旅游活动的开展,外来旅游者不可避免地会将自己的生活方式、价值标准和道德观念带到旅游目的地,引起接待地居民的思想和行为变化,旅游地居民往往对旅游者的言谈举止、穿着打扮、生活方式等进行曲意的迎合、追求和模仿(李星明和赵良艺,2002),从而自觉或不自觉地会将旅游者的行为方式、价值观念融入自身的行为和思想中,表现出对旅游者一定的羡慕和盲从心态,由此产生示范效应。示范效应是旅游对接待地社会文化发生影响的主要途径(李经龙等,2003)。在示范效应的作用下,旅游地居民可能放弃传统的服饰、言行举止、风俗礼仪与生活方式,追求先进地区的消费水平和生活方式,增强了旅游地的开放观念和现代化意识,从而影响了当地社会文化环境(李星明和赵良艺,2002)。

(3) 区域文化的复兴与重构效应。旅游者对异地文化的追求,使得旅游业成为旅游地文化复兴、社会文化环境优化与重构的重要推手。首先,由于旅游业的发展,许多旅游地对自己的民族传统文化采取了系统的保护、挖掘和利用措施,一些几乎被人们遗忘、濒临失传的传统习俗和文化活动又得到开发和恢复,几近湮灭的文物古迹得到维护、整修甚至重建。另外,在旅游发展过程中,旅游地居民在与外来文化的接触中往往会唤起对自我民族的认知,加强他们对自身身份表述的关注,并借机重新树立自我形象,强化民族认同,促进社会文化环境的变化与重构(叶玉洁,2008)。通过重构,重新唤醒民族成员的历史记忆,增加内聚力、自信心,以及民族自豪感。

(4) 社会文化的阻滞效应。旅游产业的发展对旅游地社会文化带来冲击和破坏。随着旅游的发展,在异质文化的强力冲击下,旅游活动改变了接待地的社会文化生活,当地独特的语言、服饰、风俗、饮食习惯等由于受到外来文化的影响,固有的特色正在逐渐被同化,甚至被扭曲。为了迎合游客求异的需求,旅游经营者往往对当地文化进行变通、嫁接、扭曲甚至杜撰,导致了地方民俗风情的失真。旅游产业的发展会对旅游地社会文化环境产生负面影响,主要包括对社会文化环境的破坏、对接待地历史文化遗产的损害等。

另外,根据 Doxey(1975)的研究,旅游地居民对旅游发展的态度随着旅游开发的深入经历了不同的阶段:从最初的愉快(乐于接触),演变为冷淡(对大量游客逐渐冷漠)、恼怒(对物价上升、犯罪、文化准则遭受的破坏表示关注和愤怒),直到敌视(公开地或隐蔽地对游客进

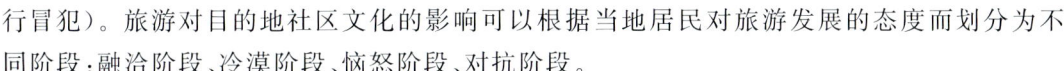

行冒犯）。旅游对目的地社区文化的影响可以根据当地居民对旅游发展的态度而划分为不同阶段：融洽阶段、冷漠阶段、恼怒阶段、对抗阶段。

第二节　旅游环境容量

一、旅游环境容量的定义

旅游环境容量是指旅游地生态环境在没有受到不可接受的破坏或者发生不可持续发展的状态下，旅游需求方（游客）体验没有受到不可接受的下降，旅游供给方（居民、当地社会文化）没有受到不可接受的侵害时，旅游地所能容纳的游客数量。旅游需求方，即旅游主体，是指在旅游活动中，输出影响、接受服务的旅游者，获得愉悦的体验同时产生一定的影响。旅游供给者，包括旅游客体和旅游从业者。旅游客体，是指在旅游活动中，输出服务、接受影响的客观个体，包括生态环境、旅游资源、经济资源等。旅游从业者，是指输出服务，接受影响的旅游经营者和一般从业人员，既获得利益，也接受一定的消极影响。当地居民，是指未参与旅游经济活动的未输出服务但接受影响的主观个体。

二、旅游环境容量的决定因素

旅游容量作为一种量化的限制性因素，被应用于旅游业的实践中，并不是十分容易的事情。因为旅游容量受多种因素影响，不易严格、科学、及时地测定，往往在旅游中已经由于超容量过度使用而表现出严重的、不可逆转的衰退迹象时，才能被发觉，因此研究旅游容量的决定因素与影响因素十分必要。这些因素大致分为三大类：旅游资源的特性、旅游者的特性和旅游管理的特性。

1. 旅游资源的特性

旅游资源的特性是最基本的影响因素，旅游资源的众多特性都与旅游容量密切相关。自然旅游资源中的地貌、土壤、生物、水文、气候等因素对旅游容量都有影响。

地貌：较为平坦的地形比凹凸不平的地形容量大，作为游客集散地的较为平坦地形的面积与容量密切相关。与地貌相关的坡度陡缓、安全系数、适宜旅游方式等都与旅游容量相关。

土壤：土壤的肥力状况决定了旅游目的地植被的养分供应状况；土坡的排水性能决定了旅游目的地内游客集散地的适宜性。

生物：分为植物与动物影响。旅游容量与植被对于利用和磨耗的承受能力、植被的疏密程度、植被的品种及其组合等都有关系，例如，稀疏的树林比茂密的树林更有利于提高容量；乔、灌木的适宜配置也是提高旅游容量的有效措施。而野生动物的种类、数量，有害动物的分布与类型，动物的种群承受消耗与干扰的能力等都要影响旅游容量。

水文：溪流的长度与分布，湖泊等水体的面积、深度、污染状况，饮用水的数量与保证程度,温泉等地下热水的分布等也会影响旅游容量。

气候:降雨天数、历时和类型,暴风雪,以及大雪封山、大雾的天数,降雪量和气温,以及气候对植被、水的影响等对旅游容量都有影响。人文景观的类型、保护等级、承受磨耗能力、维修与恢复的难易程度等对旅游容量的影响也不可避免。

2. 旅游者的特性

旅游者对不同类型景区的利用形式、旅游体验的要求,以及习惯偏好程度等都极大地影响游客容量。

(1)利用心理的影响。以节假日游乐为目的时,喜欢热烈、欢快的气氛,容量则大;以享受天然景观为目的时,需要宁静、舒展的田园风景,容量则小;以团体活动为主要形式时,容量则大;以零散、漫游为主要形式时,容量则小。

(2)利用方式的影响。景区知名度大的景点多且分布合理时,容量大;反之则小;以自然景观为主,以观赏为主要形式时,容量小;而以人文景观为主时,以游乐为主要形式时,容量则大。

(3)旅游习惯的影响。以漫步、观赏为主时,容量大;以宿营、野餐为主时,容量则小;以驾船在湖上垂钓为主时,容量大;以湖岸边垂钓为主时,容量则小;以散客、搭乘公共汽车为主时对停车场面积要求小;以团体游客、包车为主时对停车场面积要求则大;当天可以结束游览的目的地,容量一般较大;需要数天方可尽兴的目的地,容量一般较小。

3. 旅游管理的特性

旅游目的地旅游业的发展和结构对旅游容量的影响也不容忽视。旅游目的地如果是一个具有多种功能的城市,那么,它所依赖的自然环境和旅游资源,不仅要满足外来旅游者的旅游需要,也要满足当地居民的日常生活需要,例如北京,它的旅游容量一般要小于具有单项经济特征的旅游容量。旅游目的地旅游项目的类型、组合方式及其数量,项目自身的容量,新项目的开发等因素;旅游目的地旅游业的管理措施像维修道路,增加绿地、水面;增加服务设施的配套,例如停车场、食宿条件、医疗、救险能力等都会影响该地的旅游容量。

三、旅游环境容量特征

(1)主观性:是指旅游活动供需双方,对旅游环境容量的心理感知程度。

(2)客观性:是指旅游环境系统在生态环境、资源规模、设施配备、利用强度上的客观存在,是开展旅游活动的基础。

(3)静态性:是指在一定时期同一区域内,旅游环境系统主客双方的相对稳定性,例如旅游地面积存在一定的稳定性。

(4)动态性:是指在不同时期同一区域内,旅游环境系统主客双方处于绝对的变动当中,在短期表现为波动,在长期表现为显著的变化,例如游客心理感知会出现一定的波动。

(5)层次性:是指在同一时期,因旅游活动的层次不同而具备不同的表现形式和可能得到不同的结论。它表现为旅游客观方面具有质的差别,例如游船载客量由于游船的质量而产生差别:旅游主观方面具有等级的差别,例如不同年龄段的游客对空间的要求存在差别。

(6)复杂性:是指在同一时期,因旅游活动的内容不同而得到的不同结论,例如游乐园与寺庙要求的空间标准存在差别。

(7)可量可控性:是指人的主观能动性能够对旅游环境容量进行测算,在掌握其规律和特征的基础上,进行针对性的调控,使其满足预定目标,例如通过扩建、增加设备等来提高旅游环境容量。

四、旅游环境容量的分类

旅游容量按不同的划分方法有不同的分类。

(1)按照旅游容量的内容划分:有旅游生态容量、旅游心理容量、旅游社会容量和旅游经济容量。其中,旅游生态容量,是指一定时间内在不导致旅游地域的自然生态环境发生退化的前提下,该地域所能容纳的旅游活动量;旅游心理容量,是指不导致旅游者或旅游目的地居民对旅游产生厌恶情感的旅游活动量;旅游社会容量,是指一种建立在社会价值观、道德习俗、宗教信仰、文化传统和生活方式等社会规范基础上的量值;旅游经济容量,是指一定时间内一定区域中由经济发展的整体水平所决定的旅游活动的极限。5个基本容量之间的关系:旅游经济发展容量与旅游地域社会容量之间有较明显的关联;旅游感知容量受旅游者的价值观念、旅游活动类型、接待地区的自然和社会经济条件的影响;对于自然观赏性地域,旅游资源容量越大,一般旅游的生态容量也越大;一个旅游地域能够接纳的旅游流量,决定于5个基本容量中最小的那一个。

(2)按照旅游容量的规范性划分:有旅游期望容量和旅游极限容量。其中,旅游期望容量是规范程度较高的容量指标,它含有合理容量的意义,是指旅游相关个人或旅游相关群体对旅游活动质量的心理预期;旅游极限容量,也称最大容量,是指在保证游览安全的情况下,环境空间所能容纳的最多游客数量。

(3)按照旅游容量的空间尺度划分:有旅游景点容量、旅游景区容量、旅游地容量和旅游区域容量。

(4)按照旅游容量的时间尺度划分:有日旅游容量、季节旅游容量和年旅游容量。

旅游容量既是一个客观量值,也是一个心理感受指标;既是一个空间量度,也是一个包含时间意义的范畴;既是一个可以阐述的实用概念,也是一个必须依据某种尺度的标准而建立的相对测量手段。在不同的情况下,旅游容量有着不尽相同的意义,这充分反映了旅游容量的丰富内涵和复杂结构,也预示着这一概念的巨大应用潜力。

五、旅游环境容量的测定

旅游环境的量测,是以基本空间标准为基点的。基本空间标准是指单位利用者(通常是人或人群,也可以是旅游者使用的载体,如船、车等)所需占用的空间规模或设施量。基本空间标准的获得,大都是长期经验积累或专项研究的结果。

(1)旅游资源容量:是指在保持旅游资源质量的前提下,一定时期内旅游资源所能容纳的旅游活动量。计算方法是以资源的空间规模除以每人最低空间标准,即可以得到资源的

极限时点容量,再根据人均每次利用时间和资源的每日开放时间得出资源的极限日容量:

$$C = \frac{T}{T_0} \cdot \frac{A}{A_0}$$

式中:C 为极限容量;T 为资源的每日开放时间;T_0 为人均每次利用时间;A 为资源的空间规模;A_0 为每人最低空间标准。

(2)旅游心理容量:是指游客在某一地域从事旅游活动时,在不降低活动质量的条件下,地域所能容纳的旅游活动最大量。

根据环境心理学原理,个人在从事旅游活动时,对环绕在身体周围的空间有一定的要求,任何外人的进入,都会使个人感受到拥挤、压抑和被侵犯,导致情绪不快、不安,这种空间称为个人空间。

由于影响游客个人空间的因素复杂多样,在大多数情况下难以有一个使所有游客都能满意的个人空间值(基本空间标准)。因此,游客平均满意度达到最大时的个人空间值,就被作为旅游资源合理容量或旅游的心理容量计算时的基本空间标准。相应的量测公式为:

$$C_p = \frac{A}{\sigma} = KA$$

$$C_r = \frac{T}{T_0} C_p = K \frac{T}{T_0} A$$

式中:C_p 为时点容量;C_r 为日容量;A 为资源的空间规模;σ 为基本空间标准;K 为单位空间合理容量;T 为资源的每日开放时间;T_0 为人均每次利用时间。

(3)旅游生态容量:是指一定时间内旅游地域的自然生态环境在不至于退化的前提下,旅游场所能容纳的旅游活动量,包含非人工处理的旅游地和人工处理的旅游地。

非人工处理的旅游地:

$$F_0 = \frac{\sum_{i=1}^{n} S_i T_i}{\sum_{i=1}^{n} P_i}$$

式中:F_0 为生态容量(日容量);P_i 为每位旅游者一天产生的第 i 种污染物量;S_i 为自然生态环境净化吸收第 i 种污染物的数量;T_i 为各种污染物的自然净化时间;n 为旅游污染物的种类数。

人工处理的旅游地:

$$F = \frac{\sum_{i=1}^{n} S_i T_i + \sum_{i=1}^{n} Q_i}{\sum_{i=1}^{n} P_i}$$

式中:F 为扩展性生态容量(日容量);Q_i 为每天人工处理掉的第 i 种污染物的数量。

(4)旅游经济发展容量:主要包括基础设施与旅游专用设施的容纳能力、投资和接受投资用于旅游开发的能力、当地产业中与旅游相关的产业所能满足旅游需要的程度及区域外调入的可能性和可行性、区域所能投入旅游业的人力资源等。计算公式如下:

$$C_e = \frac{\sum_{i=1}^{m} D_i}{\sum_{i=1}^{m} E_i}$$

$$C_b = \sum_{j=1}^{l} B_j$$

式中：C_e 为主副食供应能力所决定的旅游容量，日容量；C_b 为住宿床位决定的旅游容量；D_i 为第 i 种食物的日供应能力；E_i 为每人每日对 i 种食物的需求量；B_j 为第 j 类住宿设施床位数；m 为旅游耗食物的种类数；l 为住宿设施的种类数。

(5) 旅游地域社会容量：是指旅游接待地区的人口构成、宗教信仰、民情风俗、生活方式和社会开化程度所决定的当地居民可以承受的旅游者的数量。

(6) 旅游地环境容量：一般在旅游管理中，都要求景区计算出最终的旅游地环境容量或者承载力。

$$T = \sum_{i=1}^{m} D_i + \sum_{i=1}^{p} R_i + C$$

$$D_i = \sum_{i=1}^{n} S_i$$

式中：T 为旅游地容量；D_i 为第 i 旅游景区容量；S_i 为第 i 景点容量；R_i 为第 i 景区内道路容量；m、n、p 分别为景区、景点数、景区内道路条数；C 为非活动区接纳游人数。

目前，计算旅游环境容量主要采取面积法和游路法。

(1) 面积法计算公式为：

$$C = \frac{A}{a} \times D$$

式中：C 为游览区的日环境容量，人；A 为游览区的可游览面积，m^2；a 为每位游人应占有的合理面积，$m^2/$人；D 为周转率，$D=$ 景点开放时间/游完景点所需时间。采用面积法进行计算简单、直接，但游览区中大部分地区为无效旅游资源，如停车场或湖水等游客无法进入的区域，这些区域的面积在以往计算中都被包括在内，但游客不会分布于这些地方，所以面积法会导致夸大自然保护区的实际旅游环境容量，在实际应用中具有很大的局限性。

(2) 游路法计算公式为：

$$C_i = \frac{M_i}{L} \times D_i$$

$$C_t = n \sum_{i=1}^{n} C_i$$

式中：C_t 为全景区年容量；C_i 为某旅游线路日容量，人；n 为全年可游览天数，天；M_i 为每条旅游线路长度，m；L 为每位游客占合理旅游线路的长度，m/人；D_i 为游憩线路周转率。这种方法的技术路线是将一个大的自然保护区分成多条游览线路，计算每条游览线路的游客人数，从而得出整个游览区的旅游环境容量。各种方法考虑了景区内部各功能分区和各景点线路基本空间标准的非一致性，但单独测算各景点的日周转率会将各景点完全独立，隔断了游客流量在各景点间的相互联系，造成游客的重复计算，客观上夸大整个景区的旅游容量。

链接材料：

国家文物局文化和旅游部关于加强石窟寺等文物开放管理和实行游客承载量公告制度有关工作的通知

各省、自治区、直辖市文物局、文化和旅游厅/局，新疆生产建设兵团文物局、文化体育广电和旅游局：

石窟寺是我国文化遗产的重要组成部分，是我国辉煌灿烂古代文明的集中体现，是文明交流互鉴的历史见证，是感悟中华文化、增强文化自信的重要载体。近年来，石窟寺保护利用水平不断提升，但节假日、旅游旺季，部分石窟寺和世界文化遗产地游客超负荷，给文物和游客安全造成一定隐患。

为贯彻落实习近平总书记关于石窟寺保护利用的重要指示批示精神，进一步加强石窟寺保护管理，切实解决部分石窟寺，以及世界文化遗产地游客量超负荷问题，确保文物和游客安全，提供良好的参观游览环境，现将有关事项通知如下：

一、深刻认识石窟寺保护重要意义，加强开放管理。各级文物、文化和旅游行政部门要站在传承中华文化、坚定文化自信、构建人类命运共同体的高度，充分认识石窟寺保护工作的重要意义。要坚持保护第一的原则，妥善处理保护利用与旅游开发的关系，避免石窟寺景区过度商业化、娱乐化。各省级文物行政部门应会同文化和旅游行政部门，指导督促辖区内石窟寺所在地人民政府和景区管理机构，坚持发展旅游以文物保护为前提，制定石窟寺景区开放管理要求，明确文物保护、开放条件、容量管理、安全管理等方面的要求和措施，提高石窟寺开放管理水平。

二、合理测算、核定公布游客承载量。各省级文物行政部门应会同文化和旅游行政部门指导石窟寺景区管理机构，按照《文物保护单位游客承载量评估规范》（WW/T 0083—2017）、《景区最大承载量核定导则》（LB/T 034—2014）及石窟寺保护规划等有关要求，合理测算、从严设定石窟寺景区游客承载量。游客承载量应包括核心景区承载量、重要区域（如窟前平台）承载量、各开放洞窟承载量、栈道/游步道承载量，重点洞窟和栈道必须确定瞬时承载量。目前尚未公布游客承载量，或此前已公布游客承载量但不符合上述要求的石窟寺景区，应按照《中华人民共和国旅游法》第四十五条要求，报请景区主管部门批准后公布执行。

三、严格控制游客数量，提升游客参观质量。各省级文物行政部门应会同文化和旅游行政部门指导石窟寺景区管理机构，采取网络预约、电子票务、错峰参观、限时限流、定制服务、实时监测、预警上报等方式，调节控制游客量，严格落实游客承载量各项指标。石窟寺景区管理机构应开展游客承载量管控措施执行情况和效果分析，科学评估旅游开发对石窟寺的安全影响。鼓励石窟寺景区挖掘历史文化内涵，提升讲解服务质量，并通过建设数字博物馆、智慧景区，以及虚拟体验等措施，提高展示服务水平，提升游客参观游览体验。

四、改善石窟寺相关设施，提高应急处置能力。各省级文物行政部门应会同文化和旅游行政部门指导石窟寺景区管理机构，在不影响石窟寺历史环境风貌的前提下，加强安全设施、服务设施建设。开展景区日常安全巡查，及时排除安全隐患，重点做好节假日等旅游高峰期的安全防控工作。加强应急能力建设，制定景区管理应急预案，充分考虑可能发生的自然和人为损害，做好人员保障和物资准备，开展应急演练，增强预警响应能力，全面提升石窟寺景区应急处置能力。

故宫、承德避暑山庄、布达拉宫等游客量大的世界文化遗产地，应遵照上述要求加强开放管理，核定公布游客承载量，严格控制游客数量，提高应急处置能力，切实保障文物和游客安全。

请各省级文物、文化和旅游行政部门加强沟通、密切合作，督促指导石窟寺景区管理机构在2020年12月31日前完成石窟寺景区游客承载量核定公布工作，并于2021年1月31日前将石窟寺景区游客承载量公布及执行情况上报国家文物局。国家文物局将会同文化和旅游部于2021年上半年组织开展石窟寺景区游客承载量核定公布及执行情况专项检查。

特此通知。

国家文物局文化和旅游部
2020年10月27日

根据以上材料分析对旅游环境容量测定的必要性，对于一些特殊的景区，如何控制游客量，说说你的看法。

思考题

(1) 旅游对区域产生的影响有哪些？
(2) 如何减少旅游对环境产生的不良影响？
(3) 如何看待旅游对目的地社会文化的影响？
(4) 旅游环境容量的定义是什么？
(5) 旅游环境容量的类型有哪些？
(6) 什么叫基本空间标准？如何测定？
(7) 如何对旅游地的旅游环境容量进行量测？

第十三章 旅游规划

学习目的:掌握旅游规划的定义、特征、主要类型及其组成要素;学习和把握旅游规划的基本内容,旅游规划的编制程序与要求,旅游规划的管理、实施与修编。

第一节 旅游规划概述

一、国内外旅游规划的发展

1. 国外旅游规划发展

(1)初始阶段:旅游规划最早起源于20世纪30年代中期的英国、法国和爱尔兰等国。最初旅游规划只是为一些旅游项目或设施做一些基本的市场评估和场地设计,例如为饭店或旅馆选址等。20世纪60年代中期到70年代初期的几年里,世界旅游产业发展迅速,旅游开发的需求也逐步增加,与此相适应的旅游规划在欧洲得到了进一步发展,并逐渐发展到北美的加拿大,并进一步向亚洲和非洲国家扩展。

(2)过渡阶段:20世纪70年代后期,旅游产业的继续发展使得旅游规划的研究得到进一步加强,开始出现了比较系统的旅游规划著作,如冈恩(Gunn,1979)的《旅游规划》,世界旅游组织(UNWTO)出版的两个旅游规划文件,即《综合规划》和《旅游开发规划明细录》(*Inventory of Tourism Development Plans*),同一时期,UNWTO在全球范围内对1600多个旅游规划进行考察,发现只有55.5%的规划和方案被实施,规划对成本收益方面考虑多,而社会因素涉及得少,地区级规划要比区域级、国家级、世界级规划更有效和普遍。

(3)快速发展阶段:旅游规划的研究经过20世纪60年代的酝酿和70年代的初步探讨,到了80年代进入大发展时期。冈恩于1988年出版了《旅游规划》第二版,墨菲(Murphy)于1985年出版了《旅游:社区方法》(*Tourism:A Community Approach*),盖茨(Getz)于1986年发表了重要论文《理论和实践相结合的旅游规划模型》,皮尔斯(Pearce)于1989年出版了《旅游开发》。这个时期,学术界基本达成了共识,即认为旅游规划是一门综合性极强的交叉学科,任何其他学科的规划,包括城市规划和建筑规划都不能替代它。

(4)深入发展阶段:20世纪90年代初,美国规划专家因斯克普(Inskeep)为旅游规划的标准程序框架的建立作出了巨大贡献。因斯克普1991年出版的代表性著作《旅游规划:一种综合性的可持续的开发方法》(*Tourism Planning:An Integrated and Sustainable Approach*),是面向旅游规划师操作的理论和技术指导著作。同时期,世界旅游组织也出版了

《旅游产业可持续发展——地方旅游规划指南》(Sustainable Tourism Development:Guide for Local Planners)、《国家和地区旅游规划——方法和案例》(National and Regional Tourism Planning:Methodologies and Case Studies)和《旅游度假区的综合开发模式》(An Integrate Approach to Resort Development),冈恩的《旅游规划》(第四版)也于2002年出版,这些著作的出现使旅游规划的内容、方法和程序日渐成熟。

关于规划思想方面,在20世纪末和21世纪初,最重要的思想是可持续发展思想。1990年在加拿大温哥华召开的全球可持续发展大会上,旅游组织行动策划委员会提出了《旅游产业可持续发展行动战略》,首次从国家和区域两个层面提出了旅游产业持续发展的总目标、政府政策、实施步骤,以及政府、非政府和旅游企业的任务;1995年在联合国教科文组织、环境规划署和世界旅游组织召开的可持续旅游发展国际会议上又通过了《可持续旅游发展宪章》《可持续旅游发展行动计划》,推动了可持续旅游的研究与实施;1996年,世界旅游组织、世界旅游理事会与地球理事会联合制定了《关于旅游业的21世纪议程》,由此,可持续发展在20世纪末逐步成为指导旅游规划实践的最重要思想,并延续至今。

2. 国内旅游规划(研究)的发展

中国的旅游规划是从20世纪80年代初随着旅游产业的发展,在没有旅游规划规范的情况下,规划编制者从自己的专业背景出发来编制的,因此,出现了从内容到形式都不同的旅游规划。

(1)资源导向的旅游规划。中国的旅游开发是从观光型的初级产品开始的,初级产品是对自然山水、名胜古迹粗加工后的观光产品,地理学家主持的早期旅游规划大都是资源导向的旅游规划。但随着旅游的深入发展,这种规划模式已经难以适应市场的需要。

(2)套用城市规划模式的旅游规划。这种情况突出地表现在风景名胜区和旅游度假区的规划方面,城市规划痕迹明显,在中国,国家级旅游度假区规划和省级旅游度假区规划大都由城市规划设计部门完成,侧重于硬件建设规划,而对旅游地的定位、目标市场确定、市场规模预测、形象策划、宣传促销等一系列旅游规划中的重要内容重视不够。风景名胜区的规划问题则突出表现在旅游规模预测偏高,导致对宾馆等基础设施的规划建设规模偏大。

(3)综合性的旅游规划。20世纪90年代后期,针对旅游发展中出现的问题和旅游项目的盲目开发,如何理性地发展旅游产业引起了政府、企业和学者的关注,各方面开始探讨旅游规划的理论、方法和内容等。1997年10月,国家旅游局在杭州举办了旅游规划培训班,聘请了国际著名的旅游规划学者们做旅游规划理论和专题讲座。国家旅游局还组织翻译出版了世界旅游组织推荐的规划著作,国内学者也相应地出版了著作。1997年启动的"广东省旅游发展战略研究"从市场需求和市场供给两方面入手,在市场供给方面,又从旅游六要素分专题展开,并对旅游产业定位进行讨论,对旅游产业综合研究,取得了较好成果。

进入21世纪,综合性的旅游规划实践继续得到深化。2000年,国家旅游局发布《旅游规划设计单位资质认定暂行办法》,提出旅游规划设计单位资质标准。2002年,首批甲级和乙级旅游规划设计单位认定工作完成。2003年,国家旅游局颁布《旅游规划通则》(GB/T 18971—2003),规定了旅游规划(包括旅游发展规划和旅游区规划)编制的原则、程序和内容,以及评审的方式,提出了旅游规划编制人员和评审人员的组成和素质要求。中国的旅游规划逐渐走向专业化和规范化。

二、旅游规划的定义

1959年,夏威夷州旅游规划编制完成标志着真正意义的旅游规划的诞生。自此以后,旅游规划得到了广泛的重视和迅速的发展。不同学者对此有不同的定义。冈恩(Gunn,1979)认为旅游规划是"经过一系列选择决定适合未来行动的动态、反馈的过程,未来的行动不仅指政策的制定,更主要的是目标的实现"。墨菲(Murphy,1985)将旅游规划定义为"预测与调节系统内的变化,以促进有序的开发,从而扩大开发过程的社会经济与环境效益"。盖茨(Getz,1986)认为旅游规划是在调查研究和评价的基础上寻求旅游业对人类福利及环境质量最优的过程。孙文昌(1999)认为:"旅游规划是以市场变化和发展为出发点,以旅游项目设计为重点,按照国民经济发展要求和当地旅游业发展基础,对旅游消费六大要素及其相关行业进行科学安排和部署的一种行为"。邹统钎(2009)提出旅游规划的核心概念是"旅游资源优化配置"。

归纳而言,旅游规划是指对一定范围地域的旅游业在未来若干年内建设和发展的总体部署和策划,对旅游资源、相关设施和服务,以及其他相关资源进行合理配置和使用,力求旅游业经济、社会和环境效益实现最大化。旅游规划的意义表现在:它是旅游区建设和发展的纲领,各项建设一旦按照规划落实,就既成事实,与周围环境的关系也已确立,对周围经济、社会、环境的影响也已显现,再做调整必然花费巨大的代价。所以规划事关重大,必须慎重从事。

三、旅游规划的特征

旅游规划具有综合性、系统性、层次性、创意性和地域性等特点。

(1)综合性。旅游规划涉及多目标、多要素、多行业和多利益主体,并与城市规划、区域规划、土地规划、交通规划等相关规划都有着紧密的联系和交叉,旅游规划既要挖掘不同时期的历史文化,提升文化旅游魅力,又要考虑地域差异,为旅游者创造异地旅游环境和生活体验,同时要运用多种规划技术和分析方法,涉及旅游学、市场学、资源学、地理学、生态学、文化学、城市规划学、景观学、建筑学等多种学科领域,因此旅游规划具有跨地域、跨时间、跨行业和跨学科的综合性特征。

(2)系统性。旅游是一个开放的复杂系统,各要素之间互相关联、相互影响,旅游规划需要运用系统论观念,对旅游要素进行系统谋划和有效调节。旅游规划要以景观资源和生态系统为基础,以旅游目标和市场需求系统为导向,以旅游产品和服务体系为主要内容,以基础设施和旅游政策保障体系为支撑,重点规划以旅游吸引物体系为核心的旅游目的地系统,从而为旅游活动的顺利进行和旅游地的建设与发展提供科学、系统的指导依据和优化方案。

(3)层次性。旅游规划包含全国旅游业发展规划、区域旅游业发展规划和地区旅游业发展规划,又有旅游区总体规划、旅游区控制性详细规划和旅游区修建性详细规划,在规划范围、规划内容和规划深度等方面具有层次性特点。

(4)创意性。旅游规划是为了创造差异化的生活体验和愉悦性的旅游经历而进行的规划,需要通过充分的市场调研、精准的市场定位、精彩的创意策划,创造旅游吸引物和独特的体验,才能增强旅游魅力、激发旅游发展活力。

(5)地域性。旅游规划都有一定的地域范围,各地有不同的自然条件、社会环境、文化背景、经济基础等,因此在做旅游规划时必须考虑到各地的地域差异,才能扬长避短、因地制宜,充分挖掘和彰显本地特色,体现区域差异和规划个性。

四、旅游规划的类型

(1)依据空间范围进行划分。因斯克普(Inskeep,1991)将旅游规划按照范围划分为国际旅游规划(international planning)、国家旅游规划(national planning)、区域旅游规划(regional planning)、亚区域旅游规划(subregional planning)、开发地土地利用规划(development area land use planning)、设施用地规划(facility site planning)、设施设计(facility design)和特别研究(special studies)。

(2)依据性质内容划分。旅游规划按性质可以划分为旅游发展规划、旅游区规划和专项旅游规划。

旅游发展规划:《旅游规划通则》将旅游发展规划定义为"旅游发展规划是根据旅游产业的历史、现状和市场要素的变化所制定的目标体系,以及为实现目标体系在特定的发展条件下对旅游发展的要素所做的安排"。旅游发展规划的主要任务是明确旅游产业在国民经济和社会发展中的地位和作用,提出旅游产业发展目标,优化旅游产业发展的要素结构与空间布局,安排旅游产业发展优先项目,促进旅游产业持续、健康、稳定发展。旅游发展规划包括近期发展规划(3~5年)、中期发展规划(5~10年)和远期发展规划(10~20年)。

按照划分范围和政府管理层次可分为全国旅游产业发展规划、区域旅游产业发展规划和地方旅游产业发展规划。

旅游区规划:是指为了保护、开发和利用旅游区(包括旅游度假区、风景名胜区等各种形式),使其发挥多种功能和作用而进行的各项旅游要素的统筹部署与具体安排。旅游区规划按规划层次可以分为总体规划、控制性详细规划和修建性详细规划等。

专项旅游规划:专项旅游规划是指根据实际需要针对某一主题或功能要素编制的专题旅游规划。专项规划既可以是相对独立的规划类型,也可以是综合型旅游规划的组成部分。按规划内容和作用分为旅游资源(环境)保护规划、旅游项目开发规划、旅游线路规划、旅游投融资规划、乡村旅游规划、智慧旅游建设与发展规划等。

五、旅游规划的主要组成要素

旅游是一项涉及多个行业的经济活动,旅游规划需考虑自然、社会、经济等多种因素。因斯克普(Inskeep,1991)认为,旅游规划的基本组成要素包括以下几个方面(图13-1)。

旅游吸引物和活动:包括能吸引游客的一切自然资源、文化资源和旅游相关活动。

住宿设施:包括宾馆、汽车旅馆、旅社、膳宿公寓、野营地,以及汽车营地等。

其他旅游设施和服务:包括旅行社、旅游信息服务、餐馆、旅游纪念品商店、银行、医疗保

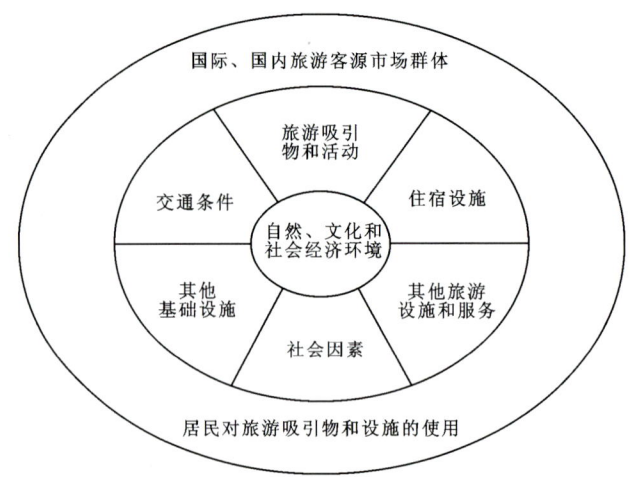

图 13-1 旅游规划的基本组成要素

(引自美国旅游规划学者因斯克普在 1991 年出版的著作《旅游规划:一个综合性可持续发展的模式》中提出的旅游规划的六要素论)

健、公共安全、邮政服务等。

交通设施和服务:包括进出旅游区及旅游区内的交通。

其他基础设施:包括供水、供电、污水垃圾处理、排水系统,以及通信系统等。

社会因素:包括市场营销计划和促销方案、与旅游业相关的立法和法规、公营和私营旅游产业组织机构、吸引私人投资旅游业的鼓励措施、旅游从业人员教育培训计划、提高公众对旅游业认识的计划,以及环境和社会经济计划等。

这些基本要素并不是孤立的,它们是在国际、国内旅游市场,以及当地居民对旅游景点、设施的利用框架中进行分析。所有要素都与自然、文化和社会经济环境相联系并对其产生影响。

第二节 旅游规划的主要内容

一、旅游发展规划的主要内容

旅游发展规划的主要任务是明确旅游业在国民经济和社会发展中的地位和作用,提出旅游业发展目标,优化旅游业发展的要素结构与空间布局,安排旅游业发展优先项目,促进旅游业持续、健康、稳定发展。

在《旅游规划通则》中拟定了 10 个方面的内容。

(1)全面分析规划区旅游产业发展的历史与现状、优势与制约因素,以及与相关规划的衔接。

(2)分析规划区的客源市场需求总量、地域结构、消费结构及其他结构。
(3)提出规划区的旅游主题形象和发展战略。
(4)提出旅游产业发展目标及其依据。
(5)明确旅游产品开发的方向、特色和主要内容。
(6)提出旅游发展重点项目,对其空间及时序做出安排。
(7)提出要素结构、空间布局及供给要素的原则和办法。
(8)按照可持续发展原则,注重保护开发利用的关系,提出合理的措施。
(9)提出规划实施的保障措施。
(10)对规划实施的总体投资分析,主要包括旅游设施建设、配套基础设施建设、旅游市场开发、人力资源开发等方面的投入产出分析。

旅游发展规划成果包括规划文本、规划图表及附件。规划图表包括区位分析图、旅游资源分析图、旅游客源市场分析图、旅游产业发展目标图表、旅游产业发展规划图等。附件包括规划说明和基础资料等。

二、旅游区总体规划的主要内容

旅游区在开发、建设之前,原则上应当编制总体规划。旅游区总体规划的期限一般为10~20年,同时可根据需要对旅游区的远景发展做出轮廓性的规划安排。对于旅游区近期的发展布局和主要建设项目亦应做出近期规划,期限一般为3~5年。旅游区总体规划的任务是分析旅游区客源市场,确定旅游区的主题形象,划定旅游区的用地范围及空间布局,安排旅游区基础设施建设内容,提出开发措施。《旅游规划通则》规定的旅游区总体规划内容主要包括13个方面。

(1)对旅游区的客源市场的需求总量、地域结构、消费结构等进行全面分析与预测。
(2)界定旅游区范围,进行现状调查和分析,对旅游资源进行科学评价。
(3)确定旅游区的性质和主题形象。
(4)确定规划旅游区的功能分区和土地利用,提出规划期内的旅游容量。
(5)规划旅游区对外交通系统的布局和主要交通设施的规模、位置;规划旅游区内部其他道路系统的走向、断面和交叉形式。
(6)规划旅游区的景观系统和绿地系统的总体布局。
(7)规划旅游区其他基础设施、服务设施和附属设施的总体布局。
(8)规划旅游区的防灾系统和安全系统的总体布局。
(9)研究并确定保护区的保护范围和保护措施。
(10)规划旅游区的环境卫生系统布局,提出防止和治理污染的措施。
(11)提出旅游区近期建设规划,进行重点项目策划。
(12)提出总体规划的实施步骤、措施和方法,以及规划、建设、运营中的管理意见。
(13)对旅游区开发建设进行总体投资分析。旅游区总体规划成果由规划文本、图件和附件构成。

其中,规划图件包括旅游区区位图、综合现状图、旅游市场分析图、旅游资源评价图、总体规划图、道路交通规划图、功能分区图等其他专业规划图、近期建设规划图;附件包括规划说明和其他基础资料等。

三、旅游区控制性详细规划的主要内容

在旅游区总体规划的指导下,为了近期建设的需要,可编制旅游区控制性详细规划。旅游区控制性详细规划的任务是以总体规划为依据,详细规定区内建设用地的各项控制指标和其他规划管理要求,为区内一切开发建设活动提供指导。《旅游规划通则》规定的旅游区控制性详细规划内容主要包括5个方面。

(1)详细划定所规划范围内各类不同性质用地的界线,规定各类用地适建、不适建或者有条件地允许建设的建筑类型。

(2)规划分地块,规定建筑高度、建筑密度、容积率、绿地率等控制指标,并根据各类用地的性质增加其他必要的控制指标。

(3)规定交通出入口方位、停车泊位、建筑后退红线、建筑间距等要求。

(4)提出对各地块的建筑体量、尺度、色彩、风格等要求。

(5)确定各级道路的红线位置、控制点坐标和标高。

旅游区控制性详细规划的成果主要由规划文本、图件和附件构成。其中规划图件包括旅游区综合现状图、各地块的控制性详细规划图、各项工程管线规划图等;附件包括规划说明及基础材料;图纸比例一般为1/1000~1/2000。

四、旅游区修建性详细规划的主要内容

旅游区当前建设地段,应编制修建性详细规划。旅游区修建性详细规划的任务是在总体规划或控制性详细规划的基础上,进一步深化和细化,用以指导各项建筑和工程设施的设计和施工。旅游区修建性详细规划内容主要包括9个方面。

(1)综合现状与建设条件分析。

(2)用地布局。

(3)道路系统规划设计。

(4)景观系统规划设计。

(5)绿地系统规划设计。

(6)旅游服务设施及附属设施系统规划设计。

(7)工程管线系统规划设计。

(8)竖向规划设计。

(9)环境保护和环境卫生系统规划设计。

旅游区修建性详细规划成果由规划设计说明书和土建构成。其中,规划图件包括综合现状图、修建性详细规划总图、道路及绿地系统规划设计图、工程管网综合规划设计图、竖向规划设计图、鸟瞰或透视效果图等,图纸比例一般为1/500~1/2000。

五、专项旅游规划的主要内容

根据实际需要,可编制专项旅游规划。由于各专项规划的目标、性质、功能和要求各不

相同,其规划内容也有明显的差异,在《旅游规划通则》中并未对专项旅游规划的内容做出明确的界定,仅指出专项旅游规划包括项目开发规划、旅游线路规划和旅游地建设规划、旅游营销规划、旅游区保护规划等主要类型。专项旅游规划内容一般包括以下几点。

(1)现状基础与发展条件分析。

(2)发展目标与发展思路规划。

(3)体现专项特点或功能的规划内容。

(4)规划实施与保障体系规划。

专项旅游规划成果一般由规划文本(或说明书)和图件构成。规划图件可根据专项规划需要确定比例尺及图件内容。

第三节 旅游规划的编制程序与要求

一、旅游规划的编制程序

世界旅游组织将旅游规划的编制程序分为研究准备、目标确定、实地调查、分析和综合、政策和规划的形成、实施和调整6个步骤。《旅游规划通则》将旅游规划编制程序分为任务确定、前期准备、规划编制和征求意见4个阶段。

前期准备。它包括委托方根据国家旅游行政主管部门对旅游规划设计单位资质认定的有关规定,通过公开招标、邀请招标、直接委托等方式确定旅游规划编制单位;明确规划目标、规划范围、规划性质和规划任务;制订项目计划书并签订旅游规划编制合同;组建由多学科专家组成的规划队伍;前期资料收集和相关调研准备等。

调研分析。它包括政策法规研究,对国家和本地区旅游及相关政策、法规、规划进行系统研究,全面评估规划对社会、经济、文化、环境及政府行为等方面的影响;环境基础分析,对旅游地发展的自然环境、社会经济条件、旅游发展现状和存在问题进行调研和分析;旅游资源调查,对规划区内旅游资源的类别进行全面调查,编制规划区内旅游资源分类明细表,绘制旅游资源分析图;客源市场分析,在对规划区的旅游者数量和结构、地理和季节性分布、旅游方式、旅游目的、旅游偏好、停留时间、消费水平进行全面分析的基础上,研究并提出规划区旅游客源市场未来的总量、结构和水平;旅游竞争分析,确立规划区在交通可进入性、基础设施、景点现状、服务设施、广告宣传等各方面的区域比较优势,综合分析和评价各种制约因素及机遇。

方案形成。在前期准备工作的基础上,确定规划区旅游主题,包括主要功能、主打产品和主题形象;确定规划分析及各分期目标;提出旅游产品及设施的开发思路和空间布局;确定重点旅游开发项目,确定投资规模,进行经济、社会和环境评价;形成规划区的旅游发展战略,提出规划实施的措施、方案、步骤,包括政策支持、经营管理体制、宣传促销、融资方式、教育培训等;撰写规划文本、说明和附件的草案并编制规划图件。

论证修改。计划草案形成后,应广泛征求各方意见,并在此基础上对规划草案进行修改、充实和完善,然后由政府及主管部门组织有关专家对规划进行评审。规划编制组需根据评审意见对规划做出进一步修改完善。

报批实施。规划通过评审并根据评审意见修改完善后,由委托方按有关规定程序报批。经政府批准后,应严格按照规划组织实施,不得随意更改规划内容,并要加强规划实施监督和评估。在规划执行过程中,如因为市场环境等相关因素变化需要对旅游规划进行调整或修编,必须按照《旅游规划管理办法》及相关规定组织规划修编。

二、旅游规划的编制要求

1. 旅游规划编制的一般要求

根据《旅游规划通则》,旅游规划的编制要符合以下要求。

(1)旅游规划编制要以国家和地区社会经济发展战略为依据,以旅游业发展方针、政策及法规为基础,与城市总体规划等相适应。

(2)旅游规划编制要坚持以旅游市场为导向,以旅游资源为基础,以旅游产品为主体,以经济、社会和环境效益可持续发展为指导方针。

(3)旅游规划编制要突出地方特色,注重区域协同,强调空间一体化发展,避免近距离不合理重复建设,加强对旅游资源的保护,减少对旅游资源的浪费。

(4)旅游规划编制鼓励采用先进的生产方法和技术。编制过程中应当进行多方案的比较,并征求各有关行政管理部门的意见,尤其是当地居民的意见。

(5)旅游规划编制工作所采用的勘察、测量方法与图件、资料,要符合相关国家标准和技术规范。

(6)旅游规划技术指标应当适用于旅游业发展的长远需要,具有适度超前性。

(7)旅游规划编制人员应该有比较广泛的专业构成,如旅游、经济、资源、环境、城市规划、建筑等方面。

2. 旅游规划编制的技术要求

(1)符合法律法规。旅游规划必须符合《中华人民共和国旅游法》及相关法律,必须符合《旅游规划管理办法》及相关管理条例和政策法规等。

(2)调研分析到位。要深入考察调研,对旅游地的自然环境、社会经济、旅游资源、旅游市场、发展基础与布局状况等进行全面、细致的现场考察,开展必要的访问座谈和问卷调查,真正摸清资源家底、市场环境、旅游现状和存在问题;全面收集资料,包括区域背景资料、政策法规资料、旅游资源资料、客源市场资料、旅游统计资料、相关规划资料、规划图件资料、相关研究报告及其他资料等;科学分析评价,对旅游发展的环境背景、区位交通、资源禀赋、旅游市场、产业基础、主要优势、存在的问题、竞合状况、潜力与方向等进行科学分析和客观评价,为制定高水平的旅游规划奠定基础。

(3)规划理念先进。树立科学旅游观,引进或创新性地运用先进的旅游发展理念是编制好旅游规划的关键。现代旅游规划应贯彻以下理念。

第十三章 旅游规划

以人为本。把"让人民群众更加满意"作为出发点和落脚点,以旅游需求为导向,满足多样化、多层次的旅游消费需求,积极营造良好的旅游环境,让广大游客游得放心、游得舒心、游得开心,在旅游过程中发现美、享受美、传播美。坚持旅游惠民,兼顾游客、居民、旅游经营与从业人员等利益相关者需求,全面提高旅游综合满意度。

统筹发展。将旅游发展与经济建设、政治建设、文化建设、社会建设、生态文明建设相结合,统筹城乡旅游发展,统筹人与自然和谐发展,统筹旅游区域发展,推动区域旅游合作和一体化发展,统筹旅游经济社会生态发展,统筹国内国际旅游市场发展,统筹处理好政府和市场的关系等。

依法治旅。旅游规划的编制既要符合相关法律法规的要求,又要在规划中贯彻依法治旅理念,并将旅游法规保障纳入相应的规划内容。

市场活旅。在旅游规划编制中坚持市场导向,在对旅游市场进行充分调查分析的基础上,通过对旅游资源的深度挖掘和整合包装,开发既能满足旅游市场需求,又能引领市场消费潮流的旅游产品,强化旅游产品的体验设计和创新开发,培育旅游消费热点,重视旅游营销创新,开拓国内外旅游市场,同时发挥市场在资源配置中的基础性、决定性作用,完善旅游市场化运营机制,充分利用市场机制激发旅游活力,促进旅游发展。

文化促旅。以文化为灵魂、旅游为载体,推动文化和旅游的深度融合,用文化促进旅游业发展。加强自然文化遗产保护,深入挖掘文化内涵,发挥地域文化优势,创新文化旅游产品,丰富文化旅游活动。

质量强旅。在追求旅游产业规模增长的同时,更加注重提升旅游品质和旅游经济质量,以"让人民群众更加满意"为导向,坚持以质取胜,不断提高旅游环境质量、旅游设施质量、旅游产品质量和旅游服务质量,建设一批具有强大知名度和影响力的旅游目的地品牌、旅游产品品牌、旅游企业品牌、旅游管理和服务品牌,依靠质量创造旅游竞争优势,推动旅游业转型升级,增强旅游核心竞争力。

创新驱动。将改革创新作为旅游发展的强大动力,积极推动旅游发展理念、体制机制、旅游产品、旅游科技、旅游业态、市场营销、旅游管理、旅游服务和发展模式创新,并在旅游规划中重点关注旅游体制机制改革、旅游新产品开发和旅游改革实验区建设,积极引入新理念、策划新产品、设计新机制、建立新模式,增强旅游发展创新能力和发展动力。

融合发展。在积极推动旅游与经济转型、城市发展、美丽乡村、社会发展、现代化科技(信息化)等方面融合和互动发展的同时,大力推进旅游与文化、体育、农业、工业、林业、商业、水利、地质、海洋、环保、气象等相关产业和行业的融合发展,根据规划地的条件积极发展生态旅游、森林旅游、休闲度假旅游、乡村旅游、文化旅游、商务旅游、体育旅游、工业旅游、医疗健康旅游、邮轮游艇旅游、研学旅行、老年旅游和购物旅游,积极培育旅游新业态,拓展发展新空间,推动旅游产业规模做大、素质做优、实力做强。

转型升级。以转型升级、提质增效为主线,积极转变旅游业发展方式,推动旅游产品从观光主导向观光、休闲、度假并重转变,满足多样化、多层次的旅游消费需求;推动旅游开发由粗放型向集约型转变,更加注重资源能源节约、生态环境保护和文化传承创新;推动旅游服务由低水平服务向优质服务转变,实现标准化和个性化服务的有机统一;推动旅游业态从相对独立的产业向多业态融合性产业转化,构建产业链长、产业面宽、产业效益好的复合型产业;推动旅游发展方式由数量型增长向数量、质量和效益统一型增长转变,实现由要素驱动、投资驱动到创新驱动的内涵式新常态发展。

持续发展。加大旅游资源和生态环境保护力度,实施低碳开发和低碳运营,构建生态友好的旅游环境和生态化、集约型的旅游经济体系。重视维护和传承传统文化,维护资源的区域整体性、文化代表性和地域特殊性。大力发展生态旅游,积极推进旅游业节能减排和清洁生产,培育绿色旅游企业,加强生态文明教育,开展"文明旅游"活动,提高旅游从业人员及游客的环保意识,促进旅游业的可持续发展。

(4)目标定位准确。旅游发展目标是对旅游地未来旅游发展状态、方向和效果进行预测和设定的标准,是引导旅游发展方向、解决旅游问题、实施旅游行动和评估规划效果的重要指针及依据。旅游发展目标定位需准确、科学、可行,并具有一定挑战性。旅游规划目标是一个多层次、多领域的目标体系,既有总体目标,又包括旅游经济目标、社会目标、文化目标、生态目标和品牌目标等具体目标;既要有近期目标、中期目标,又要有远期发展目标;既要有定性目标,又要有可衡量的量化指标;既要有明确的主题形象定位、旅游市场定位、旅游产品定位、旅游功能定位,又要有准确的区域发展定位和旅游产业定位。旅游目标的确定需规划编制者经过深入的分析和科学测算,在与上位规划及相关规划充分衔接的基础上,通过与政府关联部门、有关专家和公众进行反复的讨论、协商和不断优化后确定。

(5)要素布局合理。一方面旅游空间规划要做到分区明确和布局合理。旅游空间分布应遵循以下原则。

立足现状,因地制宜。应尊重旅游地的发展现状,依据规划对象的资源分布、地域特点、空间关系和内在联系,因地制宜地进行综合部署。

前瞻未来,利于发展。应有长远和全局的观念,根据旅游地整体和未来发展的需要,统一安排旅游要素布局,优化旅游空间结构,并为今后发展留有余地。

合理组织,优化布局。依据旅游区域的优势和特点,合理组织和整合优化各旅游要素的布局结构,有效解决规划对象的特征、作用、空间关系的有机结合问题,满足规划区域的各种功能需要,形成合理、完善而又有自身特点的布局体系。

强化练习,整体协调。强化各功能区的相互衔接和交通联系,既要突出各功能区的特点,又要注意整体的协调性,使各功能区之间相互配合、协调发展,又要正确处理局部、整体、外围3个层次的关系,便于景点组合和组织旅游活动与规划旅游路线。

节约土地,持续发展。充分节约土地资源,提高土地利用率,通过土地的集约化开发与使用,减少基础投资,提高开发综合效益;同时要有利于保护资源和改善生态环境,妥善处理开发利用与保护、游览与生产、服务与生活等诸多方面之间的关系,促进旅游的可持续发展。

另一方面,旅游要素规划要做到结构合理和功能适当。基础设施要素规划要服从城镇总体规划并符合国家相关标准,要与城市市政基础设施衔接,在充分利用现有设施资源的基础上,适度超前和有限建设旅游配套基础设施,同时要满足旅游景观建设要求,做到设施与环境相贴合;旅游公共服务设施要素规划应坚持以人为本,加强统筹协调,重视旅游公共服务内容与功能的完善,重点建立和完善旅游信息咨询服务、旅游安全保障服务、旅游交通便捷服务、旅游便民惠民服务、旅游行政服务等旅游公共服务体系,提升旅游公共服务质量与水平;要根据需要合理配置食、住、行、游、购、娱等旅游产业要素,重视旅游产业主体培育,强化旅游核心产业,优化旅游产业结构,拓展旅游相关产业,培养旅游新型业态,优化旅游产业体系,拉长旅游产业链条,提升旅游产业效益。

(6)创新特色鲜明。旅游规划既要遵循《旅游规划通则》等基本规范,又要突破传统的规划框架约束,通过创新创造规划特色,提高规划水平,增强旅游产业创新能力。创新主要体现在规划理念、内容体系、技术方法、规划管理等方面。在规划理念上,应引入新理念(如以人为本、转型升级、融合发展、全域旅游、慢生活等理念),创造新价值,促进新发展,在内容体系上,既要符合相关要求,又要突出规划重点和地方特色,体现规划创新,并可根据需要强化旅游市场分析、利益相关者分析和旅游经济贡献分析,突出旅游项目策划与体验设计、文化旅游创意、旅游与新型城镇融合、旅游与美丽乡村建设融合等规划内容创新。在技术方法上,除了运用实地考察调研、资料统计分析、资源调查与评价技术、市场调查与分析技术等常规的技术外,应积极借鉴和应用相关学科规划技术和方法,尤其要善于运用大数据获取和分析技术等新的技术方法,促使旅游规划技术更新、视野扩大、周期缩短和科学性提高;在规划管理上,要实施旅游规划全过程的动态管理,建立多方参与的旅游规划机制和有效的规划沟通协调机制,推动旅游与相关规划的有机衔接和多规融合,进一步完善旅游规划技术标准体系和评估实施办法。

(7)成果规范完整。旅游规划的文本、说明书、图件和基础资料汇编应符合《旅游规划通则》的成果规范要求。规划内容虽因规划类型和层次的不同而存在差异,但总体上要符合相关法律、法规及其他规划。

(8)规划务实可行。好的旅游规划应该既要高起点、宽视野、新理念,又要接地气、切实际、可操作。旅游规划应避免空话套话,旅游发展目标思路、主题形象、旅游项目、旅游产品、空间载体、特色亮点、要素配套、工作抓手和运营计划等内容要具体、明确;既要具有科学性、系统性和规范性,又要具有前瞻性、指导性和创新性;既要有创意地策划经典项目,又要符合当地的实际,体现地方特色,便于"落地"运营,具有很强的可行性和可操作性。

三、旅游规划的管理和实施

1. 旅游规划的管理

(1)旅游规划的委托。旅游规划组织编制单位应当委托符合国家法律规定、具有相应规划资质和技术力量的旅游规划设计单位承担编制工作。编制单位应具有法人资格,有一定数量的相关专业技术人员,有相应技术装备,有健全的技术、质量、财务管理制度,有相应专业特长的规划人员。

委托方选择规划编制单位,通常有公开招标、邀请招标、直接委托等形式。委托方应制定项目计划书或项目任务书并与规划编制单位签订旅游规划编制合同。

(2)旅游规划的评审。旅游规划由本级人民政府或上级旅游行政主管部门组织评审,也可以委托第三方机构组织评审。

旅游规划评审主要采用会议审查方式。在听取规划编制单位汇报规划成果的基础上，评审专家组提问并分别发表意见建议，需经全体评审人员讨论、表决，并有 3/4 以上评审人员同意方为通过。评审意见应形成文字性结论，并经评审小组全体成员签字，评审意见方为有效。

旅游规划评审应围绕规划的目标、定位、内容、结构和深度等方面进行重点审议，包括旅游产业定位和形象定位的科学性、准确性和客观性，规划目标体系的科学性、前瞻性和可行性，旅游产业开发、项目策划的可行性和创新性，旅游产业要素结构与空间布局的科学性、可行性，旅游设施、交通线路空间布局的科学合理性，旅游开发项目投资的经济合理性，规划项目对环境影响评价的客观可靠性，各项技术指标的合理性，规划文本、附件和图件的规范性，规划实施的操作性和充分性。

2. 旅游规划的审批

旅游规划文本、图件及附件，经规划评审会议讨论通过并根据评审意见修改后，由委托方按有关规定程序报批实施。

链接材料：

"十四五"文化和旅游发展规划之优化文化和旅游发展布局

十二、优化文化和旅游发展布局

坚持东中西互补、点线面结合，以国家文化公园建设为重点，培育一批中华优秀传统文化保护传承示范区、革命文化继承弘扬样板区、社会主义先进文化创新发展引领区，形成区域联动、城乡融合、均衡协调的文化和旅游发展布局。

一、完善空间布局

依据国土空间规划，全面落实国土空间开发保护要求和主体功能区战略，根据不同区域主体功能定位，立足资源环境承载能力，构建体现各地文化和旅游资源禀赋、适应高质量发展要求的文化和旅游空间布局。依托国家综合立体交通网，促进文化、旅游与交通融合发展，串点成线、连线成面，形成互联互通、优质高效、一体协作的文化和旅游网络布局。依托重点区域和城市群，培育跨区域特色功能区、精品文化带和旅游带。建设全国风景道体系，打造具有广泛影响力的自然风景线和文化旅游廊道。严守生态保护红线，对生态保护红线内允许的文化和旅游活动实施类型限制、空间管控和强度管制。坚持绿色低碳发展理念，加强文化和旅游资源保护，提高资源利用效率。

二、建设国家文化公园

推进长城、大运河、长征、黄河等国家文化公园建设，整合具有突出意义、重要影响、重大主题的文物和文化资源，生动呈现中华文化的独特创造、价值理念和鲜明特色，推介和展示一批文化地标，建设一批标志性项目。坚持点段结合，统筹管控保护、主题展示、文旅融合、传统利用四类主体功能区，建设一批文化和旅游深度融合发展示范区。系统推进保护传承、研究发掘、环境配套、文旅融合、数字再现等重点工程。完善中央统筹、省市负责、分级管理、分段负责的国家文化公园建设管理机制。

三、推进区域协调发展

加快京津冀三地文化和旅游协同机制和平台建设，支持雄安新区文化和旅游领域改革创新，加快建设京张体育文化旅游带。保护好长江文物和文化遗产，持续打造长江国际黄金旅游带。深化粤港澳大湾区文化和旅游合作，共建人文湾区、休闲湾区。提升长三角地区在文化和旅游领域的一体化发展水平，加快公共服务便利共享，建设杭黄自然生态和文化旅游廊道，打造一批高品质的休闲度假旅游区。保护传承弘扬黄河文化，实施黄河文化遗产系统保护工程，打造具有国际影响力的黄河文化旅游带。推进大运河文化带、生态带、旅游带建设，将大运河沿线打造成为文化和旅游融合发展示范区域。建设成渝地区双城经济圈，共建巴蜀文化旅游走廊。加强东北地区全域统筹，培育冰雪旅游、康养旅游和休闲农业业态。以更大改革力度推动海南自由贸易港建设，推进文化领域有序开放，建设国际旅游消费中心。深入挖掘和利用中部地区特色文化和旅游资源，打响文化和旅游品牌。推动东部地区文化和旅游率先实现高质量发展，加快在创新引领上实现突破。支持革命老区、民族地区加快发展，加大对赣闽粤等原中央苏区支持力度，传承弘扬红色文化。持续推进甘肃华夏文明传承创新区、曲阜优秀传统文化传承发展示范区、景德镇国家陶瓷文化传承创新区等建设。开展文化和旅游援疆、援藏工作，推进定点帮扶。加快边境地区文化建设，建设一批边境旅游试验区、跨境旅游合作区。

四、推动乡村文化振兴

把文化和旅游发展纳入乡村建设行动计划，建设产业兴旺、生态宜居、乡风文明、治理有效、生活富裕的新时代魅力乡村。保持对脱贫县文化帮扶政策稳定，对脱贫县持续给予扶持。发展乡村特色文化产业、乡村旅游，完善利益联结机制，让农民更多地分享产业增值收益。在有条件的乡村地区建设非物质文化遗产工坊。实施乡村文化和旅游能人项目。完善农村公共文化服务，改善配套基础设施，强化综合服务功能。加强"三农"题材文艺作品创作生产，开展"送文化下乡""戏曲进乡村"等活动，丰富乡村文化生活，提高乡村文明程度。加大对乡村文化遗产和特色风貌的保护力度，维护乡村文化多样性，推动形成文明乡风、良好家风、淳朴民风。

五、促进城乡融合发展

把城乡文化建设同新型城镇化战略有机衔接起来，以城带乡、以文化人，不断提高城乡居民的文化获得感。把县域作为城乡融合发展的重要切入点，强化县城综合服务能力。推进城乡公共文化服务一体建设，实现城乡基本公共服务全覆盖，推动公共文化设施和旅游公共服务融合发展。建设宜居、绿色、人文城市，使城市成为人民高品质生活的空间。发挥中心城市和城市群的辐射带动作用，促进大中小城市和小城镇文化与旅游联动发展。加强新型城镇化进程中的文化遗产保护，保留传统风貌，延续历史文脉。打造城乡文化品牌，提升城乡文化品位,在城市更新、社区建设、美丽乡村建设中充分预留文化和旅游空间。

课后任务:详细阅读《"十四五"文化和旅游发展规划》,深入学习掌握未来旅游业发展走向。

思考题

(1)什么是旅游规划?

(2)旅游规划的特征有哪些?

(3)旅游规划的原则有哪些?

(4)旅游规划的主要内容是什么?

(5)旅游规划的主要类型有哪些?

第十四章　保护地体系自然公园规划

第一节　自然公园规划思路

一、功能定位及形象思考

自然公园的目标市场可分为三级：一级客源市场为基础市场；二级市场为亚主体市场；三级客源市场为机会市场。基础市场是基础游客来源，主要定位在自然公园近距离县市。亚主体市场是需要争取的重要客源市场，主要定位为在自然公园"三百千米半径旅游圈"范围内的主要城市。机会市场主要是远距离县市，以及国际客源市场。

根据旅游者的人口结构及职业特征进行细分，青少年学生是自然公园开展地学科普教育活动的主要人群。优美的生态环境和自然景观是进行环境美学和环境意识教育的资源，丰富的生物资源和生态类型是进行环境知识教育的载体；城市的中青年阶层作为社会的中流砥柱，旅游休闲的时间相对较少，而放松身心的需求又相对较大，主题公园秀美的自然风光、悠闲的生活节奏、独特的湿地景观加上便捷的交通将很好地满足这种需求；老年居家者旅游是当前退休人员重要的休闲方式之一，自然公园的"好山好水好空气"是目标吸引物之一。

1. 中国国家公园的定位

国家公园是为了保护具有国家代表性的自然原野景观、野生动植物、特殊生态系统而建立的大型自然区域，并为开展科学研究、环境教育、生态游憩等活动提供空间场所。尽管各国因社会经济和发展需求方面各不相同，对国家公园的功能定位存在差异，但是对国家公园"对国家特殊地域的自然资源、环境生态系统和人文景观进行整体、持续的保护，同时对国家公园进行有规划的科学开发，发挥国家公园所兼具的经济、旅游和科研功能"的内涵解释都表示认同。在国家层面以政策文件的方式对国家公园的功能进行了界定，生态保护、科研、游憩和教育构成我国国家公园的主要功能。

（1）重要生态系统的原真性、完整性保护是我国国家公园建立的首要功能。国家公园设立的基本目标是对具有重要性和国家代表性的生态环境和自然资源实行严格、高效、完整的保护，维护生物多样性。此外，国家公园内既有国家级珍稀濒危野生动植物及其栖息的生态系统，也有在人类社会发展不同时期形成的具有研究价值的人文景观。国家公园体制的建立，可以较为完整和全面地对这些独特的自然资源和生态系统进行保护，同时也保留了域内独特的自然文化遗产和景观。

(2) 科学研究功能是对国家公园内自然资源的统计、监测和修复,通过科学研究促进国家公园的建设和生态环境的保护。国家公园内拥有典型的自然景观、丰富的生物多样性、生态环境系统和人文景观,也不乏濒危珍稀野生动植物的原生地和栖息地,这些资源在自然科学和人文艺术的不同领域都具有特定的研究价值,因此,国家公园具有巨大的科研潜力,是科学研究人员探究科学奥秘的重要场所。在国家公园内开展的科学研究活动能为国家公园的保护和管理提供科学依据,服务于资源保护和管理,为生态系统保护功能、游憩、教育提供有力的科学支持。

(3) 游憩展示功能是在国家公园内一般游憩和社区发展的重要活动功能。国家公园的建立是以自然资源的长期保存为主要目的,自然资源和生态环境所呈现出的原生态是独一无二的游憩资源,国家公园内游憩活动分为自然体验、自然观察和生态旅游等,使公众近距离接触大自然,感受原生态的美妙。同时在保护生态系统完整的前提下,实现国家公园游憩功能,利于促进国家公园自然资源和文化遗产的保护,为公众提供环境教育、科学研究、休闲娱乐的机会,推动自然保护与地方经济全面协调可持续发展,实现了资源保护和利用的双赢。

(4) 教育功能是国家公园必不可少的重要功能之一,是实现其资源可利用性的重要体现。国家公园的建立以自然资源和人文资源为背景,在国家公园内,公众可以直接与自然接触,进行自然观察和体验,更为直观地认识和了解自然生态系统与环境问题,获取自然和文化知识,认识自然、了解自然,逐步树立热爱自然、珍惜自然和敬畏自然的观念,达到环境科普、环境伦理、生态文化和审美教育的目的。

形象塑造主要围绕"国家代表性"展开,体现自然生态保护与国家形象展现,实现自然资源科学保护和合理利用。在保护生态环境和濒危物种的前提下,禁止大规模开发利用和干扰活动,尊重和保障当地居民的生活习惯和生活质量,实现人与自然共赢。

2. 国家地质公园的定位

地质公园是以具有特殊的科学意义、稀有的自然属性、优雅的美学观赏价值,具有一定规模和分布范围的有全国性代表意义的地质遗迹为主体,并融合其他自然景观与人文景观构成的特定地区,为人们提供具有较高科学品位的观光旅游、休闲度假、保健疗养、科学教育等多功能的场所。地质公园有保护地质遗迹,提升国民素质,促进地方经济、文化和环境三大宗旨的可持续发展,主要社会功能包括:①带动经济和社会发展;②保护地质遗迹,提升国民资源环境保护意识;③提升旅游景区的科学品位;④改善社区环境,构建美丽家园;⑤弘扬民族文化,树立良好的社会形象。

形象定位及景区特色围绕"地质地貌景观"来塑造,融合自然风光、民族风情、地方文化,展现综合景观资源。

3. 国家矿山公园的定位

国家矿山公园是指以展示矿业遗迹景观为主题,体现矿业发展历史内涵,具备研究价值和教育功能,可供人们游览观赏、科学考察的特定的空间地域。矿业遗迹包括矿业开发过程中遗留下来的踪迹和与采矿活动相关的实物,主要是指矿产地质遗迹和矿业生产过程中探、采,以及位于矿山附近的选、冶、加工等活动的遗迹、遗物和史籍。矿山公园的主要功能体现在:①推动矿山生态恢复与环境治理;②实现矿业遗迹保护与永续;③促进科学研究和教育;④推进矿业城镇经济转型。

形象定位首先应考虑的是如何开发利用先期采矿形成的矿业景观和矿业遗迹,这是矿山公园建设的本质要求,也是其开发主题。

4. 国家森林公园的定位

国家森林公园是指森林景观优美,自然景观和人文景物集中,具有一定规模,可供人们游览、休息或进行科学、文化、教育活动的场所。其功能主要表现在:①生态保护;②科研与教育;③游憩功能;④保健功能。形象定位考虑以优越的自然生态环境为基底,以林、山、水、峡等资源为载体;以森林景观、地文景观为依托;以优美的生态环境、凉爽宜人的气候条件,以及深厚的历史文化积淀为特色;以民俗文化和地方风情为底蕴;围绕"生态、健康、科学"塑造形象。

5. 国家草原公园的定位

国家草原自然公园是指具有较为典型的草原生态系统特征,有较高的生态保护和合理利用示范价值,以生态保护和草原科学利用示范为主要目的,兼具生态旅游、科研监测、宣教展示功能的特定区域。其主要功能包括:①推进国家生态文明建设;②维护国家生态安全;③促进社会稳定和经济发展;④保护、传承和弘扬草原文化。国家草原自然公园作为"自然公园"的一种新类型,是构建国家公园(主体)、自然保护区(基础)和各类自然公园(补充)为一体的三级自然保护地管理体系的重要补充。形象塑造考虑在保护的基础之上,将民族文化与休闲旅游相结合,以体现草原生态和草原文化为主。

6. 国家湿地公园的定位

国家湿地公园是指以保护湿地生态系统、合理利用湿地资源为目的,可供开展湿地保护、恢复、宣传、教育、科研、监测、生态旅游等活动的特定区域。其主要功能包括:①生态保护;②给水灌溉;③科学研究;④宣传教育;⑤游憩休闲。形象定位以湿地生态系统及其生物多样性为主体,围绕"洁净水源地""生命源泉""地球之肾"思考形象设计,促进和提高公众、社区湿地保护的参与意识和积极性。

7. 国家沙漠公园的定位

沙漠公园是指以沙漠景观为主体,以保护荒漠生态、合理利用沙漠资源为目的,在促进防沙治沙和维护生态服务功能的基础上,开展公众游憩休闲或进行科学、文化和教育活动的特定区域。其主要功能包括:①生态保护;②农业生产(沙漠公园建设中,将符合农业生产条件的沙漠林地、沙漠农田、花卉苗圃基地等充分利用,在满足生产要求的同时对原有沙漠进行修复和改造,实现生产功能和美学功能的统一);③游憩功能;④科学研究;⑤科普教育(提高人们对防沙治沙及生态文明建设的认知)。沙漠公园规划的目标是通过沙漠公园的建设对沙区的沙漠资源和动植物资源等起到保护作用,对沙化土地和林草植被进行恢复,对沙漠的基础设施条件加以改善,保护好沙漠地区的生态环境,同时积极发展沙漠旅游产业,带动当地经济发展,提升人们的生活水平。所以,形象塑造以绿色、健康、协调、可持续为重点。

8. 国家海洋公园的定位

国家海洋公园是指由中央政府指定并受法律严格保护的,具有一个或多个保持自然状态或适度开发的生态系统和一定面积的地理区域(主要包括海滨、海湾、海岛及其周边海域等);该区域是旨在保护海洋生态系统、海洋矿产蕴藏地,以及海洋景观和历史文化遗产等,供国民游憩娱乐、科学研究和环境教育的特定海陆空间。形象定位不能离开"海",需要围绕海洋生物、海洋生态、海洋文明思考。

二、上位规划及操作指南

上位规划是下位规划的指导性规划,其主要有三项特点:第一,上位规划体现了上级政府的发展战略和发展要求。按照一级政府、一级事权的政府层级管理体制,上位规划代表了上一级政府对空间资源配置和管理的要求。因此,下位规划不得违背这些原则和要求,并要将上位规划确定的规划指导思想、发展方针和空间政策贯彻落实到本层次规划的具体内容中;第二,上位规划代表了区域整体利益和长远利益。它从区域整体出发,编制内容体现了整体利益和长远利益,下位规划不得违背上位规划确定的保护原则和规模控制,要落实实行空间管制的区域,进一步深化和细化保护要求和保护措施;第三,上位规划有助于协调和解决区域发展中的问题。上位规划全局性、综合性、战略性、长远性更强,更加重视区域协调的有序发展和整体竞争力的提高;在整体发展的同时更强调资源和环境保护,限制不利于区域整体的开发活动,实现可持续发展。

在同级行政单元内,要遵守局部规划不得违背总体规划的原则。在以往的主题公园规划建设实际工作中,个别主题公园突破上位规划确定的功能区划规模和范围,导致区域发展建设无序进行,乱占滥用土地,破坏自然环境,不利于区域的可持续发展。因此,下位规划必须符合上位规划的要求,是保证规划权威性、严肃性,保证区域发展和建设科学有序进行的基础。

以《长江三峡(重庆)国家地质公园奉节园区规划》(2016—2025)为例,其上位规划包括《奉节县土地利用总体规划》(2014)、《奉节县矿产资源总体规划》(2014)、《奉节县国民经济和社会发展第十二个五年规划纲要》(2011)、《奉节县"十二五"综合交通规划》(2012)、《奉节县城乡总体规划》(2005—2030)、《奉节县旅游规划》(2010)、《兴隆镇总体规划(2005—2020)》(2005)、《重庆市奉节县白帝镇总体规划(2012—2030)》(2012)、《重庆市奉节县域城镇体系规划(2002—2020)》(2002)、《奉节县龙桥土家族乡总体规划(2006—2020)》(2006)、《天坑地缝风景名胜区总体规划(2011—2025)》(2011)、《天坑地缝景区修建性详细规划》(2012)。

在自然公园规划过程中,除了要对接上位规划,还要参照相关的技术规范、标准、指南。在《长江三峡(重庆)国家地质公园奉节园区规划》(2016—2025)中,参照的相关文件包括《国家地质公园规划编制技术要求》(国土资发〔2010〕89号)、《国家自然保护区总体规划编制规范》(国家环保局,1996)、《中国国家地质公园建设技术要求和工作指南》(2002)、《国家地质公园评审标准》(2000)、《国家地质公园总体规划工作指南》(2000)、《世界地质公园网络指南和标准》(2007)、《保护世界文化和自然遗产公约》(1972)、《关于加强国家地质公园申报审批工作的通知》(国土资厅发〔2009〕50号)、《国家地质公园规划编制技术要求》(2010)、《关于国家一级保护文化和自然遗产的建议》(1972)、《旅游规划通则》(GB/T 18971—2003)、《旅游资源分类、调查与评价》(GB/T 18972—2003)、《旅游景区质量等级的划分与评定》(GB/T 17775—2003)、《风景名胜区规划规范》(GB 50298—1999)、《环境空气质量标准》(GB 3095—1996)、《地面水环境质量标准》(GB 3838—2002)、《景观娱乐用水水质标准》(GB 12941—91)、《地下水质量标准》(GB/T 14848—1993)、《土壤环境质量标准》(GB 15618—1995)、《中国森林公园风景资源质量等级评定》(GB/T 18005—1999)、《自然保护区类型与级别划分原则》(GB/T 14529—1993)、《旅游区(点)质量等级的划分与评定》(GB/T 17775—2003)、《标志用公共信息图形符号》(GB/T 10001.1—2000)、《标志用公共信息图形符号》(GB/T 10001.2—2002)、《国土资源部办公厅关于国家地质公园建设验收工作的通知》(国土资厅发〔2010〕40号)、《国家地质公园建设标准》(国土资厅发〔2013〕345号)。

在进行自然公园规划时,需明确公园的类型,以其类型对接上位规划,确定规划区域的功能区划,再根据各项具体指南对功能区内部再次进行分区。以《广西北海涠洲岛火山国家地质公园规划(2013—2025)》为例,此项规划在编制过程中对接《北海涠洲岛旅游区发展规划》《北海涠洲岛旅游区(镇)总体规划(2011—2025)》《涠洲镇土地利用总体规划(2010—2020)》等上位规划,将涠洲岛国家地质公园划分为门区、科普教育区、公园管理区、地质遗迹保护区、游览区、游客服务区、自然生态区、居民点保留区八大功能区。各个功能区内部又分为各个区域,如门户区包括地质公园建设标志性大门、停车场、火山地质博物馆(新建)、旧博物馆改造(含游客服务中心)、地质公园科普宣传栏、旅游休闲购物商街、旅游生态厕所等功能建筑,公园宣传图件栏,休息点和观景亭;游览区规划有鳄鱼山游览区、湾仔(五彩滩)游览区、湿地公园游览区、南湾游览区、城仔游览区、盛棠游览区6个区域[①]。

三、特殊要求举例

自然公园规划具有一般景区规划的内容,又有一些不同之处,比如与"保护"相关的功能区划、方案及措施,与"宣教"相关的展示、解说系统。自然主题公园大部分地区处于自然状态(空间特征与处于大城市或城市边缘的游乐型主题公园不同),其中部分区域处于可持续自然资源管理之中,必须坚持在保护的前提下开展利用(旅游体验)活动。

自然公园规划与一般旅游景区规划的主要差异,包括但不限于以下几点。

(1)中国国家公园:国家公园是最重要的自然保护地类型,"保护"处于首要和主体地位。

---

① 资料来源:北海市人民政府门户网站。

其生态价值高、保护范围大、原真性更强,又是国家形象的重要体现,所以管理层级最高,在规划编制过程中必须遵循"最严格的保护"这一理念。

(2)国家地质公园:规划必须设置科普解说系统,如建立地质博物馆、景点设有地质解说播放器或地质解说牌、编制并展示(或发放)地质科普读物等,同时要有科学研究计划、社区发展计划等。

(3)国家矿山公园:重要矿业遗迹保护规划;矿山公园博物馆规划;和地质公园类似,通过设置科普解说系统,让人们对矿业开发,以及矿产有基本的了解。

(4)国家森林公园:植物景观设计;森林生态科学教育解说系统;休闲绿道(游步道)的绿色化、景观化。

(5)国家草原公园:以生态保护和促进退化草原修复为主要目标的生态保育区;以生态旅游为主的旅游观赏区;以草畜平衡和生态及文化体验活动等利用示范为主的科学利用示范区;以管理、科研及科普宣教为主的综合服务区。

(6)国家湿地公园:解说与宣教标识系统建设;水源和水质保护规划;水岸保护规划;野生动植物及其栖息地保护规划;文化保护规划;能力建设规划;科普宣教规划等。

(7)国家沙漠公园:科普宣教解说系统;沙漠公园网站群;生态景观游憩设施、生态文化游憩设施、沙漠特色游憩设施建设。

(8)国家海洋公园:以保护修复和适度利用海洋生物资源、完善海洋公园规范化建设和提升海洋公园综合管理能力为近期主要目标,重点开展管理保护、生态监测、宣传教育等各项基础设施建设。

第二节 地质公园规划案例

一、地质公园规划指南

地质遗迹是地球历史(地质历史)中形成的珍贵的不可再生的自然资源,具有资源与环境的双重属性。地质公园的建设,保护了地质遗迹资源,提升了国民地学素养,促进了经济社会发展,为推进生态文明建设、加强资源环境的源头保护发挥了重要作用。为更好地发挥地质公园的功能,国土资源部于2000年开始实施国家地质公园计划,并陆续出台了一些指南、规范和技术要求等。以地质公园规划为例,最新的指南《国家地质公园规划编制技术要求》(后文简称"技术要求")由国土资源部于2016年7月25日印发,2019年1月3日由国家林业和草原局修订并公告。

国家地质公园规划编制的基本原则包括四点:①充分调查,科学评价,突出保护;②体现宗旨,彰显特色,合理布局;③落实主体功能区规划,明确功能定位;④统筹兼顾,做好与相关规划的衔接。

国家地质公园规划工作的主要依据及规范性文件包括三大类:①法律法规类,比如《中华人民共和国环境保护法》(2014)、《古生物化石保护条例实施办法》(2012)、《地质遗迹保护管理规定》(1995)等；②国家规划、技术规范、标准、指南类，比如《全国主体功能区规划》(2010)、《旅游规划通则》(GB/T 18971—2003)、《国家地质公园验收标准》(2015)等；③地质公园所在地的相关规划，如国民经济与社会发展规划、空间规划、地质灾害防治及其他专项规划等。

国家地质公园规划严格遵循"保护优先、科学规划、统一管理、合理利用"的原则，依托保护地质遗迹、普及地学知识、促进地区社会经济可持续发展的理念，以期实现资源环境的合理利用、地方社会经济的健康发展。所以，规划编制的重点包括：①合理划定、明确界定地质公园范围；②地质公园园区、功能区；③地质遗迹的调查、评价、登录和保护；④地质公园的科学解说系统；⑤地质公园的科学研究；⑥科学普及行动；⑦地质公园的信息化建设规划；⑧地质公园的管理体制与人才规划。

国家地质公园规划要求提交四项成果：①规划文本，是直接指导地质公园建设和管理的规范性文件，应以条文的方式简明扼要地直接表述，体现规划的指导性、强制性和可操作性；②规划编制说明，是对规划编制的背景、过程、原则和主要内容的说明；③规划图件，以图的形式展示重要规划内容，主要包括地质公园区位和外部交通图、地质公园地质图、地质公园边界图、地质遗迹及其他自然人文资源分布图、地质遗迹保护规划图、地质公园规划总图、地质公园园区（景区）功能分区图、地质公园土地利用规划图、地质公园综合服务区规划平面图、地质公园科学导游图等，具体要求见表14-1；④专项研究报告，国家地质公园规划专项研究报告从研究角度为规划编写提供更加准确、详尽的理论和实际的分析论证依据。

表14-1 国家地质公园规划图件要求及部分图例

1 比例尺			
公园规模	占地面积/km²	图纸比例尺	其他
小型	≤20	1∶5000～1∶10 000	坐标采用西安80坐标系和经纬度（度分秒）分别表示，精度为小数点后两位
中型	20＜面积≤100	1∶10 000～1∶25 000	
大型	100＜面积≤500	1∶25 000～1∶50 000	
特大型	＞500	1∶50 000～1∶100 000	
2 地质遗迹保护规划图例			
保护区级别	边界拐点编号要求	色值（RGB）	颜色
特级保护区	T-1、T-2、T-3……	167、0、106	
一级保护区	Y-1、Y-2、Y-3……	200、0、0	
二级保护区	可不加拐点坐标	255、127、0	
三级保护区	可不加拐点坐标	255、250、0	

续表 14-1

3 地质公园园区(景区)功能分区图例

功能区	边界范围要求	色值(RGB)	颜色
地质遗迹景观区	要有明确范围和界线	215、115、255	紫
人文景观区	要有明确范围和界线	255、160、0	橙
综合服务区	要有明确范围和界线	230、0、0	红
自然生态区	要有明确范围和界线	125、165、40	绿
居民点保留区	要有明确范围和界线	255、240、0	黄

4 主要地质遗迹类型图例

地层剖面		岩石地貌景观	
岩浆岩(体)剖面		火山地貌景观	
变质岩相剖面		冰川地貌景观	
沉积岩相剖面		泉水景观	
构造形迹		瀑布景观	
古人类		河流景观	
古动物		湖沼景观	
古植物		地质灾害遗迹景观	
古生物遗迹		人文景观	
典型矿床		自然景观	

所有国家地质公园规划的编制和修编都必须符合《技术要求》。国家地质公园规划的基本程序：取得国家地质公园资格的单位，应按照《技术要求》编制《规划》。国家地质公园规划由申报地质公园的地方人民政府组织编制并发布实施，其中规划编制成员应包括地质、规划及相关专业技术人员。规划期满前3个月，地方人民政府应组织编制新的国家地质公园规划并发布实施。《规划》内容需要调整的，由公园所在地地方人民政府决定并组织修编和发布实施。国家地质公园范围发生调整，有关地方人民政府应按照相关规定报批，并按照批准后的园区范围和面积重新编制国家地质公园规划，发布实施。

二、地质公园发展定位

中国国家地质公园是以具有国家级特殊地质科学意义、较高的美学观赏价值的地质遗迹为主体，并融合其他自然景观与人文景观而构成的一种独特的自然区域。其建设意义和基本宗旨主要表现在3个方面：保护地质遗迹、提升国民素质、促进地方发展。地质公园的建设遵循"在保护中开发，在开发中保护"的原则，功能定位包括以下几个方面。

（1）保护地质遗迹。保护地质遗迹的有效方式，就是动员全社会的力量，合理而科学地开发、利用地质遗迹资源。地质遗迹的保护，也是为了地质科学研究和遗迹价值的展现。把建立地质公园与地区经济发展结合起来，通过建立地质公园带动旅游业的发展，使地质遗迹资源成为地方经济发展新的增长点。促进地方经济发展和增加居民就业，提高当地群众的生活水平，从而达到保护地质遗迹的目的。

（2）崇尚自然科学。建立地质公园是崇尚科学和破除迷信的重要举措。地质公园建设以普及地学知识、宣传唯物主义世界观、反对封建迷信为任务之一。在价值传递中，既要有对自然景观的人文解释或地方意义（或情感）的解读，又要有地质科学的成因解释，从而使地质公园既有趣味性，也有科学性。

（3）普及地学知识。对整个社会来说，地质公园是科学家成长的摇篮和进行科学探索的基地。对广大青少年朋友、对民众来说，地质公园是学习知识、提升素养的营地，也是进行启智教育的课堂。很多地质公园已经成为科普基地，或是研学营地或乡土教育场所，发挥着提升国民素质的作用，展现了强大的教育功能。

（4）开发旅游资源。1985年中国旅游地学专业委员会提出"地球公园"的概念，同一年国土资源部地质景观保护委员会提出建设"地质公园"的想法，人们才逐步认识到地质遗迹资源对旅游业的重要性。直到2000年国土资源部出台地质公园建设方案，2001年首批国家地质公园才正式诞生。2004年的联合国教科文组织巴黎会议，产生了首批25家世界地质公园，2015年它们被纳入教科文旗下正式称为"教科文世界地质公园（UNESCO Global Geopark）"。地质遗迹有独特的观赏和游览价值，因此建立地质公园可以使宝贵的地质遗迹资源不需要改变原有面貌和性质而得到永续利用。国家地质公园的建立，是对地质遗迹资源利用的优质方式。

（5）发展地方经济。建立地质公园，可以改变传统的生产方式和资源利用方式，为地方旅游经济的发展提供新的机遇。同时，可以根据地质遗迹的特点，营造特色文化，发展旅游产业，促进地方经济发展，尤其是在地方产业结构调整、居民收入提升、区域生态环境改善方面起到重要作用，诸多地方因地质公园的发展使得农产品成为旅游商品，农业深加工、手工业，以及服务业成为乡镇支柱产业。

（6）服务社会需求。地质公园的发展改变了农业、地质勘查等行业的劳动形式，也改革了地质工作管理体制，扩大了地质服务领域；促进了旅游由休闲观光式（消费享乐型）向研学式（自我提升型）的转变。建设国家地质公园为一些行业带来了新理念、新机遇，也为地方发展提供了新思路、新契机。

一些地质公园的旅游开发还使地方文化得以更好地传承，许多非物质文化遗产得以在旅游中"活化"，许多不太著名的人文景观得以更好地保护，比如与地质公园旅游开发相关联的古民居、古建筑、古驿道被重新修缮成为旅游景点（获得"重生"）。

地质公园规划过程中，公园的性质与特色尤其重要。公园甲如何区分于公园乙，不至于产生"同质竞争"，关键点就在于公园的性质与特色。地质公园的性质源自资源特色，是最为典型的地质遗迹所展现的景观特色和(或)不一样的科学内涵。

三、地质公园功能分区

根据资源的自然组合分布状况结合行政区划，将公园划分为相对独立的园区和园区之下的景区，构成公园相互联系的总体空间布局。分别列出各园区、景区的面积，主要地质遗迹景点、科普设施、服务设施、交通设施。按担负的功能作用划分出不同的区域，主要为地质遗迹保护区、地质遗迹景观区、自然生态区、人文景观区、综合服务区和居民点保留区。实际规划编制过程中，要求对不同区域分别列出主要内容、面积。

地质遗迹保护区必须有边界坐标（主要拐点），根据保护对象的自然状况可分为点状、线状和面状3种类型；按科学价值珍稀程度可分为特级保护区（或特级保护点）、一级保护区、二级保护区和三级保护区；并且根据各级保护区的控制要求，明确具体的保护措施及特殊地质遗迹的保护方案。将重点保护的地质遗迹景群、景点、景物划入保护区后，在《专项研究报告》中，要对地质遗迹保护区的保护现状、面临的主要影响因素进行分析，提出科学的保护方案。特级及一级保护对象要确定专门的负责人。对特殊地质遗迹的保护需开展相关的调查研究和可行性分析。

地质遗迹景观区、人文景观区和自然生态区，必须进行环境容量控制，在确保公园环境优美的情况下制定出整个公园及各园区（景区）的游人日容量、年容量；落实自然生态环境的保护功能，提出自然生态环境保护内容及保护措施，列出园区内易发地质灾害、森林火灾等自然灾害的种类、地点及防治预案，列出国家一级和二级保护动植物名录及保护措施，列出园区内重要人文景观名录及保护措施。其中包括对公园内的土壤、大气、水质、噪声、天然放射性剂量水平、水土流失、居民及旅客活动等影响自然生态的情况进行陈述和评价，对生态环境影响做出预测；对公园范围内及所在地区的地质灾害、森林火灾、病虫害、极端气候灾害等灾害的历史状况、发生背景与条件进行分析，论证保护措施的有效性与可行性。

综合服务区承载着旅游服务、科研科普及国民教育等功能，在保证地质公园持续健康运营的基础上适当考虑地方经济发展和居民收入提升的速度。在综合服务区要实现的功能包括：①科学研究课题的开展，比如围绕公园可持续发展在资源保护、科普、旅游、解说、推广、信息化及管理等方面的科研选题能够有效地进行；②不同解说方式的布局，比如户外解说系统主副碑、解说牌、栏、窗和实物标本的合理布局；户内解说系统地质公园博物馆、科普影视厅、陈列室、体验馆的物理空间；③科普及研学活动的场所，比如以科普教育基地的形式面向中小学生开展科普活动、环境友好教育、春秋游、夏令营、冬令营及其他专题性活动等，以与有关院校（科研院所）合作建立实习实践基地的形式面向大、中专学生及科研机构在公园内科研实习、编写论文等活动，以主题日和节庆活动等形式面向公园当地社区、外地游客制订科普活动与教育计划，活动内容体现本地特色，符合客源需求；④旅游活动及相关服务开展、基础设施及服务设施的用地。

居民点保留区要进行居住地调整和控制、人口与劳动力向地质公园服务转移。社区调整包括居民点调整与迁移、社区景观整治等；根据资源状态和经济基础，逐步实现人口与劳动力转移到为地质公园服务的相关行业之中，以实现地方的可持续发展。

四、国家地质公园规划案例

以黄山国家地质公园规划为案例，示意中国国家地质公园规划编制的主要内容和图件。案例的背景为：①指南和规范的更新，2016年国土资源部发布了《国家地质公园规划编制技术要求》(国土资发〔2016〕83号)对规划提出了更高更新的要求；②保护对象的更新，2016年12月中国地质大学(武汉)提交了新一轮地质遗迹调查成果，对黄山地质遗迹名录进行了更新；③地方发展有了新动向，2017年6月住房和城乡建设部批准了《黄山风景名胜区东海景区详细规划》，对黄山进一步带动周边社区发展制订了目标和路径。在此背景下，根据黄山市人民政府主要领导指示，黄山地质公园管委会启动了《黄山国家地质公园规划(2013—2025)》修编工作。

(1)指导思想：本规划紧紧围绕"把黄山打造成为世界地质公园典范和世界一流科学旅游目的地"的目标，突出公园的特色，实现地质公园"保护、科普、旅游"的三大任务，围绕保护、解说、地质旅游、经营管理、公园可持续发展等7个主题进行研究。

(2)主要内容：充分衔接钓桥景区、东海景区相关规划，依据中国地质大学(武汉)地质遗迹调查统计名录，围绕地质遗迹保护、灾害防治、地质旅游、科学解说、经营管理、品牌拓展、可持续发展等重要问题做出计划与安排。重点把握以下内容：如何提高地质遗迹保护的科学性和持续性，精准划定地质遗迹保护区；如何完善地质公园的科普方案、科普素材，以及科普信息；怎样整合公园内的历史、文化、考古和生物多样性，使其成为一个整体；在可持续发展的前提下，怎样鼓励及创新地区旅游产品，刺激经济发展；怎样开展黄山特殊地质环境和气候条件下的地质灾害防控治理研究，为地质旅游发展提供安全保障；如何促进公园与其他世界地质公园网络成员的文化交流，并在世界地质公园网络中宣传推广其可持续发展经验；如何提高黄山地质公园的管理水平，以实现公园的科学管理。

(3)规划特点：严格依据地质公园新技术要求进行修编；体现与东海景区、钓桥景区等规划相衔接，又利于地质遗迹的保护；依据地质遗迹点级别、数量，合理调整保护区的范围，更加精准地保护地质遗迹点；将国内外世界地质公园规划的最新理念运用到规划中；扩大了公园游览面积，缓解了道路拥挤状况，提升了游客游览的舒适性；对地质公园的管理工作提出建议，促进黄山地质遗迹保护和科学解说系统的建设；通过旅游活动项目的规划及策划，丰富黄山的地质科普活动和旅游活动，实现公园所在地经济、社会与环境的可持续发展。

(4)分期发展目标：近期目标是成为国家地质公园及世界地质公园的典范和地学旅游示范地；中期目标是拥有重要国际影响的地质公园；长远目标是成为世界一流科学旅游目的地。分项发展目标包括：①公园品牌国际化；②遗迹保护专业化；③导览解说系统化；④科学普及大众化；⑤地质旅游特色化；⑥经营管理信息化。

(5)功能分区调整：根据《国家地质公园规划编制技术要求》(国土资发〔2016〕83号)新文件要求：将地质遗迹保护区调整后的范围作为地质遗迹景观功能区；将门区、科普教育区、旅游服务区、管理区合并为综合服务区；将居民点保留区名称改为居民保留区。并根据新文件要求，调整所有图件的图例，增加地质公园综合服务区规划平面图。功能分区图如图14-1所示。

(6)来自规划编制单位绘制的部分图件如图14-1～图14-5所示。

旅游地理学

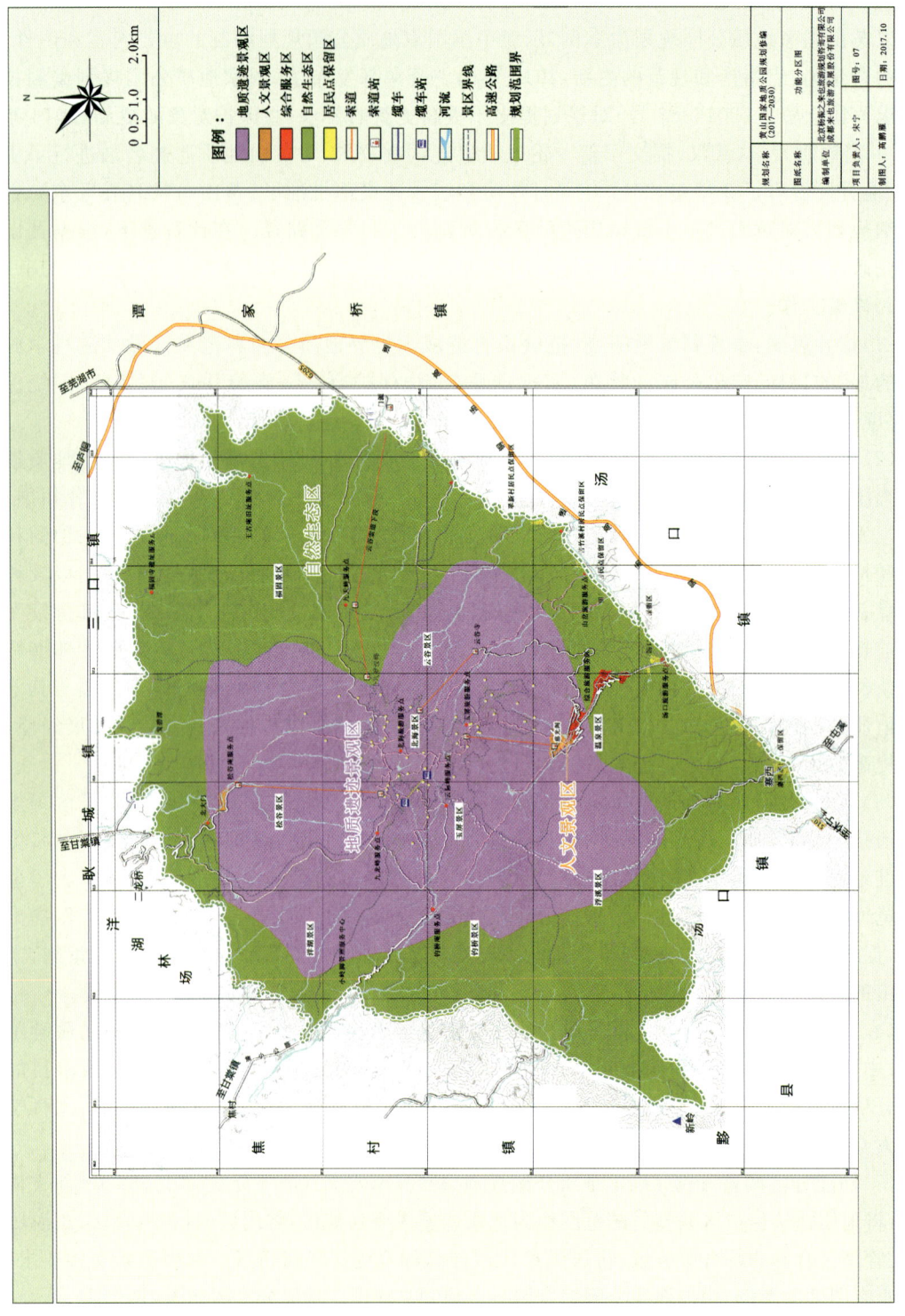

图 14-1 黄山国家地质公园规划修编（2017—2025）——功能分区图

第十四章 保护地体系自然公园规划

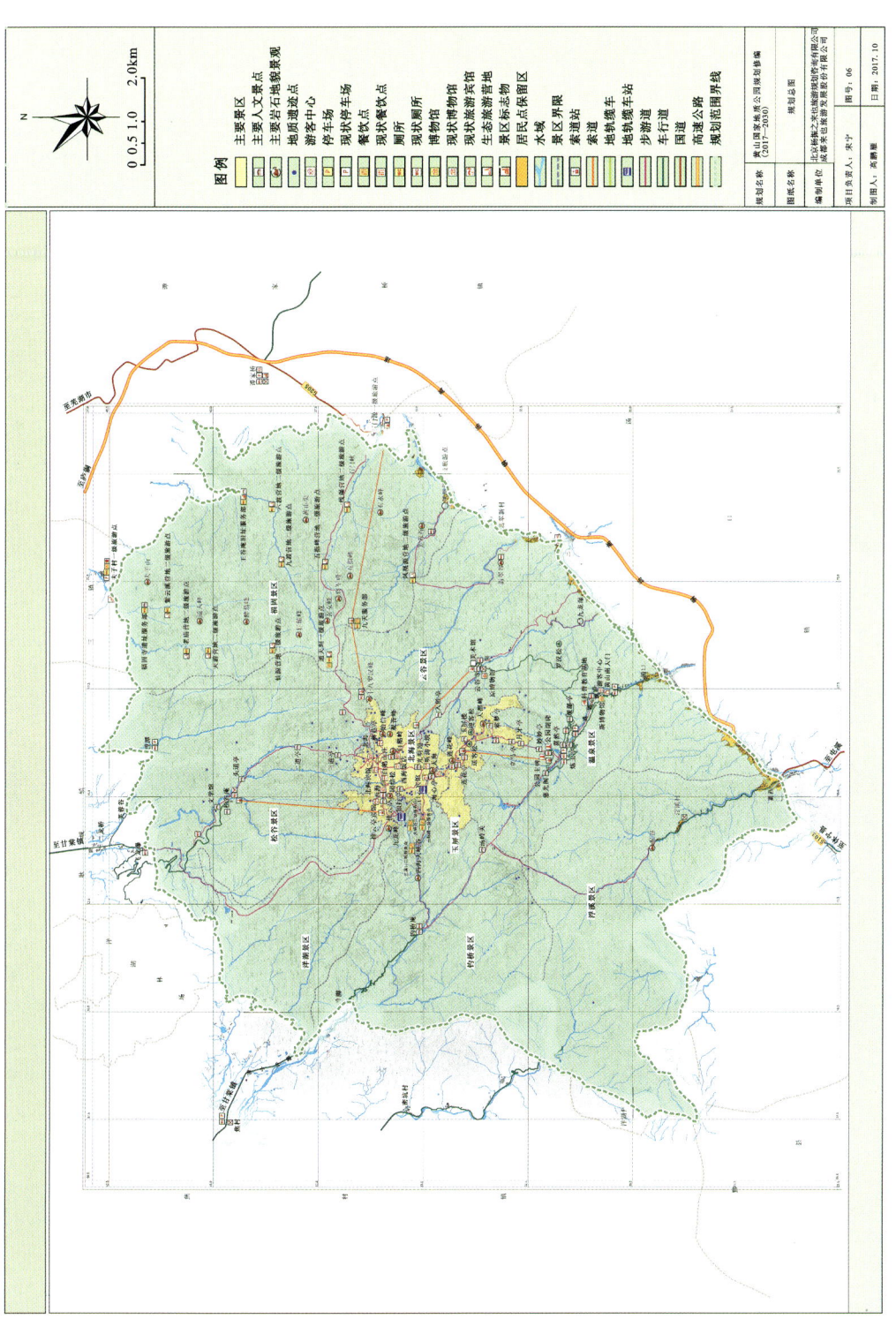

图 14-2 黄山国家地质公园规划修编（2017—2025）——规划总图

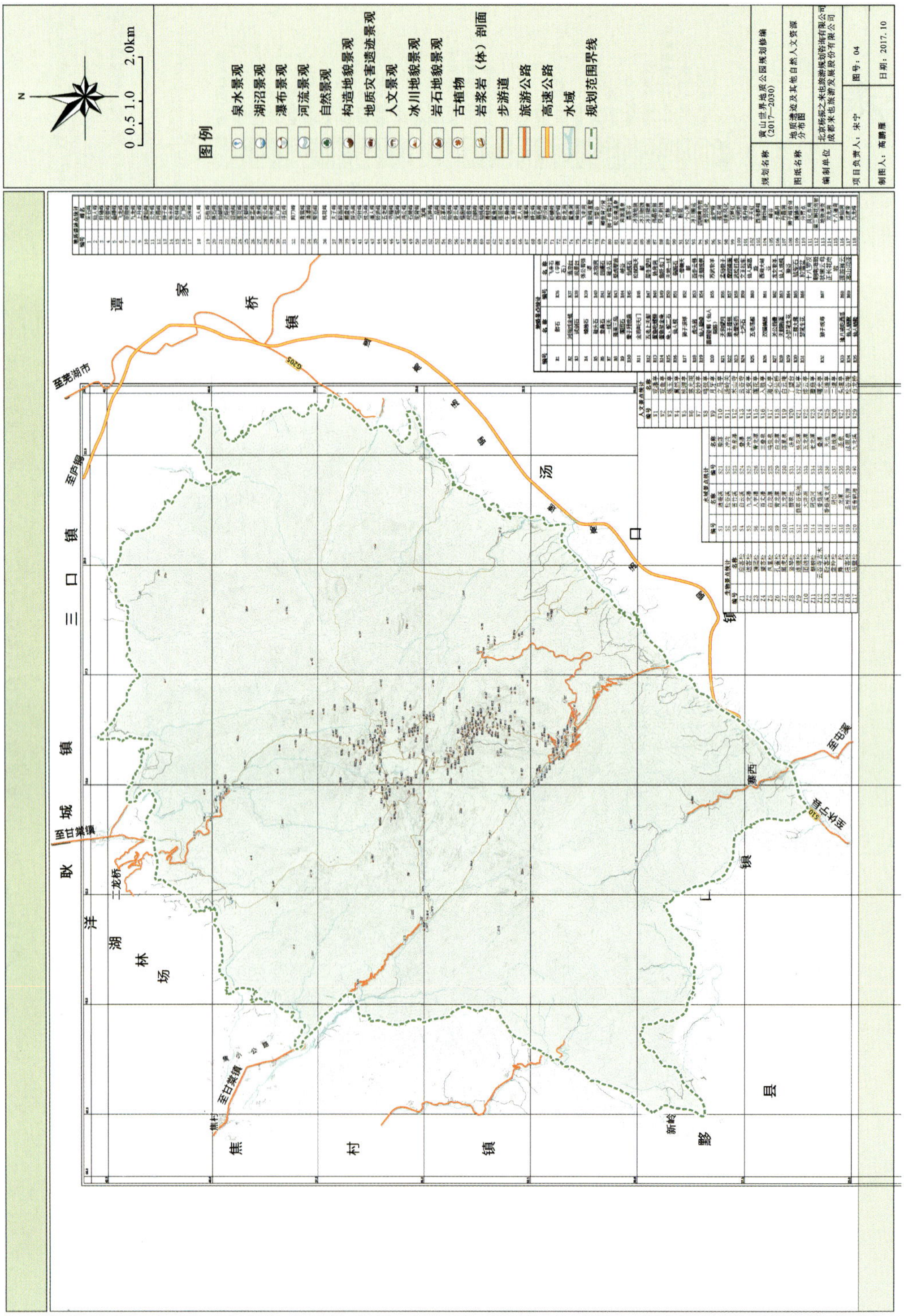

图14-3 黄山世界地质公园规划修编（2017—2025）——地质遗迹及其他人文资源分布图

第十四章 保护地体系自然公园规划

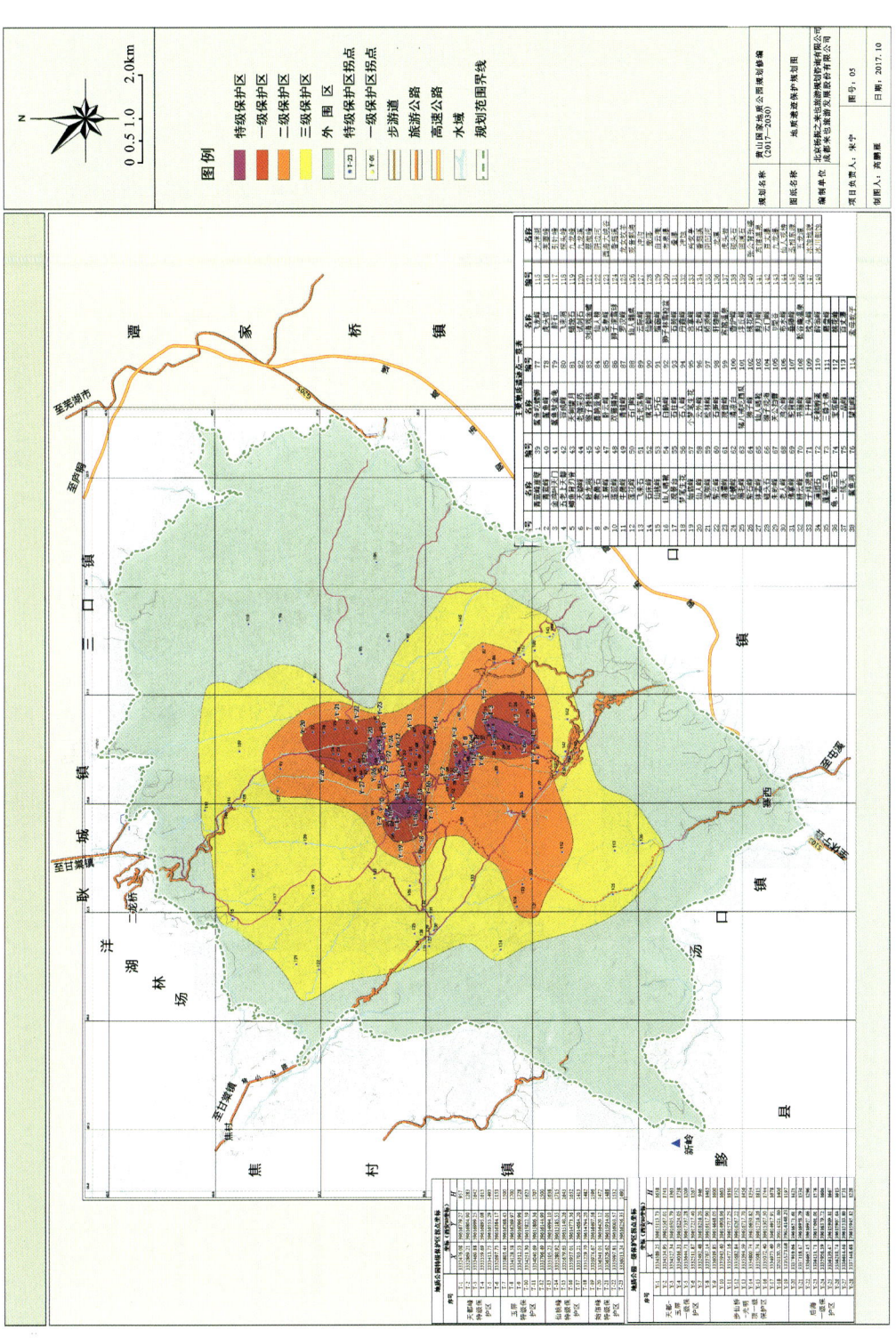

图14-4 黄山世界地质公园规划修编（2017—2025）—地质遗迹保护规划图

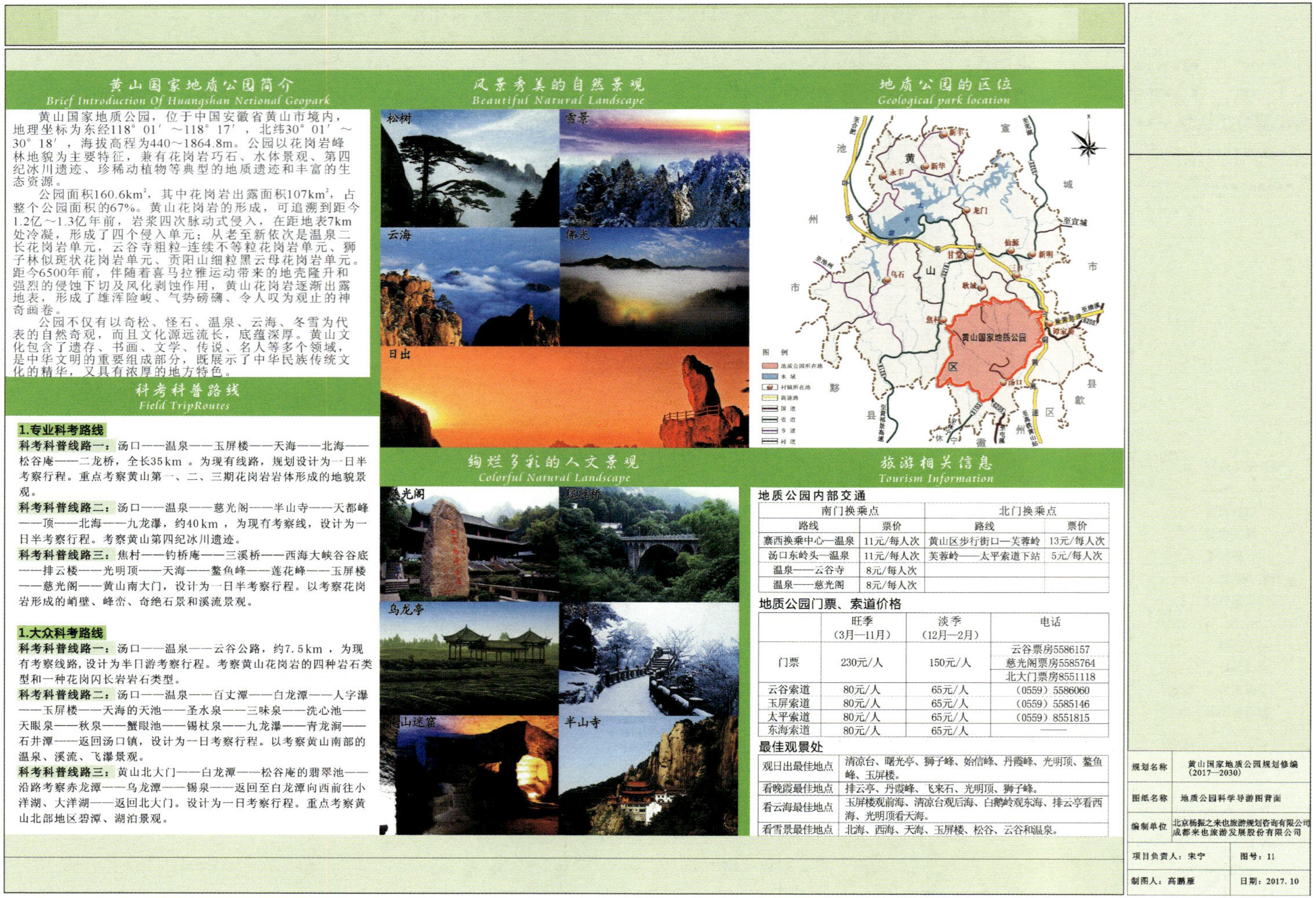

图 14-5 黄山国家地质公园规划修编（2017—2025）——地质公园科学导游图背面

链接材料：

国家公园能开展旅游活动吗？为什么？

国家公园是我国最重要的自然保护地，要实行最严格的保护。以保护为主、分层级的适度旅游发展有助于发挥出国家公园的综合价值，能够调动当地政府、社区居民的积极性，也有利于推动国家公园实现自我良性循环发展。

党的十九大报告提出要"建立以国家公园为主体的自然保护地体系"。目前，国家公园建设已经成为我国生态文明制度建设的重要组成部分。然而，作为国家最高等级的生态环境保护区域，国家公园能否进行旅游活动一度引起争议。国家公园多为自然禀赋和历史遗存较好的区域，对国内外游客有着强大的吸引力，这也使得国家公园与旅游发展具有天然的相伴相生关联。世界各国对国家公园的界定中也普遍认为，游憩是国家公园的重要功能之一，并形成了明确的立法保障。

一、英美日国家公园的旅游活动

美国是国家公园的开创者，在处理国家公园与旅游发展的关系上也先后经历了从无序开发、注重休闲旅游、旅游设施快速膨胀到加强生态保护等几个阶段，形成了"完全保护，适度开发"的模式。美国国家公园管理局（National Park Service）数据显示，2017年美国国家公园系统共接待了3.31亿人次的游憩参观者，在国家公园边界大约60km影响范围内，游客直接消费大约182亿美元，这些消费直接或间接创造了高达30.6万个工作岗位、119亿美元的劳动收入、203亿美元的经济附加值，以及358亿美元的经济产出。由此可以看出，国家公园在美国是重要的游憩资源，也被作为带动周边地区经济发展的重要引擎，进行了适度发展。

英国和日本在国家公园的旅游活动中也形成了比较典型的模式。英国国家公园的创立比美国大约晚100年，始于20世纪中叶，英国的国家公园基本在《环境法》和《国家公园法》的基础上运营，并且十分重视国家公园的发展规划，主要根据不同景观特征进行景观的功能分区与设计。目前，英国国家公园的定位基本上是在保护优化自然生态资源的基础上实现盈利，更加追求经济、社会和生态环境的和谐与可持续发展。

日本是亚洲最早建立国家公园的国家，其国家公园的建立主要是在战后经济过度发展导致生态环境恶化的情况下进行的，从最初注重营利性的旅游活动理念转变为以环境保护为前提的公益性旅游活动理念，因此，当前日本对国家公园实行的是"保护至上的公益性旅游"政策，国家公园土地被划分为特别区域和普通区域两种，特别区域禁止任何形式的人类活动，而普通区域旅游活动管理相对宽松一些。

二、进一步厘清国家公园与旅游活动的关系

一方面，国家公园的旅游活动能够丰富我国旅游产品体系，特别是随着我国进入小康社会，人们对多层次多种类的公共游憩产品的需求将更加旺盛，国家公园作为资源禀赋极好的区域应该进一步为人们提供丰富的旅游产品，以满足人们对美好生活的需求；另一方面，旅

游发展能够实现国家公园的自循环可持续发展。国家公园的保护与管理需要大量的资金投入，旅游的发展能够为当地带来一定的经济收入，可以缓解中央和地方政府的财政压力，实现国家公园的自循环可持续发展。同时，旅游的发展能够创造大量的就业机会，旅游产业发展能够帮助原住居民快速脱贫，更容易获得周边社区支持。

国家公园的旅游活动由国家公园的功能特性所决定，国家公园的发展与旅游活动并行不悖。2017年印发的《建立国家公园体制总体方案》明确提出"严格规划建设管控，除不损害生态系统的原住民生产生活设施改造和自然观光、科研、教育、旅游外，禁止其他开发建设活动。"《总体方案》开始将国家公园与旅游发展的关系理顺。然而，由于国家公园的环境脆弱性，以及在生态文明体制建设中所承担的特殊生态功能作用，国家公园仍以保护大面积自然生态系统为主要目的，进而实现自然资源的科学保护和合理利用。因此，国家公园的旅游活动应是有条件的、有节制的以保护为主的游憩活动。

三、国家公园中旅游活动的分类及模式

国家公园中的旅游发展应遵循一定的标准，可以考虑主要从现有旅游开发状况、资源环境承载力、生态脆弱性、物种珍稀度和规模丰度等维度进行评价。旅游开发状况，主要用于衡量国家公园在原有管理体制下已经达到的游客规模、旅游成熟度、生态环境状况、存在的问题等；资源环境承载能力，主要是国家公园资源环境所能承受的人口规模和经济规模的大小，也就是国家公园生态系统所能承受的人类经济与社会的限度；生态脆弱性，着重强调国家公园的生态系统在特定时空尺度相对于外界干扰所具有的敏感反应和自我恢复能力；国家公园珍贵物种，主要是指国家公园中珍稀物种达到的保护等级、珍稀物种的类别数量，以及目前的规模等。

依据以上4个评价标准，结合目前国家公园的旅游发展基础，可将国家公园中的旅游发展模式总结为深度融合型、适度游憩型、研学科教型、生态管控型四大类型。其中，深度融合型的国家公园主要是已具备一定的人类活动承载力，以适度经济功能为主，产业业态较为丰富；适度游憩型的国家公园主要满足人们对自然风光的需求，更多承担观光、科普教育等社会功能，社区融入程度适中；研学科教型的国家公园主要是以科学研究功能为主，采取预约式的访客管理，生态环境较为脆弱；生态管控型的国家公园以生态保育和生态涵养为主，生态环境脆弱，修复能力差，实行自然生态系统的严格保护、整体保护、系统保护管理。

北京长城、福建武夷山国家公园经过多年的探索性发展，旅游设施比较齐全，具备一定的旅游承载量条件，属于深度融合型的国家公园。云南普达措、湖北神农架、浙江钱江源和湖南南山具有一定的旅游基础，但从生态环境脆弱性和资源承载力角度看仍要以控制为主，属于适度游憩型的国家公园。大熊猫国家公园的旅游发展模式应以研学科教型为主，比如雅安碧峰峡景区将大熊猫基地向游客开放，但为了进一步发挥国家公园的生态功能，可实行访客预约制，重点放在研学和教育功能上，进一步降低游客对环境的影响。三江源、祁连山、东北虎豹国家公园生态环境极为脆弱，资源承载能力也十分有限，属于典型的生态管控型的国家公园，必须实行最严格的生态保护制度。

总之，国家公园作为我国最重要的自然保护地，要实行最严格的保护，但国家公园也存

有丰富的生态资源、珍贵的动植物资源和物种群落,承担着科研、教育、游憩等综合功能。以保护为主、分层级的适度旅游发展无疑有助于发挥出国家公园的综合价值,能够调动当地政府、社区居民的积极性,也有利于推动国家公园实现自我良性循环发展。

(资料来源:赵西君.国家公园能开展旅游活动吗?为什么?中国旅游报,2019-05-29)

根据以上材料分析国家公园如何开展旅游活动?

主要参考文献

保继刚,1994.大型主题公园布局初步研究[J].地理研究(3):83-89.
保继刚,1995.主题公园的发展及其影响研究——以深圳市为例[D].广州:中山大学.
保继刚,1997.主题公园发展的影响因素系统分析[J].地理学报(3):47-55.
保继刚,2001.旅游地理学[M].北京:高等教育出版社.
保继刚,2009.从理想主义、现实主义到理想主义理性回归——中国旅游地理学发展30年回顾[J].地理学报,64(10):1184-1192.
保继刚,2010.中国旅游地理学研究问题缺失的现状与反思[J].旅游学刊,25(10):13-17.
保继刚,2015.旅游地理学[M].3版.北京:高等教育出版社.
保继刚,楚义芳,1993.旅游地理学[M].北京:高等教育出版社.
保继刚,尹寿兵,梁增贤,等,2011.中国旅游地理学研究进展与展望[J].地理科学进展,30(12):1506-1512.
卞显红,2003.旅游者目的地选择影响因素分析[J].地理与地理信息科学(6):83-88.
布哈利斯 D,马晓秋,2000.目的地开发的市场问题[J].旅游学刊(4):69-73.
曹超轶,卢松,杨仲元,2011.泛长三角地区大型主题公园时空分布初步研究[J].云南地理环境研究,23(5):42-49.
陈传康,1990.旅游资源鉴赏与开发[M].上海:同济大学出版社.
崔庠,2006.旅游地理学[M].北京:机械工业出版社.
戴学锋,廖斌,2019.全域旅游:全面深化改革的突破口[M].北京:中国旅游出版社.
邓冰,俞曦,吴必虎,2004.旅游产业的集聚及其影响因素初探[J].桂林旅游高等专科学校学报(6):53-57.
董观志,2000.旅游景区管理咨询的商业空间与拓展对策——对深圳锦绣中华的实证分析[J].桂林旅游高等专科学校学报(3):20-22.
董观志,孟清超,2006.主题公园选址的层次结构分析[J].商业时代(2):79-80.
杜江,向萍,1999.关于乡村旅游可持续发展的思考[J].旅游学刊(1):15-18,73.
冯维波,2000.关于主题公园规划设计的策略思考[J].中国园林(3):21-23.
冯维波,2009.城市游憩空间分析与整合[M].北京:科学出版社.
傅军,1999.主题公园区位选址分析[J].南方建筑(3):77-78.
葛立成,聂献忠,2009.区域旅游合作:理论分析与案例研究[M].北京:社会科学文献出版社.
苟自钧,2002.旅游市场营销学[M].郑州:郑州大学出版社.
古诗韵,保继刚,1999.城市旅游研究进展[J].旅游学刊(2):15-20,78.

郭焕成,韩非,2010.中国乡村旅游发展综述[J].地理科学进展,29(12):1597-1605.

郭来喜,1985.旅游地理学[M].北京:科学出版社.

郭来喜,保继刚,1990.中国旅游地理学的回顾与展望[J].地理研究(1):78-87.

韩杰,2002.旅游地理学[M].大连:东北财经大学出版社.

何景明,2006.城市郊区乡村旅游发展影响因素研究——以成都农家乐为例[J].地域研究与开发(6):71-75.

胡晓苒.城市旅游:全域城市化背景下的大连全域旅游(上)[N].中国旅游报,2010-12-08(011).

黄震方,侯国林,周年兴,等,2015.旅游地理学[M].大连:东北财经大学出版社.

蒋艳,李祝舜,2003.论旅游对欠发达民族地区的影响[J].广西民族学院学报(哲学社会科学版)(S1):126-129.

克里斯托弗·霍洛韦,2006.旅游营销学[M].修月祯,译.北京:旅游教育出版社.

孔祥楠,2011.旅游地理教学的优化[J].河南科技(9):36-37.

李芬,马斯洛,2006.《动机与人格》述评[J].哈尔滨学院学报(7):11-14.

李红,郝振文,2006.旅游景区市场营销[M].北京:旅游教育出版社.

李经龙,郑淑婧,周秉根,2003.旅游对旅游目的地社会文化影响研究[J].地域研究与开发(6):80-84.

李君轶,2012.旅游市场调查与预测[M].北京:科学出版社.

李天元,向招明,2006.目的地旅游产品中的好客精神及其培育[J].华侨大学学报(哲学社会科学版)(4):66-72.

李星明,赵良艺,2002.旅游者对发展中国家的旅游地社会文化影响研究[J].华中师范大学学报(自然科学版)(2):254-256,260.

李泽厚,1989.美学四讲[M].上海:生活·读书·新知三联书店出版社.

李志飞,2000.湖北省旅游业结构调整与优化升级对策研究[J].经济地理(2):125-128.

厉新建,张凌云,崔莉,2013.全域旅游:建设世界一流旅游目的地的理念创新——以北京为例[J].人文地理,28(3):130-134.

刘葆,2009.旅游市场营销学[M].安徽:安徽大学出版社.

刘德谦,2006.关于乡村旅游、农业旅游与民俗旅游的几点辨析[J].旅游学刊(3):12-19.

刘振宾,2003.对主题公园的思考——兼议主题公园的生存条件、文娱表演及存在问题[J].北京规划建设(5):24-28.

刘振礼,王兵,2001.新编中国旅游地理[M].天津:南开大学出版社.

龙明先,2009.需要层次理论与ERG理论的比较研究[J].企业技术开发,28(6):119-121.

吕俊芳,2014.城乡统筹视阈下中国全域旅游发展范式研究[J].河南科学,32(1):139-142.

马波,2001.现代文化旅游学[M].青岛:青岛出版社.

马斯洛,1987.存在心理学探索[M].昆明:云南人民出版社.
马斯洛,2007.动机与人格[M].北京:中国人民大学出版社.
马耀峰,李天顺,刘新平,2001.旅华游客流动模式系统研究[M].北京:高等教育出版社.
米冰,2006.基于都市旅游发展的长春市主题公园开发研究[J].吉林商业高等专科学校学报(3):61-63.
钱今昔,1993.中国旅游景观欣赏[M].安徽:黄山书社.
宋家增,1996.发展都市旅游之我见[J].旅游学刊(3):23-25.
宋志鹏,张兆同,2009.ERG理论研究[J].现代商业(3):88-89.
苏文才,孙文昌.1998.旅游资源学[M].北京:高等教育出版社,1998.
唐代剑,池静,2006.中国乡村旅游研究述评[J].杭州师范学院学报(社会科学版)(2):59-63.
唐顺铁,郭来喜,1998.旅游流体系研究[J].旅游学刊,13(3):38-41.
陶汉军、林南枝,1994.旅游经济学[M].上海:上海人民出版社.
王大悟,2001.论旅游城市环境的好客性[J].旅游科学(2):8-9.
王恩涌,2000.王恩涌文化地理随笔[M].北京:旅游教育出版社.
王洪滨,国家旅游局人事劳动教育司,2001.旅游学概论[M].河北:中国旅游出版社.
王欣,吴殿廷,张祖群,等,2015.旅游地理学概论[M].北京:旅游教育出版社.
王欣,邹统钎,2010.高速铁路网对我国区域旅游产业发展与布局的影响[J].经济地理,30(7):1189-1194.
王兴中,1990.对旅游景观认知构成与评价的浅见[J].人文地理(1):15-19.
吴必虎,1994.上海城市游憩者流动行为研究[J].地理学报(2):117-127.
吴必虎,2001.区域旅游规划原理[M].北京:中国旅游出版社.
吴必虎,黄琢玮,马小萌,2004.中国城市周边乡村旅游地空间结构[J].地理科学(6):757-763.
吴必虎,唐俊雅,黄安民,等,1997.中国城市居民旅游目的地选择行为研究[J].地理学报,52(2):98-103.
吴承熙,1998.现在旅游规划设计原理与方法[M].青岛:青岛出版社.
吴承照,1998.从风景园林到游憩规划设计[J].中国园林(5):10-13.
吴后建,但新球,王隆富,等,2016.我国湿地公园建设的回顾与展望[J].林业资源管理(2):39-44.
谢彦君,2017.基础旅游学[M].北京:商务印书馆.
谢彦君,2017.中国旅游发展笔谈——旅游研究的理论与实践关系(一)[J].旅游学刊,32(11):1.
谢彦君,2017.中国旅游发展笔谈——旅游研究的理论与实践关系(二)[J].旅游学刊,32(12):1.
辛欣,2013.文化产业与旅游产业融合研究:机理、路径与模式[D].开封:河南大学.
邢剑华,石培华,2016.从理念到实践——重视以科技创新推动落实全域旅游发展[J].

旅游学刊,31(12):5-7.

杨彬彬,刘林,林焕杰,2011.游客体验的主题公园管理[J].企业导报(3):95-96.

杨瑞霞,2004.交通与旅游发展的关系分析[J].商业经济(5):127-129.

杨新军,牛栋,吴必虎,2000.旅游行为空间模式及其评价[J].经济地理(4):105-117.

叶玉洁,2008.旅游对目的地居民社会文化的影响[J].合作经济与科技(21):16-18.

张安民,2008.遗迹湮没型小城镇旅游开发构想——以许昌市襄城县为例[J].现代商业(32):130.

张春慧,王乃昂,贾艳琴,等,2005.我国旅游客源市场研究进展[J].桂林旅游高等专科学校学报(5):25-29,39.

张芳,2006.中国主题公园发展历程研究[D].南宁:广西大学.

张蕾,2005.中国优秀旅游城市体系分析[J].城市问题(5):33-37.

张文奎.人文地理学概论[M].3版.长春:东北师范大学出版社.

张亚辉,2010.迪斯尼乐园选址参考因素探析——以东京迪斯尼乐园为例[J].商业文化(4):232.

钟行明,喻学才,2005.国外旅游目的地研究综述——基于Tourism Management近10年文章[J].旅游科学(3):1-9.

周向频,1995.主题公园建设与文化精致原则[J].城市规划汇刊(4):13-21,62.

周霄,2002.民俗旅游的人类学探析[J].湖北民族学院学报(哲学社会科学版)(5):10-13.

邹统钎,万志勇,2009.中国旅游规划思想的演变(上)——中国旅游规划30年回顾与反思[J].北京第二外国语学院学报,31(5):1-7.

左冰,陆嘉敏,2018.主题公园区位分布影响因素的实证检验[J].热带地理,38(6):781-790.

[英]霍洛韦 J,1987.旅游业[M].向萍等,译.广西:漓江出版社.

GUNN C A,1979. Tourism Planning[M]. New York:Crane Rusak.

MURPHY P E,1985. Tourism:A Community Approach[M]. New York:Routledge.